국가재건최고회의 출입기자들과 담소하는 朴의장(62년 1월 22일).

1962년 지방시찰 중 만난 주민에게 담배를 권하는 박정희 의장.

일본 하네다 공항에서 도착 성명을 발표하는 박정희 의장. 오른쪽은 통역하는 엄영달 과장.

만찬장에서 이케다 수상과 환담하는 박정희 의장.

주한 외교관 부인들과 朴의장 부인 陸여사의 환담(61년 8월 29일).

전방 사단을 시찰중인 朴의장(61년 8월 25일).

오찬을 시작하기 前 케네디 대통령은 부인 재클린 케네디를 박 의장에게 소개했다.

뉴욕에 도착한 朴의장을 환영하는 교민들(61년 11월 17일).

3·1절을 맞아 김두한씨 등 3·1운동 유공자 유가족과 기념촬영하는 朴의장(62년 3월 1일).

1961년 6월 경기도 수원의 한 농촌에서 모내기를 한 뒤 농부들과 새참을 즐기는 박정희.
바가지 잔을 든 농부에게 겸손하게 술을 따르고 있다.

하야성명을 발표하기 위해 기자회견장에 들어서는 윤보선 대통령(62년 3월 22월).

5·16 1주년 기념식장서 지휘하고 있는 안익태 선생(62년 5월 16일).

1960년대 대표적 제조업체이던 금성사의 라디오 제작 현장.

춘천발전소는 1961년 9월에 착공해 64년 12월에 준공됐다. 공사가 한창이던 62년 4월의 모습.

朴正熙 5

"문제는 경제야"

부끄럼 타는 한 소박한 超人의 생애

'인간이란 실로 더러운 강물일 뿐이다. 인간이 스스로 더럽히지 않고
이 강물을 삼켜 버리려면 모름지기 바다가 되지 않으면 안 된다.'

박정희를 쓰면서 나는 두 단어를 생각했다. 素朴(소박)과 自主(자주).
소박은 그의 인간됨이고 자주는 그의 정치사상이다. 박정희는 소박했기
때문에 自主魂(자주혼)을 지켜 갈 수 있었다. 1963년 박정희는 《국가와
혁명과 나》의 마지막 쪽에서 유언 같은 다짐을 했다.

〈소박하고 근면하고 정직하고 성실한 서민 사회가 바탕이 된, 자주독
립된 한국의 창건, 그것이 본인의 소망의 전부다. 본인은 한마디로 말해
서 서민 속에서 나고, 자라고, 일하고, 그리하여 그 서민의 인정 속에서
생이 끝나기를 염원한다〉

1979년 11월 3일 國葬(국장). 崔圭夏 대통령 권한대행이 故박정희의
靈前(영전)에 건국훈장을 바칠 때 국립교향악단은 교향시 〈차라투스트
라는 이렇게 말했다〉를 연주했다. 독일의 리하르트 슈트라우스가 작곡
한 이 장엄한 교향시는 니체가 쓴 同名(동명)의 책 서문을 표현한 것이
다. 니체는 이 서문에서 '인간이란 실로 더러운 강물일 뿐이다' 고 썼다.

그는 '그러한 인간이 스스로를 더럽히지 않고 이 강물을 삼켜 버리려면 모름지기 바다가 되지 않으면 안 된다'고 덧붙였다. 박정희는 지옥의 문턱을 넘나들던 질풍노도의 세월로도, 장기집권으로도 오염되지 않았던 혼을 자신이 죽을 때까지 유지했다. 가슴을 관통한 총탄으로 등판에서는 피가 샘솟듯 하고 있을 때도 그는 옆자리에서 시중들던 두 여인에게 "난 괜찮으니 너희들은 피해"란 말을 하려고 했다. 병원에서 그의 屍身을 만진 의사는 "시계는 허름한 세이코이고 넥타이 핀은 도금이 벗겨지고 혁대는 해져 있어 꿈에도 대통령이라고는 생각하지 못했다"고 한다.

소박한 정신의 소유자는 잡념과 위선의 포로가 되지 않으니 사물을 있는 그대로, 실용적으로, 정직하게 본다. 그는 주자학, 민주주의, 시장경제 같은 외래의 先進思潮(선진사조)도 국가의 이익과 민중의 복지를 기준으로 하여 비판적으로 소화하려고 했다. 박정희 주체성의 핵심은 사실에 근거하여 현실을 직시하고 是非(시비)를 국가 이익에 기준하여 가리려는 자세였다. 이것이 바로 實事求是(실사구시)의 정치철학이다. 필자가 박정희를 우리 민족사의 실용—자주 노선을 잇는 인물로 파악하려는 것도 이 때문이다.

金庾信(김유신)의 對唐(대당) 결전의지, 세종대왕의 한글 창제, 광해군의 國益 위주의 외교정책, 실학자들의 實事求是, 李承晩(이승만)의 反共(반공) 건국노선을 잇는 박정희의 조국 근대화 철학은 그의 소박한 인간됨에 뿌리를 두고 있다.

박정희는 파란만장의 시대를 헤쳐 가면서 榮辱(영욕)과 淸濁(청탁)을 함께 들이마셨던 사람이다. 더러운 강물 같은 한 시대를 삼켜 바다와 같은 다른 시대를 빚어낸 사람이다. 그러면서도 자신의 정신을 맑게 유지했던 超人(초인)이었다. 그는 알렉산더 대왕과 같은 호쾌한 영웅도 아니고 나폴레옹과 같은 電光石火(전광석화)의 천재도 아니었다. 부끄럼 타는 영웅이고 눈물이 많은 超人, 그리고 한 소박한 서민이었다. 그는 한국인의 애환을 느낄 줄 알고 그들의 숨결을 읽을 줄 안 土種(토종) 한국인이었다. 민족의 恨(한)을 자신의 에너지로 승화시켜 근대화로써 그 한을 푼 혁명가였다.

自主人(자주인) 박정희는 실용-자주의 정치 철학을 '한국적 민주주의'라는 그릇에 담으려고 했다. '한국적 민주주의'란, 당시 나이가 30세도 안 되는 어린 한국의 민주주의를 한국의 역사 발전 단계에 맞추려는 시도였다. 국민의 기본권 가운데 정치적인 자유를 제한하는 대신 물질적 자유의 확보를 위해서 國力을 집중적으로 투입한다는 限時的(한시적) 전략이기도 했다.

박정희는 인권 탄압자가 아니라 우리나라 역사상 가장 획기적으로 인권신장에 기여한 사람이다. 인권개념 가운데 적어도 50%는 빈곤으로부터의 해방일 것이고, 박정희는 이 '먹고 사는' 문제를 해결함으로써 다음 단계인 정신적 인권 신장으로 갈 수 있는 길을 열었다. '먹고 사는' 문제를 해결하는 것이 정치의 主題라고 생각했고 이를 성취했다는 점이 그를 역사적 인물로 만든 것이다. 위대한 정치가는 상식을 실천하는 이다.

당대의 대다수 지식인들이 하느님처럼 모시려고 했던 서구식 민주주의를 감히 한국식으로 변형시키려고 했던 점에 박정희의 위대성과 이단성이 있다. 주자학을 받아들여 朱子敎(주자교)로 교조화했던 한국 지식인의 사대성은 미국식 민주주의를 民主敎(민주교)로 만들었고 이를 주체적으로 수정하려는 박정희를 이단으로 몰아붙였다. 물론 미국은 美製

(미제) 이념을 위해서 충성을 다짐하는 기특한 지식인들에게 강력한 지원을 아끼지 않았다. 그러면서도 미국은 냉철하게 박정희에 대해선 외경심 어린 평가를, 민주화 세력에 대해선 경멸적인 평가를 내리고 있었음을, 그의 死後 글라이스틴 대사의 보고 電文에서 확인할 수 있다.

박정희는 1급 사상가였다. 그는 말을 쉽고 적게 하고 행동을 크게 하는 사상가였다. 그는 한국의 자칭 지식인들이 갖지 못한 것들을 두루 갖춘 이였다. 자주적 정신, 실용적 사고방식, 시스템 운영의 鬼才, 정확한 언어감각 등. 1392년 조선조 개국 이후 약 600년간 이 땅의 지식인들은 사대주의를 추종하면서 자주국방 의지를 잃었고, 그러다 보니 전쟁의 의미를 직시하고 군대의 중요성을 계산할 수 있는 능력을 거세당하고 말았다. 제대로 된 나라의 지도층은 文武兼全(문무겸전)일 수밖에 없는데 우리의 지도층은 문약한 반쪽 지식인들이었다. 그런 2, 3류 지식인들이 취할 길은 위선적 명분론과 무조건적인 평화론뿐이었다. 그들은 자신들과는 차원을 달리하는 선각자가 나타나면 이단이라 몰았고 적어도 그런 모함의 기술에서는 1류였다.

박정희는 日帝의 군사 교육과 한국전쟁의 체험을 통해서 전쟁과 군대의 본질을 체험한 바탕에서 600년 만에 처음으로 우리 사회에 尙武정신과 자주정신과 실용정치의 불씨를 되살렸던 것이다. 全斗煥 대통령이 퇴임한 1988년에 군사정권 시대는 끝났고 그 뒤에 우리 사회는 다시 尙武·자주·실용정신의 불씨를 꺼버리고 조선조의 파당성·문약성·명분론으로 회귀하려는 움직임을 보이고 있다. 이 복고풍이 견제되지 않으면 우리는 자유통일과 일류국가의 꿈을 접어야 할 것이다. 한국은 이승만, 박정희, 전두환, 노태우 네 대통령의 영도 하에서 국민들의 평균 수준보다는 훨씬 앞서서 一流 국가의 문턱까지 갔으나 3代에 걸친 소위 文民 대통령의 등장으로 성장의 動力과 국가의 기강이 약화되어 제자리 걸음을 하고 있다.

1997년 IMF 관리 체제를 가져온 外換위기는 1988년부터 시작된 민주화 과정의 비싼 代價였다. 1988년에 순채권국 상태, 무역 흑자 세계 제4위, 경제 성장률 세계 제1위의 튼튼한 대한민국을 물려준 歷代 군사정권에 대해서 오늘날 국가 위기의 책임을 묻는다는 것은 세종대왕에게 한글 전용의 폐해 책임을 묻는 것만큼이나 사리에 맞지 않다.

1987년 이후 한국의 민주화는 지역 이익, 개인 이익, 당파 이익을 민주, 자유, 평등, 인권이란 명분으로 위장하여 이것들을 끝없이 추구함으로써 國益과 효율성, 그리고 국가엘리트층을 해체하고 파괴해 간 과정이기도 했다. 박정희의 근대화는 國益 우선의 부국강병책이었다. 한국의 민주화는 사회의 좌경화·저질화를 허용함으로써 박정희의 꿈이었던 강건·실질·소박한 국가건설은 어려워졌다. 한국의 민주화는 조선조적 守舊性을 되살리고 사이비 좌익에 농락됨으로써 국가위기를 불렀다. 싱가포르의 李光耀는 한국의 민주화 속도가 너무 빨라 法治의 기반을 다지지 못했다고 비판했다.

박정희는 자신의 '한국적 민주주의'를 '한국식 민주주의', 더 나아가서 '한국형 민주주의'로 국산화하는 데는 실패했다. 서구 민주주의를 우리 것으로 토착화시켜 우리의 역사적·문화적 생리에 맞는 한국형 제도로 발전시켜 가는 것은 이제 미래 세대의 임무가 되었다. 서구에서 유래한 민주주의와 시장 경제를 우리 것으로 소화하여 한국형 민주주의와 한국식 시장경제로 재창조할 수 있는가, 아니면 民主의 껍데기만 받아

들여 우상 숭배의 대상으로 삼으면서 선동가의 놀음판을 만들 것인가, 이것이 박정희가 오늘날의 우리에게 던지는 질문일 것이다.

조선일보와 月刊朝鮮에서 9년간 이어졌던 이 傳記 연재는 月刊朝鮮 전 기자 李東珝 씨의 주야 불문의 충실한 취재 지원이 없었더라면 불가능했을 것이다. 아울러 많은 자료를 보내 주시고 提報를 해주신 여러분들께 감사드린다. 이 책은 박정희와 함께 위대한 시대를 만든 분들의 공동작품이다. 필자에게 한 가지 소망이 있다면, 박정희가 소년기에 나폴레옹 傳記를 읽고서 군인의 길을 갈 결심을 했던 것처럼 누군가가 이 박정희 傳記를 읽고서 지도자의 길을 가기로 결심하는 것이다. 그리하여 그가 21세기형 박정희가 되어 이 나라를 '소박하고 근면한, 자주독립·통일된 선진국'으로 밀어 올리는 날을 기대해 보는 것이다.

2007년 3월

趙甲濟

⑤ "문제는 경제야"

제16장 경제개발계획

제15장

海外로

朴正熙

케네디—이케다 對話

 1961년 7월 18일 미 CIA가 작성한 '한국에 대한 특별 정보 판단서'는
농촌에서 혁명 정부의 지지도가 높은 반면 지식층과 학생들 사이에서는
강압적인 정책 때문에 이승만 정부보다도 나을 게 없다는 식의 평가를
받고 있다고 했다. 이 보고서는 또 '학생들이 주동이 된 봉기가 일어나
도 군사 정권은 신속하게 폭력적으로 이를 진압하고 탄압을 가중시킬
것이다'라고 전망했다.

 8월 3일 주한 미국 대사 새뮤얼 버거는 국무부에 이런 요지의 건의를
한다.

 〈케네디 대통령이 한일 양국의 총리에게 친서를 보내 가장 강력한 표
현으로써 국교 정상화 회담에 임하도록 촉구해 주었으면 함. 이 친서엔
'한일 양국의 우호 관계는 공산 세력에 대한 우리의 공동 방어 전략에
필수적이다. 한국이 5개년 경제 개발 계획을 추진하는 데도 한일 간의
새로운 관계 정립이 요구된다'는 점을 강조해 주기 바람〉

 버거 대사는 또 '국회와 언론으로부터 견제를 받지 않는 군사 정권은
국교 정상화 문제에 대하여 신속하고 결정적으로 행동할 수 있다는 장
점이 있다'고 분석했다. 이즈음부터 미국은 한국에서 군사 정권이 등장
한 것이 동아시아의 對蘇(대소) 방어선 강화에 새로운 기회를 제공할 것
이라는 점을 간파하기 시작한다. 6월 5일에 워싱턴의 '對韓(대한) 긴급
대책반'이 작성한 한국 사태 관련 보고서에 부속문서로 붙어 있는 '한국
의 군사 정세에 대한 미 국방부의 평가'는 한국의 전략적 가치와 한일
국교 정상화가 미국의 對蘇(대소) 전략에 왜 중요한지를 이런 요지로 상

세히 설명했다.

〈한국이 공산화되면 일본의 안보는 큰 위협을 받게 된다. 강력한 한국은 일본을 중공의 위협으로부터 보호할 뿐 아니라 소련의 위협에 대해서도 어느 정도 균형자의 역할을 할 수 있다. 한국은 동북아시아의 강력한 반공 보루로서 중공의 영향권 안에 있는 다른 곳(특히 동남아시아)에서 적의 위협이 발생할 경우 미군이 신속히 대응할 수 있는 신축성을 보장해 주고 있다.

한국군의 가장 큰 자원은 전투 경험이 있고 임금이 낮으면서도 사기충천한 인력이다. 한국군 병력을 지금 수준 이하로 줄이면 적의 침략을 받았을 때 대통령이 (필요하다면) 핵무기 사용을 검토할 수 있게 하는 시간적 여유를 빼앗아 갈 것이다. 더구나 한국군의 상당한 감축으로 초래된 군사력 균형의 상실을 보전하기 위해서 비무장지대 가까이에 전술 핵무기를 추가로 배치해야 할 것이다〉

이 보고서는 '전술 핵의 추가 배치'란 말로써 1961년 이전에 한국에 전술 핵무기가 배치되어 있었음을 암시하고 있다. 이 보고서는 또 기습을 받았을 때 '적군을 압도하고 한국의 피해를 최소화하며 동맹관계를 유지하기 위한 목적으로 핵무기를 사용하는' 방안을 배제하지 않는다고 했다. 미 국방부의 이 보고서는 한일 국교 정상화가 전략적으로 매우 중요하다고 강조했다.

〈한반도에서 전쟁이 터진다면 한국과 일본 기지에 있는 한국군과 미군의 항공기들은 적의 공격에 노출될 것이다. 일본 정부는 일본에 있는 미군 기지의 사용에 대해서 반대하거나 사전 협의를 요청할 가능성도 있다. 일본에 있는 미 공군 기지를 戰時(전시)에 사용할 수 없다면 효과적인 공군 지원은 어려워질 것이다. 왜냐 하면 한국 기지, 오키나와, 항공모함에만 의존해야 하기 때문이다. 이 때문에 한국과 일본의 화해는 한국의 방어에 일본의 국익이 걸려 있다는 점을 환기시키게 될 것이다〉

소련·중공·북한의 3각 동맹 체제에 대한 미국·한국·일본의 대응 체제가 효과적으로 작동하려면 한일 국교 정상화가 필수적이란 전략적 판단에 기초하여 미국은 한일 양국의 등을 떼민다. 1961년 6월 20일 워싱턴에서 열린 케네디 대통령과 일본 이케다 총리의 정상회담에서 케네디 대통령은 한일 국교 정상화를 촉구한다. 최근에 비밀이 해제된 두 정상 사이의 대화록에는 또 이케다가 한국을 보는 부정적인 시각이 솔직하게 드러나 있다. 먼저 이케다 총리가 말한다.

"40년간 한국을 통치해 본 경험에 의하여 일본은 한국인들이 멋대로이고 배타적이라 상대하기 어렵다는 것을 잘 알고 있다. 한국과의 국교 정상화에 대해서 일본으로서는 최근의 쿠데타 때문에 할 일이 별로 없다. 우리는 한국의 내정에 영향을 끼칠 수 없으므로 미국이 민간 정부로의 복귀를 위해 노력해 주기를 바란다."

케네디 대통령은 이런 요지의 발언을 했다.

"우리도 민정으로 복귀할 것을 희망하지만 시간이 많이 걸릴 것이다. 우리는 한국에 상당한 원조를 해주었지만 심각한 경제 위기로 내세울 것이 없게 되었다. 한국에서 등장한 군사 정부의 민족주의적인 열정과 일본 국민들의 거부감으로 해서 한일 국교 정상화가 어렵다는 것은 잘 알고 있지만 양국 사이의 그런 정상화는 가장 필요한 일이라고 생각한다. 미국이 가진 對韓(대한) 정책의 한 요점은 두 나라가 친밀한 관계를 맺도록 하는 것이다. 우리는 일본이 한국의 電力(전력) 개발을 지원해

주면 도움이 많이 되겠다고 생각한다. 만약 한국이 공산화되면 일본에도 매우 불리한 영향을 끼칠 것 같은데 총리의 생각은 어떤지 궁금하다."

"일본의 오랜 역사에 비추어 볼 때 한국의 안보 문제는 사실상 일본의 국내 문제이다. 일본은 한국에 사활적인 이해관계를 갖고 있다. 그래서 한국의 현 정부가 반공주의라는 이유만으로도 이 정부를 지지하고 싶을 정도이다. 현재의 상황을 개선시키는 것도 중요하지만 더 중요한 것은 한국의 공산화를 막는 것이다."

미국은 동북아시아의 對共(대공) 방어망을 강화하기 위해서 한일 국교 정상화를 갈망했지만 이승만 정권 시절엔 이 대통령의 반대로, 장면 정부 시절엔 정권의 조기 붕괴로 이루어지지 않았다. 박정희 군사 정권은 처음부터 이 문제에 대해서 적극적인 자세였다. 쿠데타를 모의할 때부터 박정희는 만약 미국이 원조를 끊으면 일본의 지원을 받아 난국을 타개하겠다는 생각을 갖고 있었다.

미국이 한일 국교 정상화를 갈망하는 만큼 박정희는 미국에 대해서 하나의 카드를 쥐게 되는 것이었다. 박정희는 머지않아 베트남 파병이란 또 다른 카드를 쥐게 된다. 미국이 절실하게 원하는 한국군의 베트남 파병과 한일 국교 정상화가 한미 간의 외교상 주제가 되어 있던 1960년대의 두 나라 관계는 안정되었다. 한미상호방위조약이란 우산과 외교적인 안정을 기반으로 하여 박정희 정부는 북한의 도발을 효과적으로 견제하면서 경제개발에 전념할 수 있게 된다.

미국의 極讚

미국이 박정희 정부를 압박하는 데 써먹은 가장 중요한 수단은 '빨리 민정 이양 일정을 발표하라'는 것이었다. 1961년 8월 11일 딘 러스크 국무 장관은 丁一權(정일권) 주미 한국 대사를 招致(초치)하여 이 문제를 논의했다.

"우리는 친구 사이이니까 며칠 안으로 귀국의 정부에서 결정할 문제에 대하여 몇 마디 하고자 합니다. 지난 6월에 케네디 대통령이 소련의 흐루시초프 의장과 회담을 가졌을 때 흐루시초프는 이런 위협을 했습니다.

'소련은 전 세계의 인민 정권들을 지원할 것이다. 공산주의가 이런 나라들에서 정권을 잡는 것은 역사적으로 필연이다.'

이에 대해서 케네디 대통령은 이런 반박을 했습니다.

'자유선거를 통해서 공산 정권이 성립된 나라가 없지 않는가.'

흐루시초프는 한국을 지칭하면서 현 정부의 군사적인 경향 때문에 밑으로부터의 압력과 침투에 취약하다고 했습니다. 한국은 유엔을 구성하는 나라들의 여론에 신경을 써야 합니다. 나는 귀국 정부가 (민정 이양으로 가는) 선거 날짜를 1963년으로 멀리 잡아 놓지 않을까 우려합니다. 1962년 가을의 유엔총회 직전으로 선거 날짜를 앞당기는 것이 어떨까요. 만약 그럴 수 없다면 차라리 선거 일정을 분명하게 하지 않는 것이 낫겠습니다. 왜냐하면 1963년에 선거를 하겠다고 한다면 사람들이 한국 정부는 선거를 두려워한다고 생각할 것이니까요."

이 대목에서 배석하고 있던 매카나기 차관보가 반대 의견을 냈다.

"한국인들은 분명한 일정이 발표될 것이라고 기대하고 있는데 그렇게 하지 않으면 대단히 실망할 것입니다."

러스크 장관은 즉시 자신의 제의를 취소했다. 그 대신 정일권 대사에게 "1963년에 민정 이양을 하겠다고 발표하면 한국인들은 어떤 반응을 보일까요"라고 물었다. 정일권은 "나는 4년간 고국을 떠나 있었기 때문에 그런 판단을 할 입장이 아니다"라고 했다. 러스크는 거듭해서 "선거 일정을 결정할 때 국제 사회에서 한국이 처할 상황을 감안해 주었으면 한다. 많은 나라들이 한국이 헌정 질서로 복귀하는 것을 기대하면서 지켜보고 있기 때문이다"라고 말했다.

8월 12일 박정희 의장은 '1963년 3월 이전에 헌법을 개정하고 5월에 총선을 실시할 예정이다. 헌법은 대통령 중심제에 單院制(단원제)로 한다'는 민정 이양 시간표를 발표했다. 미국은 다소 불만이 있었으나 어쨌든 민정 이양에 대한 확실한 약속을 받아냈기 때문에 한미 관계는 정상화된 셈이었다. 박정희―케네디 정상회담도 이 무렵 확정된다. 이와 함께 박정희 정부를 보는 미국의 평가도 개선된다. 1961년 10월 28일 새뮤얼 버거 주한 미국 대사가 국무부에 보고한 전문은 혁명 정부에 대한 극찬으로 변해 있었다.

〈군사 정권이 들어선 지 다섯 달이 되었다. 이 정권은 권위적이고 군사적인 면에서 대외적인 인상이 다소 나쁜 면이 있긴 하지만 정열적이고 성실하며 상상력과 의지력으로 꽉 차 있다. 이 정권은 일반 국민들로부터는 적극적인 지지를 얻지 못하고 있고 대중적 지지 기반도 없지만 진정한 의미의 '위로부터의 혁명'을 시작하여 전면적이고 본질적인 개혁을 하고 있다. 前(전) 정부 하에서 토의되었거나 구상되었던 개혁 프로젝트들―은행 신용 정책, 무역, 실업자들을 위한 공공 공사의 확충,

탈세 대책, 농업과 노조 대책, 교육 및 행정 부문, 복지(교도소의 개혁, 윤락녀 재활 대책, 가족계획 사업, 상이군경과 유자녀 지원) 등이 실천되고 있다. 많은 개혁은 긍정적이고 상당수는 미국의 충고를 받아들인 것들이다.

몇몇 개혁들은 뜻은 좋았지만 너무 급히 서두는 바람에 잘 진행되지 않고 있다. 혁명 정부는 그런 잘못을 인정하고 수정하려는 자세를 보이고 있다. 매점매석 행위, 뇌물, 정경유착, 밀수, 군사 물자 橫流(횡류), 깡패, 경찰과 기자들의 공갈 행위에 대한 군사 정부의 단속은 이미 효과를 내고 있다. 공산당의 침투 공작에 대한 사찰 활동과 반공 선전의 질과 양이 모두 증가했다.

군인 출신 장관들은 행정을 유능하고 효율적으로 지휘함으로써 우리들에게 큰 감명을 주고 있다. 과로로 인하여 쓰러지는 사람들이 많아 문제이다. 송요찬 내각수반은 근 한 달간 건강이 좋지 않았다. 가장 유능한 장관 중의 한 사람인 정래혁 상공부 장관은 내각회의 중 쓰러졌다가 2주간의 휴식을 끝내고 현업에 복귀했다.

경제기획원 장관은 두 달간 휴식하도록 명령을 받았다. 박정희 의장도 과로 상태이다. 유능한 장관들의 효율성은 그러나 최고회의와 내각 사이에 기능과 책임의 분명한 구분이 잘 안 되어 있어 다소 약화되고 있다. 몇몇 최고회의 위원들은 내각의 결정을 뒤집고 간섭하며, 군인 출신 장관들 가운데는 내각수반을 제쳐놓는 일들이 일어나고 있다.

송요찬 내각수반은 최고회의의 기능을 입법 활동에 한정시키고 내각이 행정을 전담하도록 하려고 애쓰고 있다. 그는 쿠데타에 처음부터 가담한 사람이 아닌 데다가 이승만 정권 때의 경력과 야심을 가지고 있다는 의심 때문에 명령이 잘 먹히지 않고 있다. 대다수 국민들의 태도는 방관자적이다. 이런 태도는 비관적인 태도와 구별되지 않는데 그 이유는 한국사람들이, 특히 지배층이 장기간에 걸쳐서 유능할 수는 없을 것이라는 뿌리 깊은 자신감의 결여 때문이다. 이 혁명이 어느 길로 갈지를 예측하기는 너무 이르다.

최고회의 안에서 고질적인 분파주의가 생기고 있다는 증거도 있다. 지난 9월에 가장 심각한 사건이 있었다. 즉, 김종필 정보부장과 대령급들이 함경도 출신 장성들을 거세하려고 했던 것이다. 박정희 의장은 그런 내부 권력투쟁을 막겠다는 뜻이 확고하여 상황은 안정을 되찾았다. 부정부패가 상부층에서 다시 나타나고 있다는 조짐도 보인다. 이 문제에 대해서도 박정희는 단호한 태도를 취하고 있다. 그런 부정 사례를 공개하여 무자비하게 처리하겠다는 자세이다. 박 의장에게 많은 것들이 달려 있다. 그는 가장 냉정하고 믿음직하며 안정되어 있는 지도자이기 때문이다〉

새뮤얼 버거 대사는 진로를 확실하게 잡은 혁명 정부의 두 가지 위험 요소는 내년도의 물가 폭등 가능성과 김종필 정보부장의 독주라고 분석했다.

〈정보부는 정부의 파수꾼으로서 광범위한 조직을 갖고서 감청, 정보망 운영, 우편 검열, 영장 없는 구금, 자백 강요를 일삼고 있다. 정부, 군부대, 우리 대사관, 그리고 최고회의와 내각 요인들도 정보부에 대해 불안감을 느끼고 있다. 박정희도 이런 부작용에 대해서 잘 알고 있으나 謀叛(모반)을 탐지하고 대응하는 데 있어서 김종필에 크게 의존하고 있다〉

부정 축재 처리반의 부정

혁명 정부가 설립된 이후 최초로 터진 권력형 부정 사건은 다름 아닌 부정 축재자 조사반의 부정 사건이었다. 최고회의 산하 부정 축재자 처리 위원회는 위원장에 이주일 소장, 위원으로는 김진위 육군 준장, 송찬호 육군 준장, 김윤근 해병 준장, 유원식 육군 준장, 정세웅 해병 대령, 이석제 육군 중령이었다.

이들은 부정 축재자들에 대한 신병 처리가 일단락된 뒤엔 조사반들을 통해서 수집한 자료를 근거로 해서 부정 축재 환수액을 결정하는 일로 바빴다. 기업인들에 대해서는 빨리 환수액을 통보해야 이들이 마음 놓고 생산 활동에 전념할 수 있을 것이라고 판단한 위원회는 밤을 새우면서 일을 했다. 8월 12일에는 기업인과 기업체에 대해서 27건 470여억 환의 환수를 통고했다. 9월 13일엔 공직자와 군인 34명에 대한 70여억 환의 환수를 통고했다.

이 환수액에 문제가 있다는 정보를 입수하고 맨 처음 수사에 착수한 것은 육군 방첩부대장 김재춘이 지휘하고 있던 '군·검·경 합동수사본부'였다. 이 수사에 참여했던 문병항(세무사)은 사세청에 근무하다가 부정 축재 처리위원회의 조사반원으로 파견 근무를 한 뒤 복귀했다가 다시 불려나왔다. 그는 기업별 탈세액과 환수액을 비교해 보았다. 세금 포탈을 많이 한 기업이 적게 한 기업보다도 환수액이 적은 경우가 있었다. 일목요연하게 차트를 만들어 기업별 탈세액과 환수액을 비교해 보니 여기엔 분명히 문제가 있다는 판단이 섰다. 문병항의 기억에 따르면 김재춘과 김종필은 이런 사실을 박정희 의장에게 보고했고 본격적인 수사가 시작되었다는 것이다.

그때 최고회의는 지금 세종로 문화관광부가 있는 건물에 들어 있었고 의장실은 3층이었다. 김종필, 김재춘은 브리핑 차트를 든 문병항을 데리고 의장실로 갔다. 김종필은 의장 비서실장에게 "지금 급한 보고를 해야 하니 먼저 해야겠습니다"라고 하더니 박 의장 방으로 들어갔다. 두 시간이나 계속된 보고를 들으면서 박정희는 굳은 표정이 되어 말없이 앉아 있었다. 브리핑이 끝나자 김종필은 문병항에게 "밖에서 기다리시오"라고 하더니 한 5분 있다가 나왔다. 다음날부터 정보부 수사국이 바빠졌다.

이 수사는 정보부가 특별수사팀을 만들어 진행했다. 임시 수사실은 홍릉의 임업시험장에 있던 여러 동의 콘셋 건물이었다. 이곳으로 기업인들과 부정 축재 처리위원회 산하 조사반원들이 불려 왔다. 한 기업인을 조사한 수사요원은 "밤새 물 좀 먹였지"라고 말하는 것이었다. 차트를 만들었던 문병항은 '건의' 항목에서 '부정 축재 처리위원장 이주일은 엄중 처벌을 요한다'라고 썼다가 정보부 모 국장이 빨간 색연필로 '극형에 처한다'로 바꾸는 것을 목격했다.

이즈음 어느 날이었다. 박정희 의장이 부정 축재 처리위원들을 의장실로 불렀다. 김윤근은 조금 늦게 들어갔다. 박정희는 노기 띤 표정으로 자리에 앉아 있었다. 그 옆에서 김종필 정보부장이 브리핑 준비를 하고 있었다. 브리핑 차트의 제목은 '부정 축재 처리의 부정'이라고 되어 있는 것이 아닌가. 실내의 무거운 분위기와는 대조적으로 김종필 부장은 명랑한 표정에 의기양양했다. 이윽고 브리핑이 시작되었다.

"부정 축재 조사단원 중에서 3명, 심사반원 중에서 3명, 그리고 부정 축재 처리위원장 보좌관 梁麟鉉(양인현) 대령이 뇌물을 받아먹었다. 뇌물로 받은 현금은 모두 압수해서 증거품으로 보관하고 있다. 뇌물을 받고 조사, 심사한 것은 물론이고 뇌물을 받지 않고 처리한 것 가운데서도 잘못된 것이 많다."

김 부장은 "부정 축재 처리는 다시 할 필요가 있다"고 결론을 내는 것이었다. 박 의장은 최고회의 산하 조사단이 뇌물을 받아먹었다는 사실에 이성을 잃었고 노발대발하여 위원들을 야단쳤다. 위원들은 머리를 숙인 채 마룻바닥만 뚫어지게 내려다보고 있었다. 김윤근은 한참 야단을 맞다가 생각해보니 은근히 화가 났다. 박 의장의 말이 끝나기를 기다렸다가 "한 말씀 드려도 되겠습니까"라고 물었다. 박정희는 "할 말이 있으면 해보시오"라고 내뱉듯이 말했다.

"박 의장도 아시다시피 부정 축재 처리는 가능한 한 짧은 시일 내에 끝내야 한다는 전제하에 일을 서둘러 추진했습니다. 단시일 내에 방대한 업무량을 처리했으니 소홀히 된 것, 잘못된 것이 많으리라 자인합니다. 그런데 김 부장은 뇌물과 관계없이 처리된 것도 재심해야 한다고 했는데 그것은 지나친 견해라고 생각합니다.

여기 앉아 있는 위원들이 제출된 자료를 근거로 해서 각자의 양심과 양식에 따라 심사숙고하고 토의하고 판정한 것을 어떻게 제3자가 잘했다, 못했다 판단할 수 있겠습니까. 직원 몇 사람이 사고를 냈다고 해서 넉 달 동안 매일 밤늦게까지 야근하며 수고한 위원들에게 위로는 못 해주어도 어떻게 도매금으로 모두 나쁜 놈으로 취급하십니까. 좀 지나치다고 생각합니다."

박정희는 냉정을 되찾았다. 그는 즉석에서 지나치게 화를 낸 것은 미안하다면서 그동안의 위원들 노고를 치하했다. 이틀 뒤 최고회의 전체회의에서 이 문제에 대한 브리핑이 있었다. 이날엔 격론이 있었다. 이주일과 같은 함경도 출신인 김동하 해병 소장은 "이건 가만 듣고 보니 이주일 부의장을 잡아넣자는 수작이 아닌가"하고 고함을 치면서 항의하고 다른 위원은 "뭐가 잘못됐다고 야단이야"라고 되받는 등 분위기가 살벌했다. 박정희는 정보부 법률고문인 신직수(뒤에 중앙정보부장 역임)에게 법률가로서의 의견을 물었다.

"혁명 지도 이념에 입각한다면 이 사안은 논쟁을 벌일 일이 아니라 냉철하게 판단해야 할 일이라고 생각합니다."

이 말에 장내가 조용하게 정리되더라고 한다.

부정 축재 처리반 부정 사건의 핵심 인물인 이주일 위원장 보좌관 양인현 대령은 육사 8기 출신의 포병장교였다. 함경북도 경성이 고향인 양 대령은 이주일 위원장과는 동향이었다. 그는 수명의 기업인들로부터 환수액수를 줄여주는 대가로 수천 만 환의 뇌물을 받았다. 김종필의 정보부 수사팀은 양인현의 집을 수색했으나 이주일 위원장에게 뇌물이 전달된 증거는 잡지 못했다.

김윤근은 '김 부장이 양인현 사건을 이용하여 이주일 장군의 제거를 꾀했으나 실패했다. 그러나 부수적 효과는 거둘 수 있었다. 모든 최고위원을 심리적으로 위축되게 했다. 이때부터 최고위원들은 중앙정보부의 눈치를 살펴가며 일해야 했다. 이때부터 중앙정보부는 명실공히 최고회의의 상부기관으로 변했다'고 썼다(회고록 《해병대의 5·16》).

남북한 비밀 접촉

1961년의 남북한 간 공업 수준을 비교하면 북한이 압도적으로 우세했다. 석탄 생산량은 남한이 590만 톤, 북한이 1,200만 톤, 발전량은 남한이 약 20만 kW인데 비해서 북한은 116만 kW였다. 철광석의 생산 실적은 남한이 약 14만 톤, 북한이 116만 톤. 화학비료는 남한이 年産(연산) 3만 8,000톤인데 북한은 86만 톤, 시멘트는 남한이 약 51만 톤, 북한이 207만 톤이었고 수산물 생산량도 북한이 59만 톤으로 남한의 45만 톤보다 앞서 있었다. 곡물 생산량에서만은 남한이 600만 톤, 북한이 220만 톤으로 남쪽이 많았으나 農家口(농가구)당 소, 돼지 사육 수는 북한이 많았다. 이즈음 金日成(김일성)은 이렇게 호언하고 있었다.

"우리 당의 구호는 지금 사상에 있어서는 주체, 정치에서는 자주, 경제에서는 자립이다."

"우리는 5, 6년 전부터 쌀을 수입하지 않는다. 남조선 군대가 먹고 있는 것은 전부가 미국의 잉여 농산물이다. 남조선의 국방군이 입고 있는 것도 전부 미제이다. 군화도 미제이고, 총과 탄약도 미국 놈들이 준 것이다."

"남조선에서 박정희가 重農(중농) 정책을 들고 나와서 자립 경제를 건설하겠다고 떠드는 것은 다행스런 일이다. 우리는 그런 정책에 찬성한다. 그러나 그 자립 경제는 미국과 일본의 돈으로 세울 수는 없다. 그렇게 하면 식민지가 된다. 우리 북반부와 합작해야만 자립 경제가 가능해진다. 합작에는 그러나 하나의 조건이 있다. 미국 놈들을 반대하고, 일본 군국주의에 반대하며, 오로지 인민을 위하여 투쟁한다는 조건을 받아들이지 않으면 합작은 무리다. 남조선 당국은 우리에게 '북조선 군대를 먹여주겠다' 는 말을 하지 못한다. 이처럼 물질적인 힘, 경제적 자립이란 중요한 것이다."

이런 시대적 배경 하에서 5·16 쿠데타가 터지자 함흥 지역에 현지 지도차 내려가 있던 金日成은 對南(대남)공작 총본부인 3호 청사의 정보망에 비상을 걸었다고 한다. 그는 평양으로 급히 돌아와 당 정치위원회를 소집했다. 3호 청사의 문화부장인 金中麟(김중린)이 "박정희 소장과 육사 8기 출신의 소장 장교들이 움직였다는 정보가 있다"고 보고했다. "김일성이 "그 사람들이 어떤 사람들인가"하고 물었을 때 김중린은 묵묵부답이었다고 한다. 김일성은 박정희에 대한 신상 자료를 갖고 오라고 했다는 것이다. 당시 3호 청사의 간부로 있으면서 이날의 회의 자료를 준비했던 전 북한 고위 관리 黃日鎬(황일호)가 중앙일보 취재반에 증언한 내용은 이렇다.

"김일성의 지시로 박정희를 포함한 쿠데타 주요 간부 8명에 대한 신상 자료가 회의에 제출되었어요. 당시 한국군 장성들이 많지 않았기 때문에 그들 개개인에 대한 세세한 신상 자료가 마련되어 있었어요. 박정희 자료는 주로 경북 출신의 남로당원과 국군 장교였다가 월북한 사람들이 쓴 것이었어요. 그중 70%가 박정희를 긍정적으로 평가했어요."

5월 20일과 21일에는 노동당 본청사 회의실에서 남한 사태에 대한 전문가들의 정책 토론회가 벌어졌다. 황일호에 따르면 이 회의에서는 쿠데타가 미군의 사주에 의한 것이냐, 아니면 민족주의적인 청년 장교들이 일으킨 것이냐로 성격 규정을 하느라 옥신각신했다고 한다. 미군이 개입한 쿠데타로 결론은 났지만 주체 세력들의 면면들을 볼 때 더 신중하게 조사해야 한다는 견해도 많았다고 한다.

5월 26일, 노동당 對南(대남) 연락부는 박정희를 어려서부터 지켜봤다는 黃泰成(황태성)과 박정희와는 육사 2기 동기로서 6·25 전에 대대 병력을 끌고 월북했던 姜泰武(강태무) 등 14명을 평양여관 특호실로 소환했다. 이들은 주량, 버릇 등 박정희에 대한 사소한 정보까지를 세밀하게 기록한 보고서를 제출했다고 한다.

북한 수뇌부는 박정희와는 대화가 될 수 있다는 희망적인 관측을 갖게 되었다. 그러다가 박정희가 통일 운동세력과 용공 세력을 숙청하기 시작하자 회의론이 제기되었다. 그러나 박정희의 형 朴相熙(박상희)의 친구였던 황태성이 박정희를 우호적으로 평가하는 데 앞장섰다고 한다. 그 해 7월 노동당 정치위원회는 "박정희가 반공을 표방하고 있고 혁신계를 탄압하고 있지만 우리와 통일 문제를 협의할 수도 있을 것이다. 평화 통일을 제안할 비밀 협상 대표를 파견키로 하자"는 결론을 내렸다는 것이다.

5·16 때 육군 방첩부대장으로서 박정희의 쿠데타를 막는 입장에 있었던 李哲熙 준장은 육군 첩보부대장으로 옮겼다. 7월경, 육군 첩보부대(HID) 서해지구 파견대는 흥미있는 對北(대북) 공작을 시작한다. 이 공작의 지휘부에 있었던 李 모 씨(예비역 대령)는 암호명이 '213—해상 공작 ○호'(정확한 번호는 기억나지 않는다고 함)였다고 증언했다. 국제 문화협회란 단체명으로 위장한 첩보부대는 남북한을 오가는 이중 첩자를 통해서 북한의 對南 공작 기관인 대동강상사에 '정치 회담'을 제의했다. 우리 측의 목적은 정치 회담으로 위장한 정보 수집이었는데 박정희 측이 정말 회담을 제의해 오니 잔뜩 기대를 걸고 있던 북한은 액면

그대로 정치 회담이라 믿었던 것 같다. 李 씨는 이렇게 증언한다.

　"정치 회담이란 발상을 누가 했는지는 잘 모르겠는데 첩보부대가 對北 공작 차원에서 생각해낸 거라고 보면 됩니다. 혁명 직후라 아무래도 북한의 동향에 신경을 곤두세우면서 정보를 수집하려고 애쓸 때였습니다. 여러 차례 첩보원들을 북으로 침투시켜도 모조리 붙잡히는 등 차질을 빚고 있을 때였습니다. 그래서 안전하게 저들과 접촉하면서 우리는 북침 의사가 없고 평화통일을 원한다는 뜻도 전하면서 혁명 정부가 안정될 때까지 시간을 벌자는 계산도 있었을 것입니다."

　첩보부대는 별 기대도 걸지 않고 회담을 제의했는데 의외로 북측은 신속하게 반응했다. 이에 우리 측은 회담 대표를 민간인 가운데서 선발했다. 첩보부대가 선발한 민간인은 서울시 의원을 지낸 적이 있는 姜成國(강성국·당시 35세)과 3대 광주시 의원을 지낸 金錫淳(김석순·당시 29세)이었다. 강 씨는 대표단장(중령), 김 씨는 보좌관(대위)으로 위장했다. 강 씨를 첩보부대에 추천한 것은 방송극작가 李榮信(이영신)이었다. 서해지구 첩보부대장 李永鎬(이영호) 대령은 이영신의 외사촌형이었다.

　7월 초순 이 대령은 부대를 찾아간 이영신에게 "공산주의 이론에 밝고 말도 잘 하고 허우대도 좋은 그럴싸한 사람을 천거해 다오"라고 부탁했다. 이영신이 "이북에 첩자로 보내려고 그러느냐"고 했더니 이 대령은 "그렇지 않다. 신변문제는 걱정 말라"고만 했다. 강성국은 황해도 안악이 고향이고 경희대학교를 졸업한 뒤 모교에서 조교수로 있다가 4·19 이후의 총선 때는 서울 동대문에서 무소속으로 출마하여 낙선했다. 이어서 실시된 서울시의원 선거에 당선된 다음 민주당에 입당했다.

龍媒島에서

육군 첩보부대에 의해서 남북 비밀 접촉의 우리 측 대표로 선발된 강성국, 김석순 두 사람은 공산주의 사상과 전술 및 북한 체제에 대해 약 3개월 가량 집중 교육을 받았다. 첩보부대에선 "만약 북한에서 당신들을 억류하거든 김일성 만세를 부르고 복종하라. 우리는 특공대를 보내는 한이 있더라도 당신들을 구출하고 가족은 책임지겠다"고 안심을 시켰다.

1961년 9월 28일 새벽 1시 인천항을 출발한 두 척의 배는 서북서로 방향을 잡았다. 모선에는 강성국, 김석순, 속기사, 카메라맨이 타고 있었다. 자선은 바다낚시꾼들이 흔히 이용하는 작은 발동선인데 선체가 하얗게 칠해져 있었다. 북한 측이 식별을 위하여 그렇게 요구했던 것이다. 네 시간이 넘게 항해한 두 배는 해상의 휴전선 바로 남쪽에 있는 우도에 닿았다.

새벽에 우도에 도착한 두 배는 물때를 기다리면서 몇 시간을 머물렀다. 강성국과 김석순은 배 안에서 잠시 눈을 붙였다. 강성국은 신경이 극도로 예민해져 깊은 잠이 오지 않았다. 일찍 아침을 먹고 섬에 올라갔다. 초조한 시간을 잊으려고 산책도 하고 해안가 바위에 붙은 굴을 따먹기도 했다. 오전 10시경 두 대표와 카메라맨 및 속기사는 자선으로 옮겨 탔다. 첩보부대에서 나온 장교는 "어떤 일이 있더라도 오후 4시까지는 돌아와야 한다"고 당부했다. 그래야 물때에 맞춰 인천으로 돌아갈 수 있다는 것이었다. 해주를 지향하여 출발한 자선이 한 시간쯤 달렸을 때 기관사가 "지금 우리는 휴전선을 넘고 있는 중입니다"라고 했다.

황해도가 고향인 강성국은 "아무 표시도 없는 이 바다를 같은 민족이

어째서 왕래하지 못 하는가"라고 생각하니 가슴이 뭉클해지더라고 했다. 휴전선을 넘어 북상하기를 한 시간, 배는 해주항 입구의 용매도 앞에 있는 아치섬 남방 3해리 해상에 도착했다. 이곳으로 북한 측 배가 마중 나오게 되어 있었다. 강성국은 배를 멈추게 하고 쌍안경으로 아치섬 쪽을 살폈다. 하얀 선체에 하얀 깃발을 단 작은 배가 다가오고 있었다.

강성국은 기관사에게 신호탄 세 발을 쏘게 했다. 북측도 신호탄 세 발을 올렸다. 약 10분 뒤 북측 배가 10m 앞까지 접근해 왔다. 군관, 사병들이 갑판에서 손을 흔들었다. 그들이 선도하는 대로 우리 측 자선은 다시 북상했다. 얼마 후 옆으로 길게 누운 용매도가 나타났다. 용매도에 상륙한 강성국 일행은 의외의 환영에 깜짝 놀랐다. 항상 인사 없이 마주 앉는 판문점 회의장의 분위기와는 달랐다. 하얀 저고리에 검정치마를 입은 여인들이 정부 대표에게 꽃다발을 안겨 주는가 하면 어깨에 중좌 계급장을 단 장교는 강성국을 와락 끌어안고 "동무, 반갑소, 반갑소"를 연발하면서 눈물을 글썽거리기조차 했다. 강성국이 한마디 했다.

"내가 배를 타고 인천을 떠나올 때는 어디 먼 낯선 나라를 찾아가는 듯한 느낌이었는데 막상 이렇게 여기에 와서 여러분을 만나 보니 피부 색깔도 같고 말씨도 같아 우리가 조상을 같이 하고 있는 형제라는 것을 뼈저리게 느꼈습니다. 우리의 만남이 때늦은 감이 있습니다만 이 만남을 계기로 하여 우리 문제는 우리가 풀어갈 수 있게끔 슬기를 다하도록 합시다."

북한 대표들은 언덕 위로 우리 대표단을 안내했다. 언덕으로 올라가는 길에는 하얀 조개껍데기가 깔려 있었다. 일부러 단장한 느낌을 주었다. 언덕 위에는 400~500평의 넓은 공터에 크고 작은 네 동의 천막이 설치되어 있었다. 큰 천막은 회담장이고 작은 천막들은 공동휴게소와 남북 대표들의 개별휴게소라는 설명이었다. 양쪽 대표들은 공동휴게소에서 차를 마시면서 날씨 이야기 등 가벼운 대화를 나누었다. 북한 대표는 40대 전반으로 보이는 깡마른 중키의 중좌였다. 이름은 김 모라고 했는데 군인 같아 보이지가 않았다. 부대표는 이기춘이라고 했다. 키가 크고 혈색도 좋았으며 말도 세련되었다. 점심을 끝내고 양쪽은 회담장에서 마주 앉았다. 우리가 북한 측에 제시한 議題(의제)가 있었다.

'서울과 평양에 비공식 대표부를 설치하여 요원을 상주시킨다. 문화 교류, 경제 교류, 인사 교류, 즉 남북 간의 자유 왕래.'

이기춘 부대표는 우리의 이런 제의에 대해서 한참 생각하더니 "좋습네다. 의제는 이 네 가지로 국한시키도록 합시다"라고 말했다. 우리 측 김석순 부대표가 "그러면 토의 순서를 정합시다"라고 했다. 이기춘이 잘라서 말했다.

"토의 순서는 필요 없을 것 같습네다. 시간도 절약할 겸 의제 네 개를 모두 한 덩어리로 묶어서 이야기합시다."

"의제를 하나로 묶어서야 어떻게 진지한 토의를 할 수 있습니까. 졸속이 될 것입니다. 개별적으로 토의해야 합니다."

"충분히 토의하는 것도 좋지만 어느 세월에 우리들의 과업을 완수하겠습네까. 남북 인민들의 기대에 보답하기 위해서라도 하나로 묶어서 빨리 진행합시다."

이런 말씨름이 지루하게 진행되었다고 한다. 김석순은 공동 휴게소에 머물러 있던 대표 강성국을 찾아와서 의논했다. 강성국 대표는 김석순에게 "의제의 분리는 절대로 안 됩니다. 오늘 의제에 합의가 안 되면 다음에 와서 다시 토의하도록 합시다"라고 했다. 우리의 강경한 입장을 확인한 북측 이기춘 부대표는 어디론가 전화를 걸고 오더니 "의제를 분리, 개별적으로 토의하는 데 동의한다"고 했다.

　의제에 합의한 직후 양쪽 수석대표들끼리 만났다. 강성국은 준비해간 선물 보따리를 내어놓았다. 북측은 선물을 생각해 두지 못했던 듯 당황해 했다. 양쪽은 헤어질 때 기념사진을 찍었다. 우리 측 대표단이 배로 돌아오는데 북측의 수석대표 김 모가 급히 준비한 선물 보따리를 건네주었다. 담배와 과자류였다.

　2차 회담은 10월 중에 역시 용매도에서 열렸다. 이 자리에서 북측은 신임장을 새로 교환하자고 제의했다. 강성국이 "신임장은 이미 교환했는데 무슨 신임장을 새로 교환하잔 말입니까"라고 했다.

　"대동강상사나 국제문화협회의 신임장으로는 약합네다. 나는 김일성 수상의 신임장을 가져올 테니 강 선생은 최고회의 박정희 의장의 신임장을 가져오도록 하십시오."

　강성국의 증언에 따르면 북측 수석대표 김 모는 이 자리에서 "기관 대 기관의 회담으로 그칠 일이 아니라 김일성·박정희 두 분이 만나는 정상회담을 위한 예비회담으로 격상시키자"는 파격적인 제안을 했다고 한다.

정상회담을 위한 예비회담?

　강성국은 기습적인 제안에 속으로는 당황했다. 그리고 나름대로 계산을 해보았다고 한다.

　〈오는 11월에는 박정희 의장이 미국을 방문하여 케네디 대통령과 정상회담을 갖기로 되어 있다. 이런 시점에서 북한은 한미 간을 이간질할 생각을 하고 있을 것이다. 그렇지 않아도 사상적인 의심을 받고 있는 박정희 의장이 미국 몰래 북한과 정치적인 접촉을 하고 있다는 것이 폭로되면 미국은 혁명 정부를 의심할 것이고 모처럼 마련된 한미 간의 관계 정상화 기회도 물거품이 되고 말 것이다. 절대로 정상회담을 위한 예비 회담으로의 격상에 동의해서도, 박정희 의장 명의의 신임장을 약속해서도 안 된다〉

생각을 정리한 강성국은 이렇게 말문을 열었다.

"당신네들은 어쩌자고 이렇게 성급합니까. 십 리 길도 첫걸음부터라고 했습니다. 우리가 만나서 네 가지 의제를 해결한 다음에야 정상회담이 가능할 것입니다. 우선 쉬운 문제부터 풀어나갑시다."

"우리들의 회담을 정상회담으로 끌어올리게 되면 시간도 단축되고 남북 인민의 여망에도 부응하는 길이 될 텐데 반대하는 까닭을 모르겠습네다."

"정상회담이 소득이 없게 되면 어떻게 합니까. 다시 또 옛날로 돌아가자는 얘기입니까."

이런 말씨름 끝에 양쪽은 지금대로 회담을 계속하기로 했다. 북한이 박정희 의장의 신임장을 가져오라고 한 이유는 남한 대표단의 성격에 대하여 의문을 가지고 있었기 때문으로 보인다. 당시 첩보부대에서 이 공작을 지휘했던 한 인사는 이 남북 비밀 접촉 기간 중 북한은 간첩을 내려보내 이 회담에 임하는 한국 측의 의도를 알아내려 했다고 증언했다.

이 간첩은 위장 자수한 뒤 남북 간에 비밀 접촉이 이루어지고 있다는 정보를 흘려 우리 측의 반응을 떠보려 했다고 한다. 우리 정보기관에선

이 간첩을 잘 대우한 뒤 북한으로 돌려보내 주었다는 것이다. 이 접촉 기간에 북한은 또 황태성을 밀사로 내려 보내 김종필·박정희와 직접 접촉하려고 시도한다. 미국이 박정희의 사상과 정책에 대해서 궁금해 하고 있었듯이 김일성도 한때의 좌익 박정희에 대해 기대와 의문을 품고서 여러 갈래의 타진을 하고 있었다는 얘기이다.

김종필 전 총리는 최근 "그 남북 접촉은 첩보부대에서 독자적으로 정보 수집 차원에서 한 것이지 아무런 정치적 목적이 없었다"고 잘라 말했다. 우리 첩보부대의 공작에 말려든 북한은 미심쩍어 하면서도 회담은 계속했다.

제3차 회담은 강화도 건너편에 있는 불당포에서 있었다. 강화도에서 직선거리로 4km 남짓한 포구였다. 이날도 북한 측은 남한 측 두 대표의 신분 확인에 대한 집착을 버리지 않고 있었다. 북측 수석대표 김 모는 "나는 사실은 김일성대학 교수요. 그런데 당신의 진짜 신분은 뭐요"라고 강성국에게 일침을 놓았다. 강성국이 반격했다.

"기관 대 기관끼리의 대화에 왜 교수가 나옵니까. 그런 식으로 회담을 진행하니 이 회담이 질질 시간만 끌고 있는 게 아닙니까."

"강 선생, 이제 내 진짜 신분을 밝혔으니 강 선생도 진짜 신분을 밝히시오."

"도대체 내 진짜 신분을 알아서 어쩌겠다는 겁니까."

"남반부에 있는 우리 동지로 하여금 강 선생 댁을 한번 방문케 하려고 그럽네다."

"그럼 잘 됐군요. 내 신분이 의심나거든 그 남반부에 있다는 동지더러 육군본부에 가서 내 인사기록 카드를 뒤져보라고 하시오."

이런 말씨름 가운데 부대표 이기춘이 남한 측 부대표 김석순에게 아주 묘한 말을 했다고 한다.

"김 대위, 통일을 이루는 데는 지금이 절호의 기횝니다. 박정희 의장도 만군 출신이 아닙네까. 우리 인민군 가운데도 만군 출신이 많습네다. 그래서 우리 연락부에서 특사를 내려 보내려는데 어떻게 생각하십네까."

"그야 환영할 만한 일이지요. 그런데 우리 연락부라고 하셨는데 노동당 연락부 말씀이십니까."

"그렇습네다. 나는 노동당 연락부 소속입니다. 우리가 특사로 보내려는 사람은 副相(부상)급입네다. 거물급에 속하지요."

이 회담에서 양쪽은 영화 필름을 교환하기로 했다. 우리 쪽에서는 申相玉(신상옥) 감독, 崔銀姬(최은희) 주연의 '성춘향', 북측에서는 '꽃피는 평양'을 주었다. 이 회담은 12월 초순에 열린 네 번째 만남을 끝으로 중단되었다. 이때쯤이면 우리로선 필요한 정보를 거의 수집한 단계이고 북측에선 남한 측의 공작에 말려들었다는 것을 알았을 것이다. 박정희가 방미하여 케네디 대통령과 성공적인 회담을 하고 돌아온 직후였다. 마지막 회담 중 이기춘은 호주머니에서 사진 한 장을 꺼내 김석순에게 보여주면서 이렇게 말하더란 것이다.

"김 대위, 왜 지난번에 내가 우리 쪽에서 특사를 보내려 하고 있다 하지 않았소? 특사로 보내려는 사람이 바로 이 사람이오. 이름은 황태성이라고 하는데 김 대위가 알아두는 게 좋을 것 같아서 사진을 가지고 왔소."

김석순은 모르고 있었지만 황태성은 이때 중앙정보부에 붙들려 조사를 받고 있었다. 김천 사람 황태성은 월북한 후 무역부 부상을 지냈다.

그는 1946년 10월 폭동 때 구미에서 군정경찰에 피살된 박정희의 형 박
상희의 친구였다.

　박정희 의장은 첩보부대에서 가져온 북한 영화 '꽃피는 평양'을 장관
들과 함께 보고는 "우리도 빨리 저 이상으로 발전해야 하는데" 하면서
부러워했다고 한다. 이상에 소개한 남북 비밀 접촉이 세상에 알려진 것
은 1992년 〈월간조선〉 7월호에 기고한 러시아 과학아카데미 극동연구
소 한국과장 바딤 투가첸코의 '한반도와 러시아 정치의 우선적 방향'이
란 글을 통해서였다. 평양주재 소련 대사관의 영사과장, 舊소련공산당
중앙위원회 국제부 한국과장직을 역임했던 그는 이렇게 썼다.

　〈1961년 8월에 남한 군부정찰(注: 첩보부대)을 통하여 북측에 편지가
전달되었는데 편지에는 '평화통일 문제를 의논하기 위하여 교섭하자'는
내용이 포함되어 있었다. 회담은 황해의 한 섬에서 각 측 장교 2명과 서
기로 구성된 대표단 사이에 진행할 것이 제의되었다. 군사정변 결과 방
금 정권을 장악한 박정희의 인물에 대해서 평양에서는 관심이 많았다.

　평양에선 박정희를 수완 있고 의지가 강한 사람이라고 여겼다. 1945
년 조선 해방(광복) 후 박정희는 남로당에 입당했었다. 그의 셋째 형은
공산당 관계 때문에 미 군정에 의해 사형당했다. 박정희 역시 체포되었
다가 석방되었다. 그 후 군부에서 지휘관으로 복무할 때 자주적으로 결
정을 내리는 성격을 발휘하여 미군과 마찰을 빚었다. 평양에서는 민족
의 이익을 헤아릴 줄 아는 이런 인물과 한반도 긴장 상태 완화 및 주둔
미군의 감축에 관해 대화를 할 수 있겠다는 의견이었다〉

訪美 초청

舊소련 공산당 중앙위원회 한국과장 출신인 바딤 투가첸코의 증언은 계속된다.

〈당시(1961년) 남한 정세에 관한 의견은 단순했다. 즉 남한 정부가 미군에 의존하고 있기 때문에 미군이 철수하기만 하면 인민이 정권을 장악할 것이고 북한과 통일할 것이란 생각이었다. 북한은 남쪽보다 경제 발전에서 우세하였고 조선전쟁 때 북으로 올라 온 10만 피란민들도 북반부를 지지하고 있었다. 이외에 평양은 남한의 좌익 세력이 중심주의 당들과 결합하리라는 데 일정한 희망을 걸고 있었다. 그렇게 되면 민주 세력이 정권을 잡으리라고 생각했다. 이 모든 사정을 생각한 북한 지도부는 교섭에 동의했다.

그런 접촉은 보통 지도에는 표시되지도 않는 북한의 한 작은 섬에서 있었다. 서울이 제의를 한 것이기 때문에 북한 대표자들은 상대자들의 의도가 무엇이며 누구를 대표하며 권한이 어떤가를 알아볼 목적이었다. 남한 장교들은 최고 지도부의 지시로 교섭에 나섰으며 그 명의로 네 가지 사항으로 된 지침을 제출했다.

서울과 평양에 양측 상설 군사대표부를 설치하며, 남과 북이 통상 관계를 맺고, 시민들의 38선 자유 통행을 보장하며, 우편 교환을 회복할 것 등이었다.

첫 만남에서 상기 제안은 토의되지 않았다. 북측은 남측 군사대표들의 권한을 밝히려고만 시도했다. 이에 관한 남측 장교들의 설명은 북한측을 조심하게 만들었다. 남측은 북한 군사단의 서울 체재 기간 중 안전은 미국, 러시아 및 중국이 모르는 조건하에서만 보장될 수 있다고 했다. 북한 지도부는 10월 초의 회담에서 정부급의 회담으로 격상시키는 가능성을 검토하자고 제의했다. 10월 24일에 이 제안을 논의했지만 합의는 이루지 못했다.

남반부에서의 정치 투쟁, 특히 좌익 세력에 대한 박해가 회담에 영향을 끼쳤다. 이 회담이 역사적인 것으로 되었더라면 수십 년간 계속된 과정을 단축시켰을 수도 있다. 양측은 화해의 필요성을 느끼지 않았다. 남한은 내부 사회의 갈등으로 흔들리고 있었다. 북한은 나라를 폐허에서 일으켜 세우고 경제 발전에서 남한을 앞서고 있었다. 대외 조건도 평화적인 협상을 자극하지 않았다. 세계가 군사 동맹들로 갈라지고 군사 경쟁이 강화되는 시기였다〉

이 기고문을 가지고 판단하면 당시 김일성과 그 측근들은 한국 첩보부대에서 정보 수집 공작 차원에서 제의한 남북 비밀 접촉에 말려들어 이를 정치 회담으로 연결시키려는 환상을 갖고 있었음을 알 수 있다. 한국 측의 지도부인 박정희 · 김종필 라인에서는 이 공작을 대수롭지 않게 여기고 있었는데 북한 지도부가 과잉 기대를 걸고 있었다는 것은 그들이 박정희의 좌익 전력과 민족주의 성향에 대해서 처음에는 상당한 기대를 걸고 있었음을 암시한다. 황태성의 密派(밀파)도 그런 맥락에서 이해할 수 있다.

한편 박정희 의장이 1961년 8월 15일에 민정 이양에 관한 일정을 발표한 이후 한미 간의 관계는 급속도로 가까워지기 시작했다. 8월 23일 새뮤얼 버거 주한 미국 대사는 딘 러스크 국무장관에게 '박정희 의장을 초청하는 것이 바람직하다'는 요지의 전문을 보냈다.

《(케네디 대통령에 의한) 방미 초청은 군사 정권을 인정함으로써 국내 상황의 안정을 도모하고 국가재건최고회의 내에서 박 의장의 권위를 강화시켜 줄 것임. 이는 박 의장이 강경파에 대해서 온건한 방향으로 영향을 끼쳐 왔음을 감안할 때 바람직한 것임. 이는 또 북한, 중공, 소련에 대해서 한미 간에 균열이 없음을 과시할 수 있음. 한국의 경제 문제와 장기 경제 개발 계획에 대하여 솔직한 의견 교환을 할 기회임. 민정 이양의 약속이 철저하게 지켜져야 하며 합당한 기관에 의해서 헌법과 선거법 등이 마련되어야 한다는 우리 측의 견해를 최고위 수준으로 전달할 수 있음. 한일 간의 국교 정상화 문제에 대한 우리 쪽의 의견 전달을 위해서도 박정희 의장의 초청이 바람직함〉

러스크 국무장관은 9월 1일 케네디 대통령에게 박정희 의장을 11월 13~17일 사이 미국으로 초청할 것을 건의했다. 초청 형식은 비공식 방문. 케네디 대통령의 승낙을 받은 미 국무부는 버거 대사에게 '워싱턴 외부에서의 교통비는 한국 부담. 수행원은 10명 이내로 해줄 것'을 지시했다. 송요찬 내각수반은 주한 미국 대사 버거에게 "정상회담 개최 발표문에서 '비공식'이란 말을 빼 달라"고 했다. 버거 대사는 러스크 장관에게 보고하여 '비공식'이란 단어를 삭제했다.

10월 26일 군·검·경 합동수사본부장인 金在春(김재춘) 육군방첩부대장은 4명의 선발대를 데리고 워싱턴으로 향했다. 정일권 주미 대사와 함께 나온 이수영 駐(주)유엔 대사는 김재춘에게 "미국 측에서는 고급 장성들의 구속 사태에 대해서 못마땅하게 생각하고 있습니다. 의장 각하의 방미 이전에 해결되었으면 합니다"라고 했다. 정일권 대사는 미국 측의 儀典(의전)에 대해서 설명했다.

"미국 측의 대접이 말이 아닙니다. 의장 각하가 워싱턴에 도착했을 때 공항으로 출영할 사람은 매카나기 국무성 차관보예요."

다혈질인 金在春은 흥분했다.

"일국의 실권자를 영접하는데 그럴 수가 있습니까. 그런 모욕을 당할 것 같으면 무엇 때문에 옵니까."

"미국 측 이야기로는 자신들도 난처하다는 겁니다. 한국에는 민선 대통령이 자리를 지키고 있는데 박 의장을 국가원수로 대접할 수도 없고, 그렇다고 총리 대우를 할 수도 없으니 전임 주한 대사를 보내겠다는 겁니다."

"그게 말이 안 되는 짓이지요. 권력자를 좀 이름 있는 지명인사 정도로 대우하겠다니! 본국에서도 펄펄 뛸 겁니다. 의장 각하의 방미 계획은 취소되어야 합니다."

김재춘은 국제전화로 김종필 중앙정보부장과 상의했다. 김종필 부장은 최고회의에 이 문제를 올렸고 미국 측에 대해서 줏대 있는 행동을 해야 한다는 생각을 강박관념처럼 지니고 다니던 주체 세력들은 '의장 방미 보류'란 말까지 꺼냈다. 최고회의는 또 새뮤얼 버거 주한 미국 대사에게도 공식으로 항의했다. 며칠 뒤 워싱턴에 머물고 있던 김재춘 선발대장에게 미 국무부 한국과장이 찾아왔다.

"박 의장의 방미 보류 이야기기 왜 나옵니까."

김재춘은 이렇게 말했다고 한다.

"대통령 다음 가는 실권자를 맞이하는 데 있어서 의전 절차가 문제가 많다고 생각하여 이곳 분위기를 본국에 보고했을 뿐입니다. 왜 그런 이야기가 나오는지는 여기선 알 수 없습니다."

다음날 미국 측에선 정일권 대사를 통해서 의전 절차를 수정했음을 통보해왔다. 존슨 부통령과 러스크 국무장관이 공항에 영접 나가고 의장대 사열을 하며 박 의장이 백악관에 도착하면 케네디 대통령이 현관까지 나가서 손님을 맞는다는 것이었다.

黃泰成, 휴전선을 넘다

1961년 8월 말, 黃泰成(황태성)은 세 명의 안내조와 함께 늦장마로 계속해서 비를 뿌리던 서부전선 비무장지대를 넘어 남쪽으로 침투하는 데 성공했다. 이들은 경기도 장흥—의정부를 거쳐 우이동 계곡에서 결별했다. 신사복 차림으로 갈아입은 중키의 황태성은 깡마른 체구에 광대뼈와 흰머리가 확연한 영락없는 시골 노인의 모습이었다.

1920년대 말 경상북도 김천에서 청년동맹위원으로 사회주의운동에 앞장섰던 황태성은 박정희의 셋째 형 박상희와도 친분이 깊었다. 좌익 이념을 독립운동의 수단으로 삼던 그 시절에도 박상희는 '정열적이고 의분심이 강했으며 민족주의적'이었던데 반해 황태성은 '냉철하고 코스모폴리탄적이었으며 골수 사회주의자가 될 수 있는 인물'이었다는 것이 재일거류민단 단장을 지낸 曹寧柱(조영주)의 交友談(교우담)이다.

박정희가 구미국민학교를 다니면서 셋째 형 박상희를 따르고 있을 때 박상희와 단짝이었던 황태성과의 조우는 자연스러웠을 것이다. 황태성은 박상희와 어울려 김천과 선산군 일대에서 신간회와 각종 청년회 활동을 통해 항일운동을 계속하며 김천 유지의 딸 趙貴粉(조귀분·김종필의 장모)을 박상희와 결혼하게 다리를 놓기도 했다.

수사 기록을 정리하려고 황태성을 옥중에서 면담했던 육군본부 고등검찰관 梁憲(양헌·변호사) 대위에 의하면, 황태성은 1920년대에 서울로 올라와 박헌영이 다녔던 경성 제일고보를 다녔다고 한다. 그는 6·10 만세운동에도 관여했고 4학년 때는 일본인 교장 배척 운동에 앞장서다가 퇴학을 당했다. 연희전문학교 2학년 때도 퇴학을 당했다고 한다. 1925년 조선공산당 창당 때 참여했던 황태성은 曺奉岩(조봉암)과 함께 일제 관헌에게 두 번 붙잡혀 형을 살고 나온 뒤 전향을 했다는 것이다. 그 뒤 광복 직전까지 경상북도 김천 우마차 조합의 서기로 연명하고 있었다고 한다.

광복을 맞은 황태성은 이듬해인 1946년 10월 1일 '쌀 배급제 반대', '박헌영 선생 체포령을 취소하라' 는 등의 구호를 앞세운 대구 폭동을 주동했다. 박상희는 광복 후 경상북도 선산군 구미에서 '건국준비위원회 구미지부' 간판을 내걸고 좌익 운동을 하며 신탁통치 반대시위에도 참가했으나 좌익들이 찬탁으로 돌아서자 침묵하고 말았다. 황태성이 주동한 대구 폭동을 계기로 박상희도 10월 3일 구미의 군중들을 지휘하여 선산경찰서와 면사무소를 점령하고 '구미 좌익정권' 을 세우게 된다. 이때만 해도 좌익에 비판적이었던 박정희는 박상희와 이념적 갈등을 겪다가 상경하여 조선경비사관학교 2기생으로 들어가 교육을 받고 있었다. 박상희는 1946년 10월 5일 새벽에 진압 경찰관들의 총탄에 맞아 세상을 떠나고 말았다.

이 혼란 속에서 종적을 감췄던 황태성의 행적은 1961년까지 아는 사람이 거의 없었다. 대구 폭동 사건 때 황태성은 큰아들 黃敬玉(황경옥)을 잃었다. 황경옥의 젖먹이 외동딸 황유경만이 홀로 남겨졌다.

육본 고등검찰관 양헌 대위는 서대문형무소에 수감돼 있던 황태성과 수차례의 면담을 통해 그의 과거 행적을 소상하게 정리했다. 양헌 변호사는 최근 기자에게 기억을 되살려 이렇게 증언했다.

"그는 대구 폭동이 실패하자 서울로 올라와 숨었습니다. 그때 민주주의 민족전선 상임위원이던 李承燁(이승엽)은 황태성을 나무라면서 빨리 월북하라고 종용했다고 합니다. 황태성은 고향을 버리기 싫어 반대하자 '당의 명령이오' 라고 하는 바람에 어쩔 수 없이 옥중에 있는 남편을 기다리던 누이와 대구에서 경북여고를 다니던 조카딸 임 모, 그리고 대구 醫專(의전)을 다니던 자신의 둘째 아들(기옥)만을 데리고 월북했다고 합니다."

황태성의 누이는 김천 태생의 중앙고보—보성전문을 나온 임 모와 결혼해 딸을 낳았다. 황태성의 매부가 된 임 씨도 한국사에 정통한 지식인으로 황태성과 함께 좌익 항일운동에 참여했고 광복 후에도 좌익 활동을 하던 중 예비 검속으로 구속됐다. 임 씨가 수감되어 있던 중에 처남 황태성은 누이와 조카딸을 데리고 월북한 것이다. 임 씨는 그 후 석방되어 좌익 전향자 모임인 보도연맹 김천지부 간사장이 됐다가 6·25 때 총살됐다. 다시 양헌 변호사의 증언.

"월북한 황태성은 황해도 해주로 갔다고 합니다. 거기서 도 기관지인 황해일보사 총무국장으로서 세월을 보내고 있었다는 겁니다. 조카딸 임 양을 김일성대학에 입학시키고 자신의 아들은 신의주의 모 소비조합장 딸과 혼인시킨 뒤 김일성대학 의학부에 입학시켰다고 합니다."

황태성은 황해일보사에 머물면서 許憲(허헌·최고인민회의 의장, 김일성대학 총장 역임·사망)의 딸 許貞淑(허정숙·인민위원회 선전국장,

조평통 부위원장 역임·사망)에게 편지를 냈다고 한다. 이 덕분에 그는 무역성의 전신인 산업성 지방국장 자리를 받아 평양에 들어갈 수 있었다는 것이다. 황태성과 그의 조카딸은 6·25 때 다시 남한으로 내려왔다. 황태성은 서울 구경도 할 겸, 고향도 볼 겸해서 자진해서 남하했고, 조카딸 임 양은 김일성대학 학생들 중 주로 남한 출신들만 골라 조직된 선무공작대로 뽑혀 인민군과 함께 월남했다. 그녀는 고향 상주에서 낙오했다가 경찰에 체포돼 형을 살고 나와 같은 동네에 살던 권 모 씨와 결혼, 현재까지 생존해 있다.

6·25 때 서울로 들어 온 황태성은 서울시 임시인민위원장이던 이승엽의 강압에 못 이겨 다시 북으로 돌아가야 했다. 황태성은 남로당 출신이긴 했지만 박헌영의 노선에 몹시 비판적이었고, 이승엽과는 앙숙 같았다고 양헌 변호사는 회고한다. 1953년 8월 김일성의 남로당 계열 숙청 때 박헌영과 이승엽 등은 처형됐지만 황태성은 살아남았다.

그는 무역성 부상(차관)을 지내다가 폐병을 얻어 중국 북경의 인민병원에서 치료한 뒤 현직에서 은퇴하여 살던 중 5·16 쿠데타가 일어난 사실을 알게 되었다. 황태성은 얼마 뒤 장도영이 실각하고 박정희가 전면에 부상하는 것을 확인한 뒤 자진해서 갑산파의 對南(대남)연락부장이던 李孝淳(이효순)을 찾아가 이렇게 건의했다고 한다.

"박정희야말로 나를 私淑(사숙)했던 아이입니다. 날 존경하기까지 했습니다. 내가 내려가 직접 만나겠소."

서대문형무소에서 생의 마지막 나날들을 보내던 황태성은 양헌 검찰관과의 면담에서 "박정희는 만군 시절에 휴가를 나오기만 하면 나를 찾아오곤 했습니다"라고 말했다고 한다.

이효순의 허락을 얻은 황태성은 얼마간 침투 교육과 밀봉 교육을 받은 뒤 휴전선을 넘어 서울로 잠입하는 데 성공한 것이다. 그는 시발택시를 타고 명동 롯데백화점 자리에 있던 모 언론사 앞에 내렸다. 김 사장을 찾기 위해서였다. 황태성은 "김○○을 만나면 남북 관계를 다 이해할 수 있을 것"이라고 양헌 검찰관에게도 말했다고 한다.

김○○은 자리에 없었다. 일차 접선이 어긋나자 황태성은 미리 암기해 둔 동향의 친지 金元出(김원출)의 아들을 찾아 흑석동의 중앙대학교로 가기 위해 택시를 갈아탔다. 비가 억수같이 퍼붓고 있었다.

金玟河의 고민

박정희의 대구사범 후배였던 당시 28세의 金玟河(김민하·전 중앙대학교 총장)는 황태성과 이웃해 살았지만 자랄 때는 이름만 들었을 정도였다. 그의 부친 김원출은 상주에서 양조장을 경영하며 황태성과도 친분이 두터웠다. 김민하는 김원출 씨의 10남매 중 막내였다.

광복 직후 이념의 혼재는 김원출의 자제들에게도 예외가 아니었다. 전쟁을 겪은 뒤엔 김민하의 두 형과 누이 한 분은 월북자가 되어 있었고 일본 유학길에 올랐던 형님들은 일본에서 살게 되어 뿔뿔이 흩어지게 됐다.

막내이면서 장남 역할을 해야 했던 김민하는 수복 후 서울로 올라와 대학원을 졸업한 뒤 중앙대학교에서 시간 강사로 정치학을 강의하고 있었다. 1961년 7월 25일부터 그는 부평의 경찰전문학교 내에 설치된 재건국민운동훈련소에도 강사로 나가 혁명 정부의 이념을 전파하고 있었다. 김민하의 이런 직업적 배경에는 당시 고려대학교 교수로 있으면서 최고회의 고문 역할을 하던 박정희의 대구사범 동기생 王學洙(왕학수·부산일보 사장 역임)의 역할이 컸다. 王 교수는 김민하를 친동생처럼 잘 해주며 여러 모로 길을 터주고 있었다.

6·25 이후 황태성은 친지인 김원출의 자제들이 북한에서 자리를 잡도록 돌봐 주면서 자신의 조카딸 임 양이 동향인 권 모 씨와 결혼한 사진을 일본을 통해 전해받고 있었다. 임 씨의 남편이 된 권 모 씨는 김원출의 막내아들 김민하의 처남인 사실도 알고 있었다. 남파 직후 황태성은 이런 사정으로 김원출의 막내아들 김민하를 찾게 된 것이다.

기자를 만난 김민하 씨는 황태성과 관련해서 이렇게 회고했다.

"황태성 씨는 상주군 청리면에서 출생했지요. 우리 집과는 담 하나를 사이에 두고 살았습니다. 내가 국민학교에 다닐 무렵엔 '독립운동가' 니 '황태성 선생' 이니 하는 소문이 자자했습니다. 하지만 저는 얼굴도 본 적이 없었습니다. 대구 10·1 사건이 나자 박상희라는 이름과 황태성이란 이름이 자주 사람들 입에 오르내렸습니다만 그때부터 '독립운동가' 나 '황태성 선생' 이란 말은 사라지고 '공산주의자' 나 '빨갱이' 란 말이 퍼졌습니다.

1961년 9월 1일 그 날, 학교에서 강의를 마칠 무렵이었는데 수위가 달려오더니 정문에 시골에서 올라온 어른께서 기다리신다고 합디다. 그 무렵만 해도 서울서 시간 강사를 해도 고향에서는 대학 선생이라며 참대견하게 생각들을 하고 계셨습니다. 그래서 낯모르는 고향 어른들도 부친과의 인연을 대고 무턱대고 제 집으로 찾아와 며칠씩 식객으로 묵곤 했지요."

그 날도 김민하는 황태성을 부친의 친구로만 알았다. 정문에서 인사를 나누었지만 노인은 "나, 촌에서 올라 왔네"라고만 했다.

김민하의 집은 중앙대학교 부근인 흑석동 산동네(산88의 5번지)의 판잣집이었다. 2년 전에 결혼해 두 살배기 아들 하나와 임신 중인 아내가 있었다. 노인을 집으로 데리고 간 김민하는 여느 때와 마찬가지로 윗방 하나를 비워 모셨다.

다음날 노인은 김민하를 부르더니 돈을 꺼내면서 심심하다며 라디오를 하나 사다 달라고 했다. 김민하는 그 돈으로 일제 트랜지스터 라디오를 하나 사다 드렸다. 노인은 통 말이 없었다. 가끔 서울 구경을 간다며 휭 하니 나갔다 저녁에 들어오곤 했다. 그렇게 한 사흘쯤 되었을 때였다. 늦은 밤 어떻게 해서 두 사람이 한 방에 앉게 되었다. 그러자 50대의 노인이 차분하게 자신의 신분을 털어놓기 시작했다.

"내, 황태성이다."

"예?"

처음에 김민하는 '어디서 많이 들어 본 이름인데…' 하는 생각뿐이었다. 그러다가 생각이 났다. '독립운동가 황태성.' 그의 기억에는 이미 역사 속의 인물로 남아 있었는데 지금 그의 눈앞에 나타났다는 것이 충격적이었다.

"선생님이 진짜 황태성 그 어른이란 말입니까."

"그래. 내가 바로 그 황태성이다."

"그럼 지금까지 어디에 계셨습니까. 고향에는 안 계신 것으로 압니다만… ."

황태성은 태연하게 이렇게 말했다고 한다.

"내, 그동안 평양에 있었다. 평양에 있다가 며칠 전에 휴전선을 넘어 이리로 왔제."

김민하는 별안간 '간첩'이란 생각이 퍼뜩 들었다. 그런데 이 말을 꺼내기도 전에 황태성이 먼저 말을 했다.

"하지만 나는 간첩으로 넘어온 게 아이다."

"예?"

"나는 간첩으로 넘어온 게 아니라 김일성의 특명을 받아 밀사로 넘어온 기다."

"밀사로요?"

"그러이."

어안이 벙벙해진 김민하에게 황태성은 침착한 어조로 말을 이어갔다.

"내가 평양에서 내려왔다니까 자네는 아마도 나를 공산주의자로 볼는지 모르겠네만, 절대로 안 그렇다. 이북에는 별별 공산주의자들이 많지만 나는 철저한 민족주의자다. 그러니 혹시 간첩으로 넘어온 게 아닌가 하는 식으로 의심을 품지는 말거라. 내가 내려온 것은 박정희 의장의 통일에 대한 속셈을 알아보기 위해서다. 박정희 의장께서 어떤 방법으로 통일을 하고자 하는지 좀 속 시원히 얘기를 들어보자 그거다. 서로 얘기를 나누다 보면 생각을 진전시켜 나갈 수 있을 게 아니겠나."

잠시 뜸을 들인 황태성은 다시 말을 시작했다.

"나는 북쪽에서 폐병을 앓다가 폐 하나를 들어낸 사람이다. 거기서 무역성 부상(차관급)까지 지냈지만 내가 살면 얼마나 살겠나? 나하고 통할 수 있는 사람들이 양쪽에서 강력한 권력을 쥐고 있을 때 서로 의사를 통케 해서 통일 문제를 협의하게 해 보자고 내 이렇게 내려온 것 아이가."

황태성의 말투는 어느 사이 감상적으로 변해 있었다.

"자네, 내가 박정희 의장하고 어떻게 해서 잘 통하는지 아나?"

황태성은 박정희의 셋째 형 박상희와의 관계, 박상희를 조귀분과 중매시켜 준 이야기, 어린 박정희가 자신을 무척 따랐으며 참 똑똑한 아이여서 공부를 썩 잘 했다는 이야기 등을 주섬주섬 꺼냈다.

黃泰成의 고백

황태성은 동향 친지의 아들인 金玟河에게 박정희와의 관계를 계속 설명해 갔다. 어린 박정희는 황태성을 '선생님'이라 불렀으며 문경 교사 시절에는 자신에게 직접 찾아와 "선생님, 제가 뭘 하면 좋겠습니까"하고 묻기도 했다고 한다. 그때 황태성은 "네가 하고 싶은 것을 하라. 무엇을 하든 우리한테는 때가 올 것이다. 그러면 자네가 하던 일이 우리 민족에게 도움이 될 것이니 주저 말고 하고 싶은 일을 하라"면서 충고도 해 주었다는 것이다. 황태성은 김민하의 확신을 얻기 위해 자신이 알고 있던 모든 것을 털어놓고 민족 감정에 호소했다.

"우리가 이 기회를 놓치면 분단은 오래 갈 거다. 나는 그 때문에 민족적 사명감을 갖고 내려왔다. 지금 자네는 모르겠지만 북쪽에서 들은 바에 따르면 박 의장은 이미 영관급 장교들을 보내 서해안에서 회담 중이라고 한다. 이게 만약 사실이라면 기왕 하는 것, 구체적으로 하자 이 말이다. 체제니 이데올로기니 하는 것들이 무슨 소용이고. 민족이 중요하제."

황태성의 이 말에서 우리는 당시 북한 지도부가 남한 첩보부대의 對

北(대북) 공작에 넘어가 下級(하급) 비밀 접촉을 정치적 회담으로 오판하고 있었음을 알 수 있다.

황태성은 김민하에게 "박정희 의장은 철저한 민족주의자야. 어떤 방법으로든 대화의 길을 모색해 보려 하는 것은 민족주의자인 박 의장으로서는 당연한 일이 아니겠나"라고 말했다.

김민하는 이 말이 마음에 와 닿았다고 한다.

"민족적인 감정에 호소하니 그때까지 내가 알던 간첩의 이미지와는 영 딴판으로 보였습니다. 순박하게 여겨지기 시작했습니다."

황태성은 김민하에게 이런 말도 했다.

"대한민국에서 5·16 쿠데타가 일어나 군사 정권이 들어서니까 김일성은 남한에서 올라간 사람들 가운데 박정희 의장과 잘 아는 사람들을 찾기 시작했지. 내가 자진해서 김일성을 찾아가 내가 박정희 소장을 잘 안다고 말했던 거야. 그러니까 김일성이 나보고 '당신이 가서 대화 의사를 타진해 보라'고 해서 이렇게 내려 온 거다."

육본 검찰관 양헌 대위는 병중의 황태성이 남파된 경위에 대해서 "對南(대남)연락부장 이효순을 찾아가 건의해서 내려왔다"고 진술했다며 황태성이 직접 김일성을 찾아가 면담했다는 것은 믿기 어렵다고 했다. 그는 또 "황태성은 刑場(형장)에서까지 민족주의에 대한 미련을 갖고 있었으며 통일 문제에 대해서도 지극히 감상적으로 알고 있던 인물이었다. 당시 혁명 정부와 미국의 관계에 대해서는 국민학생 수준도 안 될 만큼 무지했다"고 증언했다.

한편, 어느 정도 김민하로부터 의심을 지웠다고 판단한 황태성은 이런 부탁을 했다.

"그러니 수고스럽지만 자네가 좀 나서서 박정희 의장이나 그 분의 조카사위되는 김종필 중앙정보부장에게 내가 내려왔다는 말만 전해 주겠나."

'유엔(UN) 감시하의 총선거'를 통한 통일 방안 이외에는 어떤 통일 방안도 금기시되던 당시 김민하는 고민을 거듭했다. 황태성은 또 다른 부탁 하나를 더 했다.

"서울에 내 조카딸이 하나 있는데 그 아이를 만나게 해줄 수 없겠나?"

"이름이 뭡니까?"

"임○○이라네."

김민하는 뒤통수를 한 대 얻어맞은 느낌이었다. 임○○은 자신의 처남댁이었기 때문이었다. 그녀가 황태성의 조카딸이란 것을 그때까지 잘 모르고 있었다. 알고 보니 황태성은 친딸보다 더 정들여 키웠던 조카딸이라고 하지 않는가.

그날 밤 김민하의 전화를 받고 남편 권 씨와 함께 달려온 임 씨는 외삼촌 황태성을 보자 대성통곡을 했다. 황태성은 함께 월북했다가 전쟁 중에 인민군 선무공작대로 내려간 조카딸과 10년 만에 상봉한 것이었다. 두 사람의 눈물 젖은 포옹을 지켜 본 김민하는 '분단의 기구함이 이런 것인가' 하는 느낌을 받았다고 했다.

두 사람이 겨우 눈물을 멈추고 그간의 사정과 가족들의 안부를 확인한 뒤부터 조카딸도 경계하는 눈빛이 서리기 시작했지만 황태성은 "걱정마라. 나는 간첩으로 내려온 것이 아니고 밀사로 내려왔다"고 안심시켰다. 휴전선을 넘으며 고생했던 말도 해주면서 퉁퉁 부은 발을 권 씨 부부에게 보여주기도 했다.

황태성은 그 며칠 뒤 조카딸에게 "내 손녀딸도 좀 찾아 다오"라고 부탁했다. 대구 10·1 폭동 때 잃은 장남 황경옥의 딸 황유경을 말함이었다. 황태성은 "그 아이에게는 내 얘기를 하지 말고 그냥 집으로 데려와 주면 나는 멀찌감치에서 그 아이를 보기만 하겠다"고 약속했다.

며칠 뒤 창덕여고를 다니던 황유경은 영문도 모른 채 흑석동의 김민하 집으로 안내되었다. 황태성은 문틈으로 손녀딸의 모습을 몰래 훔쳐보면서 소리죽여 흐느끼고 있었다. 김민하는 이 모습이 그렇게 가슴을 저밀 수 없었다고 한다.

마루를 오가던 김민하의 눈에도 눈물이 고여 있었고 그의 부인도 침울한 표정이기는 마찬가지였다. 황유경은 집안에 머물던 노인이 자신의 할아버지인 줄 몰랐다고 한다. 그녀가 이날 본 노인이 자신의 조부라는 사실을 알게 되는 것은 훗날 재판정에서 황태성에게 사형선고가 내려진 직후였다.

한편, 김민하는 감상에서 깨어나 자신에게 닥친 문제를 법적으로 곰곰이 따져 보았다. 간첩이라 함은 敵國(적국)에 침투해 자신의 신분을 숨기고 정보 수집을 하는 사람인데, 황태성의 경우는 자신의 신분을 밝혔고, 남파 목적 또한 정보 수집을 하기 위한 것이 아니란 점 또한 분명히 밝혔다. 간첩이라면 파출소에 신고를 해야 옳지만 밀사를 그렇게 할 수는 없는 노릇이었다.

그는 고려대학교에 재직 중이던 왕학수 교수를 떠올렸다. 박정희와 동기이자 자신에겐 대구사범 선배인 왕 교수를 찾아간 김민하는 황태성의 출현을 알렸다. 왕 교수도 처음엔 깜짝 놀랐다. 그러다가 황태성이 주장하는 말을 찬찬히 전해들은 그는 적극적으로 도와주겠다고 약속했다. 우선 김종필 중앙정보부장에게 말을 전해 놓겠노라고 했다.

趙貴粉의 고민

황태성이 서울에 머물던 약 50일간 그의 측근에서 행동을 거의 같이 한 사람은 동향 친지의 아들 김민하와 조카사위 권 씨였다. 몇년 전 기자에게 증언을 해준 권 씨는 처외삼촌이던 황태성과 많은 대화를 나누었다고 했다. 황태성은 권 씨에게 "6월 30일쯤 남쪽의 국제문화교류협회라는 단체명으로 이 모란 자가 북한에 들어와 서부전선에서 영관급 장교들을 중심으로 한 남북협상을 제의해 왔다"는 점을 강조했다고 증언했다. 황은 "남쪽에서 교섭이 왔기 때문에 나는 이에 대한 사실 확인을 하기 위해 내려 온 것이고, 북한에서는 여기에 대한 문제로 토의를 여러 번 거쳤다"고 말했다는 것이다.

권 씨의 증언.

"외삼촌은 이런 배경을 설명하면서 그때까지 상호 비방만을 계속하던 남북 관계를 종식시키고 이산가족도 만나게 하기 위해 정상회담도 해야 한다며 먼저 서로 체제를 인정하자고 했습니다. 남파되기 전, 외삼촌은 북한 당국의 이 방안에 적극 찬성하면서 자신이 자진해서 남한으로 나가 보겠다고 했다는 겁니다. 저와 김민하는 그런 외삼촌의 말에 주로 제동을 걸었습니다. 당시 우리 남한 입장에서는 모든 것이 열세였습니다. 경제력도, 군사력도 열세였지만 사회가 불안하기 짝이 없었을 뿐만 아니라 남침을 겪었기 때문에 더더욱 통일에 관한 논의는 자유로울 수 없었습니다."

권 씨는 황태성에게 이렇게 말했다고 한다.

"외삼촌. 이거 안 됩니다. 절대로 불가능합니다. 지금 혁명 정부는 반공을 제1의 國是로 삼고 있습니다. 게다가 통일 얘기만 나와도 용공으로 몰리고 생명도 위험하게 됩니다."

황태성은 조카사위의 반대에 이렇게 응수했다.

"이건 내가 죽든지 살든지 상관없이 민족을 위한 마지막 봉사라고 생각한다."

김종필 중앙정보부장에게 연락이 닿기를 기다리면서도 두 사람은 틈만 나면 황태성을 설득하려 했으나 소용없었다. 게다가 왕학수 교수를 통해서 金 부장 쪽으로 연락을 취한 지 일주일이 지났는데도 아무런 소식이 없었다. 김민하는 "참으로 이상했다"고 회고한다. 간첩으로 몰아 잡으러 오든지 그게 아니면 밀사 대접을 하여 모셔가야 하는데 도통 반응이 없었기 때문이었다. 王 교수를 다시 찾아가니 그도 의아해 하면서 김종필 부장의 직통 전화번호까지 적어주기도 했다. 그러나 통화도 되지 않았다. 이 무렵 김종필 부장은 대통령 특사 자격으로 대만의 쌍십절 행사에 참석한 뒤 10월 14일 귀국한다.

아무런 소득이 없자 황태성은 다른 방법을 강구하기 시작했다. 조카딸과 그녀의 남편 권 씨 편으로 구미에 살고 있던 박상희의 처 조귀분에게 편지를 써 보내기로 한 것이다. 중앙정보부장인 김종필의 장모가 움직이면 일이 성사될 것으로 믿었던 황태성은 권ㅡ임 부부를 앞혀놓고 자신과 조귀분 여사와의 관계, 그리고 김종필과의 관계를 설명해 나갔다. 그리고 "이 편지를 들고 구미로 내려가 조 여사에게 전해주고 가능한 한 모시고 올라오너라"라고 했다.

"함께 올라올 수 없다면 회답을 받아와야 합니까?"

"회답은 필요 없다. 편지를 받아 보고 나면 당사자가 알아서 처리해 줄 거다. 한 가지 당부할 것은 반드시 본인에게 편지를 전해 주라는 점이다."

두 사람이 다음날 열차 편으로 구미로 내려가 편지를 전해 주었다. 최근 기자를 만난 권 씨는 당시 편지를 받아 본 조귀분이 자신들을 향해 "시국이 이런데 내가 어찌 갈 수 있겠나. 두 사람은 즉시 돌아가 주게"라고 매정하게 말했다고 한다. 권 씨 부부는 조 여사에게 "우리가 감당하기에는 너무 힘겨운 일입니다. 그러니 꼭 연락을 전해 주십시오"라며 자신들이 살고 있던 돈암동 집주소를 적어 주곤 서울로 올라왔다.

이날 구미에서 권 씨 부부를 돌려보낸 조귀분의 심정은 그녀의 친척 趙吉守(조길수)로부터 들을 수 있다. 조길수는 조귀분의 조카로 박상희와 결혼할 때 花童(화동)으로 들러리를 섰으며 이 무렵엔 이웃에 살고 있었다. 조귀분은 권 씨 부부가 떠나자 그 길로 조카 조길수를 찾아가 놀란 심정을 털어놓았다.

"아이고, 우짜꼬. 황태성이가 왔단다. 우짜꼬 … ."

조귀분의 담배 피우던 손이 덜덜 떨리고 있었다.

권 씨는 "아마도 그날 저녁으로 서울로 올라간 것으로 봅니다. 그리고 사위 김종필을 만났겠지요. 이 사건 이후로 조귀분 씨는 우리에게 못내 미안한 감정을 갖고 있었던 것으로 압니다"라고 말했다.

편지 사건으로부터 또 다시 일주일 가량 지났다. 그때까지 아무런 진척이 없자 권 씨는 황태성에게 "외삼촌, 이거 안 되는 일입니다. 아예 다시 올라가시죠"라고까지 했다고 한다. 이 무렵 권 씨는 김민하의 집에서 황태성과 침식을 거의 함께 하고 있었다.

이 일주일간의 공백에 대해 권 씨는 다음과 같은 추측을 했다.

"조귀분 씨가 김종필 씨에게 전했을 것입니다. 김종필 씨는 박정희 의장에게 전달한 뒤 방침을 받았겠지요. 그리고 수사관을 경북 상주로 보내 제 아내의 집을 찾아가 황태성과의 관계를 역추적하다가 저의 존재를 파악한 듯 싶습니다."

1961년 10월 20일 아침, 김민하의 집에 지프 한 대가 멈춰 섰다. 세 명의 사나이가 대문을 두드렸다. 김민하가 나가 보니 권 씨의 집 주소를 묻는 것이었다. 김민하가 다시 들어와 권 씨에게 "밖에서 누가 왔는데…"라고 했다. 권 씨가 나가 보니 "권○○의 집이 어딥니까"라고 물었다. 대답을 어떻게 해야 할지 망설이는데 김민하가 "그러지 말고 오후에 다시 만납시다"라며 종로 종각 뒷골목의 '금란다방'에서 오후 2시에 만나기로 약속했다. 수사관들을 돌려보낸 김민하와 권 씨가 다시 방으로 들어와 황태성과 마주 앉았다. 권 씨가 말문을 열었다.

"어떻게 하시겠습니까. 아예 돌아가십시오. 이 일은 애당초 안 될 일이었습니다."

황태성은 요지부동이 되어 이런 말을 했다.

"오늘 가서 만나보고, 확실히 김종필이 보낸 사람이라면 내가 있는 곳을 알려주게."

朴 의장의 고민

조카사위 권 씨가 "박정희 의장과의 접촉은 위험하다"고 설득해도 황태성은 태도를 바꾸지 않았다. 권 씨는 '死生觀(사생관)이 확실한 인물이어서 태도를 바꾸기 힘들겠다'고 판단하고 그날 오후 2시, 종로의 금란다방으로 김민하와 함께 나갔다. 먼저 나와 기다리던 세 명의 수사관들에게 김민하가 신분증을 확인했다. 수사관이 꺼내 보여준 신분증은 '최고회의 의장 박정희', '중앙정보부장 김종필'의 직함과 이름을 타자로 친 뒤 도장을 찍어 만든 것으로 중앙정보부 요원임을 확인하는 증명서였다. 이들은 광교 부근의 중앙정보부 3국으로 자리를 옮긴 뒤 황태성의 소재를 가르쳐 주고 그간의 일들을 고스란히 털어놓았다. 김민하와 권 씨는 이날 밤 귀가했다.

이날 저녁, 수사관들은 흑석동의 김민하 집으로 차를 몰고 다시 갔다. 황태성은 자청해서 따라 나섰다. 황태성이 연행된 곳은 동대문 서울운동장 맞은편 고양군청 자리의 중정 3국 3과 분실로 김 모 과장이 그를 기다리고 있었다. 서울로 잠입한 지 50일 만이었다.

황태성은 김 과장에게 자신의 월북 전후 행적에 대해서 소상히 털어놓았다고 한다. 그러나 "남파 목적이 무엇인가"란 질문에는 한사코 "박정희 의장을 만나기 전에는 절대로 입을 열 수 없다"고 버텼다.

"박 의장을 만나 뭘 하려고 하시오?"

"하여간 박 의장을 만나게 해 주시오. 정 어렵다면 김종필 정보부장이라도 만나게 해 주시오."

당시 중앙정보부장이던 김종필 전 총리는 황태성 사건과 관련해 이런 증언을 했다.

"황태성이 남한에 들어온 후 처음엔 선산에서 수소문해 자기 조카딸이 사는 데를 찾아갔습니다. 그래서 그 조카딸이 우리 장모한테 자기가 찾아왔다는 전갈을 하게 된 거죠. 이 소식을 듣고 우리 장모가 놀라서 나한테 소위 신고를 한 겁니다. 나는 그런 사람이 있었다는 것도 몰랐고, 그런 사람이 우리 처가 동네에서 가깝게 살았다는 것도 몰랐습니다. 그래 알아보니, 박 대통령하고 같이 크고, 나이는 좀더 많고, 그러나 퍽 가까이 지냈던 사람인데 그 사람이 해방 후 좌경해서 월북한 후에 상당한 지위에 있었다는 걸 알게 됐죠.

난 그 신고를 받자마자 비상을 걸어서 빨리 잡으라고 지시했죠. 결국 황태성이 흑석동의 김민하가 집에 숨어 있다가 잡혔습니다.

잡아 가지고 신문을 하는데, 이 사람이 자꾸 나를 만나게 해 달라고 하더랍니다. 나를 만나서 넘어온 취지를 설명하겠다고 하더란 겁니다. '나는 간첩으로 내려온 게 아니다, 문제 해결을 할 수 있는 길이 없나 해서 온 사람이니 간첩 취급 말라', 자꾸 이러더래요.

그래서 내가 여러 가지 생각한 결과, 무슨 계략을 꾸밀지 모르니까 난 안 만나겠다는 결정을 내렸습니다. 그래서 K씨의 얼굴이 언뜻 보면 나와 비슷해서 K씨에게, '당신이 나를 사칭하고 한번 만나 보라'고 했지요. 황태성이야 내 얼굴을 본 일도 없고, 혹 사진을 봤을지 모르지만 그렇다면 비슷한 얼굴을 구별할 수 없다는 생각에서 그렇게 한 거죠. 그래서 K씨가 나를 사칭하고 황태성을 만나보니, 또 같은 얘기를 하더랍니다. 자기는 간첩으로 내려온 게 아니다. 문제를 해결하러 왔으니 최고회의 박 의장을 만나게 해 달라, 일이 돼도 좋고 안 돼도 좋다, 한번 만나서 얘기나 하게 해 달라, 이러더랍니다.

그때까지 난 박 의장께 보고를 안 했습니다. 왜 그랬냐 하면, 그러지 않아도 그분이 그런 일로 오해를 사고 있었는데 잘못했다간 심적 피해가 클까 봐 걱정스러워 내 손에서 처리하려고 했기 때문입니다. 그런데 황태성이가 자꾸 만나게 해 달라고 해서 한 번은 박 의장께 가서 이렇게 여쭈었습니다.

'황태성이라고 잘 아십니까?'

박 대통령이 한참 나를 이렇게 보시더니 '그 놈을 어떻게 아나?' 이러세요.

'잡아 놨습니다.'

'어떻게 잡았어?'

그래 내가 그동안 얘기를 쭉 했지요. 그랬더니 '그래 뭔 얘기를 해?' 하고 물으시기에 '만나 뵙잡니다' 했더니 이러십디다.

'내가 알지만 만날 수 있나. 만나서 되는 일도 아니고. 그래 어떻게 처리하려고 그러나?'

'제게 맡기십시오. 조사를 다 한 다음에 자기는 뭐라고 하든지 법이 있으니까, 법에 의해서 법대로 처리하겠습니다' 라고 했지요."

中情(중정)의 김 과장은 치안국 소속으로 중정에 파견 나왔던 박 모 경감을 불렀다. 김 과장은 순진한 인상을 갖고 있던 박 경감을 김종필 부장의 代役(대역)으로 삼아 황태성을 조사하기로 했다.

10월 22일 오후 2시, 황태성은 반도호텔 7층 735호실로 호송되었다. 황태성은 김종필 정보부장을 만나러 가는 것으로 믿고 있었다. 잠시 후 신사복 차림에 검은 안경을 쓴 사나이가 여러 수사관들의 호위를 받으며 반도호텔로 들어섰다. 박 경감이었다. 7층 복도에는 방문마다 수사관들이 서 있다가 가짜 김종필 정보부장이 지나갈 때마다 큰 소리로 경례를 했다. 호위하던 한 수사관이 735호실 문을 열었다. 거침없이 방에 들어서는 박 경감─가짜 김종필에게 그의 상관이던 김 과장이 벌떡 일어나 90도로 절을 했다. 박 경감이 보니 의자에 앉아 있던 초로의 신사가 자신을 뚫어지게 노려보고 있더란 것이다.

"내가 시간이 있었으면 선생이 나에게 하시고 싶다는 말을 다 들어 드렸으면 좋겠습니다만, 곧 국무회의가 열립니다. 내가 참석해야만 국무회의가 열릴 수 있기 때문에 어쩔 수가 없습니다. 그러니 우리 김 과장에게 모든 걸 다 말씀하십시오. 김 과장은 내가 가장 신임하는 사람입니다. 기탄없이 아무 말씀이고 다 하십시오."

이렇게 말한 박 경감은 황태성이 뭐라 입을 열 기회도 주지 않고 재빨리 자리에서 일어섰다. 황태성은 이때 박 경감을 김종필로 인정한 것 같다. 검은색 안경을 쓰고 있던 박 경감의 얼굴과 이북에서 자료 사진을 통해 보았을 김종필의 얼굴을 구별하기는 쉽지 않았을 것이다. 가짜 김종필이 자리를 뜨자 황태성은 김 과장에게 자신이 휴전선을 넘어 서울로 잠입해 들어오게 된 목적에 대해 낱낱이 털어놓았다. 그가 했던 말은 참고인으로 따라왔던 김민하와 황태성의 조카사위 권 씨가 진술했던 것과 차이가 없었다.

수사당국은 황태성을 연행한 지 4일째 되던 10월 24일, 김민하와 권 씨를 구속했다. 간첩에게 편의를 제공한 혐의였다. 그 일주일 전 둘째 아이를 낳고 산후 조리하던 아내를 둔 채 구속되어야 했던 김민하는 수사관들에게 강력하게 항의했다.

"황태성 씨 본인이 정보 수집을 하지도 않았고, 신분도 밝혔는데 어째서 간첩입니까. 그리고 제가 신고를 하지 않은 것도 아니잖습니까. 파출소에 신고를 해야만 신고입니까. 정보부장에게 알리려 했던 것은 신고가 아니고 무어란 말입니까."

그러나 요지부동이었다. 이들은 그해 11월 말까지 취조를 받고 12월 초 육군 고등군법회의로 송치되면서 서대문형무소로 이감되었다.

朴正熙의 국민 비판

박정희는 처음부터 5·16 혁명이 미국식 민주주의에 대한 본질적인 도전의 의미를 내포하고 있다는 인상을 주려 하지는 않았다. 박정희가 張勉 정부의 무능과 부패를 공격하는 이면엔 張勉 정부가 구현하려 했던 서구식 자유민주주의가 우리 실정에는 맞지 않다는 뜻이 포함되어 있었으나 그 점을 강조하지는 않았다. 집권 후 박정희의 어록에서는 민주나 자유, 평등보다는 국가, 능률, 청신, 기강, 자조, 자립, 자주 같은 단어들이 더 많이 등장하기 시작한다. 1961년 8월 15일 광복절 제16주년 기념사에서 박정희는 조심스럽게 서구식 민주주의에 대한 최초의 문제 제기를 한다.

〈우리는 그동안 주어진 서구 민주주의 제도를 이식해서 그 형태만을 모방해왔습니다. 이것이 우리의 풍토와 생리에 맞지 않았던지 허다한 부작용이 일어났습니다. 치졸한 의회 정치와 부패한 정치인들은 파쟁과 이권과 감투 싸움에 寧日(영일)이 없는 나머지, 사회 정의를 한없이 어지럽혀 야박한 사고만이 彌漫(미만)하였던 것입니다. 이와 같은 퇴폐한 국가 경영이 하루 연장되면 10년의 후진을 가져오는 급격한 시대의 대조류 속에서 나날이 기울어가는 조국의 운명을 좌시만 할 수 없어서 자아수술이란 비상조치를 단행한 것이 5·16 혁명인 것입니다. 우리는 지금 2대 목표를 향하여 돌진하고 있습니다. 첫째는 도의의 건설이요, 둘째는 경제 건설입니다. 도의의 확립은 민주재건의 초석이요 경제 건설은 자주독립의 요청이기 때문입니다. 민족적 흥망의 기로에 선 이 마당에 이기적인 방관주의자나 기회주의자가 되어선 안 되겠습니다〉

박정희는 민주주의의 기초를 시민 윤리의 확립에, 자주독립의 조건을 자립 경제에 두고 있었다. 민주주의나 자주독립이란 구호에 머물지 않고, 그 좋은 명분을 가능하게 하는 조건과 기초를 어떻게 만들어낼 것인가 하는 구체적인 실천론에 박정희의 관심이 머물러 있었다. 박정희는 근대화를 추진해가는 데 있어서 자발적인 대중 동원의 필요성과 효율성을 끊임없이 강조했다.

5·16 직후 박정희는 국민들이 스스로의 문제를 스스로의 자각과 노력으로 해결해야 한다는 自助(자조)정신을 가장 많이 강조했다. 이런 강조를 하는 박정희는 사범학교 출신 교사의 자세로 돌아가 있었다. 이 무렵부터 박정희는 연설문을 꼼꼼히 챙겼다. 그는 밑에서 올라온 연설문 초안을 자신의 뜻에 맞게끔 고치거나 처음부터 자신이 기초하기도 했다. 따라서 박정희의 모든 연설은 그의 말이며 그의 생각으로 보면 된다. 1961년 10월 3일 개천절 치사에서 박정희는 남북한의 차이점을 예언적으로 지적했다.

〈(前略) 남한은 이와 같은 과업을 국가 권력에 의한 강요에 의해서가 아니라 국민 대중의 밑으로부터 솟아오르는 역량에 의해 실현할 수 있는 근본적인 힘을 축적하고 있습니다. 이것이 바로 남한과 북한의 근본적인 차이인 것입니다. 북한과 같이 강권에 의해서 지배되어온 사회는 외견상의 힘과는 달리 사회 根底(근저)의 기본적 역량이 취약한 법입니다. 남한은 이제 근본적으로 축적되어 온 발전의 원동력과 혁명 정부의 합리적이고 능률적인 지도에 의해 몇 해 안 가서 빈곤, 기아, 무지, 질병과 모든 공포로부터 자유로운 복지사회 건설을 완성할 것입니다〉

박정희는 국민들을 향하여 "이것은 잘못되었으니 이렇게 고쳐야 한다"고 직설적으로 지적한 최초이자 마지막 지도자이다. 많은 정치 지도자들이 국민을 찬양하고 국민들에게 영합할 때 박정희는 국민들에게 주의를 주었다. 1962년 8월 농협 주최 이동조합업적경진대회 치사에서 박정희가 한 연설의 초안은 그가 처음부터 끝까지 직접 쓴 것이다. 기자가 李洛善 당시 최고회의 의장 공보비서의 유품 중에서 찾아낸 친필 원고 중 주요 대목을 소개한다. 이것은 육성이나 다름없다.

〈(前略) 이와 같은 원인이 과거 위정자들의 정책의 빈곤과 무능의 소치라는 것은 물론이려니와, 우리 모든 농민들의 자조적 노력과 자각심의 부족이란 것도 숨길 수 없는 사실입니다. 5·16 혁명 후 정부는 과거의 욕된 역사를 청산하고 도의 국가, 복지 사회를 건설하기 위해서 인간 개조와 산업 부흥이란 두 가지 大(대)목표를 들고 일어났습니다. 이 두 가지 목표는 다시 말하자면 "잘 살아 보자"는 운동인 것입니다. 혁명 정부는 허다한 긴급 시책 중에서도 우선 농촌 부흥이 가장 시급하다는 것을 인식하고 농촌에 잘 살기 운동을 중점적으로 추진하기로 했던 것입니다. 이것이 우리 정부의 중농정책인 것입니다.

숲(전) 인구의 7할을 점하는 농촌 문제를 해결하지 않고서는 경제 재건이요 산업 부흥이요 하는 것은 공염불이라고 본인은 확신합니다. 본인은 최근 호남 일대의 농촌을 다녀왔습니다. 전남의 모범 농촌 조성 운동과 전북의 '보고 가는 마을' 운동은 확실히 우리나라 농촌에 혁명을 일으키고 있는 상록수 운동이라고 생각하며 이 운동이 앞으로 계속 활발히 추진된다면 우리의 농촌에는 수년 이내에 기적적인 현상이 일어날 것을 본인은 확신하는 바입니다.

본인이 다니면서 본 몇 개 모범 부락에서 공통적인 점을 몇 가지 느꼈습니다. 이러한 부락에는 반드시 건실하고도 의욕적인 농촌 지도자가 있었습니다. 여러분들과 같은 애향심이 강하고 부락민들을 단합시키고 부락민들의 의욕을 북돋워줄 수 있는 지도자가 꼭 필요한 것입니다. 여러분들이야말로 우리 농촌의 등불이요 참다운 애국자라는 것을 강조하는 바입니다. (中略) 본인이 항상 강조하는 바와 같이 하늘은 스스로 돕는 자를 돕는다고 했습니다. 그런 自助心이 없는 농민들을 정부는 다 같이 도와줄 수는 없습니다.

정부는 앞으로 자조심이 강한 모범 부락에는 있는 힘을 다해서 중점적으로 도와서, 부지런하고 노력하는 농민은 빨리 잘 살 수 있도록 할 것입니다. 여러분들은 신문, 잡지, 영화를 통해서 선진국 농촌을 보았을 것입니다. 농가마다 전기, 수도가 들어가고 텔레비전이 있고 자가용 승용차까지 가진 선진국가의 농가들을 보시고 부럽게 생각한 적이 있을 것입니다. 우리도 노력하면 그와 같이 살 수 있다는 확고한 자신감을 가지십시오. 정부가 우리를 도와주지 않는가 남이 좀 도와주지 않는가 하고 의타심만 많고 게으르고 노력하지 않는 농민은 언제까지나 빈곤에서 벗어나지 못할 것입니다. (下略)》

박정희는 自助(자조) 정신이 없는 사람은 도울 필요가 없고, 자조심이 강한 사람과 마을을 중점 지원하겠다는 새마을 운동의 원칙을 이때 이미 세웠다. 대중 정치인들이라면 못사는 사람부터 밀어주려고 했을 것인데 혁명가는 발상이 달랐다.

軍內 동향

1961년 11월 2일 박정희 최고회의 의장은 訪美를 앞두고 군 지휘관들에게 '군내 동향'이란 제목의 정보 메모를 내려 보내 참고하도록 지시했다. 이 정보 메모는 육군 방첩부대 혹은 정보부에서 올린 것으로 추측된다. 박정희 의장은 정보 메모를 회람시키면서 붙인 지시에서 이렇게 지적했다.

〈5·16 혁명의 선봉적 역할을 담당하고 혁명 과업 수행에 원동력이 되고 있는 국군 장병들에 대한 본인의 지대한 관심과 기대는 과거나 현재나 또한 장차에 있어서나 변함이 없을 것입니다. 동시에 본인은 국군 장병들의 정신적인 동태에 대해서는 항시 세심한 관찰을 게을리 하지 않고 있다는 것을 인식해주시기 바랍니다. 근간 군내 동향에 대하여 여론을 종합해본 결과 아래와 같은 경향이 있는 듯 하온데 그중에는 인식 부족이나 왜곡된 사고방식 등에서 오는 점도 있으나 요는 군 고위 지도층에서 장병들에 대한 정신적인 지도 이념의 확립과 솔선수범, 이에 대한 계몽 등의 소홀에서 오는 점도 不少(불소)하다고 사료되는 바입니다. 아래 동향 조사를 참고로 하여 적절한 지도 방법이 강구되기를 기원하는 바입니다〉

첨부한 '군내 동향 정보 메모'는 만년필로 메모지에 기록한 것이다.

〈1. 지휘관 동향

가. 전방 연대장급 이상 지휘관 중에는 非(비)주체 세력이라는 낙오감

에서 상부 지시에만 따르겠다는 소극적이고 무사주의적인 경향이 많음.

나. 고급 지휘관은 가급적 책임을 하급 지휘관들에게 전가시키고 있으며, 하급 지휘관들은 과중한 책임에 억눌려 기계적으로 움직이고 있으며, 창의력을 발휘하지 않고, 가혹하게 평가해서 눈가림으로 그때그때 입장을 모면하고 있는 경향임.

다. 고급 지휘관 중에는 입으로만 혁명 과업 수행 운운하는 등 열성을 표면화시키고 있으나 아직도 구실을 만들어 유흥을 즐기며 나태적인 舊惡(구악)이 가시지 않았다고 판단되는 동향이 많음.

2. 군 인사법 제정 공포에 따른 여론 및 반향

가. 계급 정년에 해당되는 자는 전역 후의 처신 문제, 생활 보장 문제 등에 대한 심적 동요로 근무 의욕이 거의 상실되어 있음.

나. 작년 8월 및 금년도 진급 대상자로 포함된 자는 소극적이고 무사고주의적인 경향은 있으나 별다른 신변에 화가 없는 한 앞으로 7, 8년은 현역에 머물러 있을 수 있다는 관측 하에 자기에게 부하된 책임에 대하여는 어떻게 하든지 수행하려고 노력하고 있음.

다. 간부후보생 출신 위관 장교들은 육사 4년제 출신 장교와 지나칠 정도로 차별대우를 한다고 군 고위층에 대하여 불만을 抱持(포지)하고 있으며 1955년도 육사 출신(제1회) 장교를 소령으로 진급시키게 된다는 상부 방침을 傳聞(전문)하고 적자와 서자 취급을 하고 있다고 비난하고 있음.

3. 군내 파벌 및 특권의식 대두에 따르는 여론 및 반향

가. 군인이 주동이 되어 혁명을 감행하였기 때문에 군 내부가 단결되었다고 평가한다는 것은 착오이며 군 내부를 흐르고 있는 底流(저류)는

중앙 활동 무대에서 활약하고 있는 자들에 대하여 어제는 동료이며 전 우였지만 오늘의 거리는 너무나 현격한 감이 있어 특권층에 대하여 혐오와 시기를 하고 있는 경향임.

나. 아직도 고급 지휘관 중에는 지방적인 색채, 또는 연고 관계 등으로 파벌적인 인사 관리를 자행하고 있어 비난을 받고 있는 경향임.

4. 군내 부정 행위 근절책에 대한 여론 및 반향

가. 5 ·16 이후 지휘관급에서 과거처럼 양성 수입면을 밝히지 않게 되어 정화되어 가고 있으나 예산상으로 제약을 받게 되어 있기 때문에 접대비 구실로 하여 부대 운영비에 손을 대고 있는 자가 아직 다소 있는 것 같음.

나. 논산훈련소 고급 지휘관급에서는 과거처럼 특이한 비위 사실을 발견할 수 없으나 하급 지휘관 및 기간 요원들에 의하여 사진값, 忘失 (망실) 보급품의 보충, 환경정비비 등으로 훈련병들의 봉급을 공제 또는 갹출하는 예가 아직 있다고 하며, 특히 춘천 소재 운전병 교육대를 위시로 한 후반기 특수교육대에 대하여 훈련병들은 논산훈련소보다 구악이 더 심하다는 여론이 있음.

다. 아직도 각급 부대에서 금품 거래 또는 연고 관계로 인사이동, 장기 비공식 휴가·외출·출장 등을 자행하고 있다는 여론이 있음.

라. 모 사단 수색 중대장은 사단장과 인척 관계로 전입이 되어 DMZ 근무대원에게 지급되고 있는 특식비 중 상당액을 유용 또는 착복하고 있다 함.

5. 전방 부대 사병들에 대한 일반적인 동향 및 여론

가. 소총중대에 배속된 사병들은 5 ·16 전이나 다름없이 가정환경, 학

력 정도 면에서 低劣(저열)하며 學保(학보) 敎保兵(교보병)을 방침상 연대급 이하 부대에 배치하게 되어 있는 것을 제외하고는 배경 없고 貧寒(빈한)한 자들만이 일선고지에서 근무하고 있는 인상임.

나. 1개 사단 평균 약 100명의 출감자들 때문에 하급 지휘관들은 골치를 앓고 있으며 그들은 부대 내 여론을 악화시키는 일에는 언제나 선동적인 역할을 하고 있다고 함.

다. 말단 사병들에 대하여 아직도 하급 지휘관 및 고급 하사관들의 기합이 심하기 때문에 구실 붙이기만 가능하면 휴가·외출·출장 등으로 영내를 이탈하고자 기도하고 있는 실정임.

라. 하절기에는 야외에서, 동절기에는 막사 안에서 소대장, 중대장들이 일간지 기사 내용을 알기 쉽게 설명해 주는 것이 사병들의 식견을 넓히는 데도 효과가 있음.

마. 酒保(주보) 물건이 사단, 연대, 대대순으로 내려갈수록 질이 나쁜 경향이 있음.

6. 군납업자 동향.

가. 고위층의 배경을 이용하여 관계 장병들과 결탁하여 부정을 감행하던 기존 업자들은 거의 부정을 자행하지 못하고 있는 데 대하여 전방부대 농협 측이 기존업자와 경쟁이 된다고 갖은 수단을 다하여 중상모략을 자행하고 있음〉

柳泰夏의 일본 인맥

혁명 전부터 박정희의 경제개발 구상 속에는 한일 국교 정상화를 통해 일본의 자금을 이용하겠다는 개념이 서 있었다. 당시 박정희는 측근에게 이런 말을 자주 했다고 한다.

"무엇보다도 자금이 필요하다. 미국이 도와준다고 해도 원조를 배로 늘려줄 리도 없고 믿을 수도 없다. 그러나 일본으로부터는 한국이 당당히 받아 낼 돈이 있지 않은가. 그것을 反日(반일) 감정이니 굴욕이니 하여 망가뜨리는 일은 대단한 국가의 손실이다."

"자립 경제를 이루기 위해서는 공업 입국을 해야만 한다. 여기엔 미국의 원조가 필수적이다. 그러나 미국놈들은 시혜 원조뿐이다. 그렇다면 자유당 때부터 민주당에 이르기까지 지루하게 끌어오던 한일회담을 타결지어 청구권을 받을 수만 있다면 민주당이 구상했던 경제개발 5개년 계획을 보강, 실천할 수 있다."

한일 국교 정상화는 제2차 세계대전 후 미국의 동아시아 정책의 한 핵심이기도 했다. 5·16 주체세력들은 이승만 정부의 對日觀(대일관)에 대해 상당히 비판적이었다. 이승만은 좌익 소탕을 이유로 일제시대의 헌병과 경찰 출신들을 포함한 친일 행위를 했던 토착 지주 세력들을 대거 포용하면서 국내의 여론으로부터 비판을 받기 시작하자 對日(대일) 외교 현안에 대해서만은 강경책을 고수했다. 이승만 대통령은 1952년 1월 18일을 기해 한반도 주변 수역에 해양 주권을 선포했다. 해안에서 평균 60해리에 달하는 이 '평화선'은 일종의 배타적 경제수역으로서 일본 어민들의 어로가 금지되고 평화선을 침범한 일본 어선들은 나포되기 시작했다.

1951년부터 1953년 사이 3차에 걸쳐 열린 한일회담은 대일 청구권 문제와 어업 문제가 주제가 됐다. 그러나 양측의 견해 차이만을 확인하는 결과만 가져왔다. 특히 제3차 한일회담이 계속되던 1953년 10월 15일,

일본 측 수석대표 구보다(久保田貫一郎)가 "일본의 36년간 한국 통치는 한국인에게 유익했다"는 발언을 함으로써 회담은 결렬됐다.

1958년 4월 15일에 재개된 제4차 한일회담에서 비로소 견해 차이를 좁히는 데까지 왔으나 한국 내 정치 혼란이 가중되자 일본은 관망하는 태도를 취했다. 4·19 이후 민주당 정권이 들어서자 제5차 한일회담이 열렸지만 회의는 개최도 안 된 채 5·16을 맞았다.

민주당 정권이 들어서자 주일 한국 무역대표부에 근무하던 柳泰夏(유태하) 대사는 이승만 대통령의 비자금 500만 달러를 숨겨둔 장본인으로 지목됐다. 민주당 정부는 유태하의 여권을 취소시켰고 대사직에서도 해임시킨 채 소환 명령을 발부했다.

이승만 대통령과 영부인 프란체스카의 신임을 받아 주일 한국대표부에 참사관으로 부임했던 유태하는 공사를 거쳐 대사로 근무하면서 일본 정계의 특성을 파악하게 됐다. 최고 통수권자의 결심에 따라 정책이 결정되는 한국의 대통령 중심제와는 달리 일본의 정계는 내각 중심제로, 정부의 정책 결정 과정은 막후 실력자들의 태도에 의해 좌우되는 특성이 있었다. 柳(유) 대사는 한일협정 타결도 일본 政界의 막후 실력자들이 추인하지 않는 한 百藥(백약)이 無效(무효)라는 사실을 현장에서 뼈저리게 확인하고 일본 정계의 실력자들을 대상으로 親韓(친한) 인맥을 구축해 갔다. 그는 한일 간 각종 교역의 교섭 창구인 주일 대표부를 이용해 돈을 만든 뒤 일본 막후 실력자들과의 교분을 쌓아가던 중 4·19를 맞았고 자신은 외환 도피 혐의까지 뒤집어쓰게 됐다. 민주당 정부로부터 강제 소환 당할 위기에 처하자 그는 자신이 구축해 둔 일본 인맥을 활용해 일본 경찰의 호위를 받으며 은둔하고 있던 중 5·16을 맞았다.

1961년 6월 초, 일본에서 불법 입국한 전세호(재일 거류민단 학생동맹 위원장)는 경찰에 연행되자마자 "박정희 의장은 문경 교사 시절 내 담임 선생님"이라며 면담을 요구했다. 중앙정보부가 막 창설되면서 처음 접수한 이 사건을 담당했던 육사 8기 출신 최영택 해외담당 국장은 김종필 부장에게 "넝쿨째 굴러들어온 호박"이라 표현했다고 한다.

전세호는 박정희 의장의 혁명 정신에 적극 찬동하면서 유태하 대사를 급히 귀국시켜 그가 구축한 일본 정계의 로비망을 활용해야 한일회담이 성공할 것이고, 이를 통해 경제 부흥을 이룰 수 있을 것이란 점을 강조했다. 최영택은 일본에 가서 전세호의 협조 하에 유태하 대사를 귀국시키는 데 성공했다.

최영택은 유태하 대사를 서울 정동호텔에 구금시켰다. 이병희 서울 지부장이 수사를 담당했다. 이병희는 유 대사에게 두 가지 사실을 집중 신문했다. 첫째는 이 박사의 비자금 500만 달러의 행방이었다. 유 대사는 "날 믿어 주시오. 비자금은 모략입니다. 한일 교역을 통해 자금을 만든 것은 사실이지만 이것은 親韓(친한) 인맥을 만들기 위해 투자한 것입니다. 날 데려왔던 최영택 국장을 만나게 해주시면 모든 것을 다 털어놓겠습니다"라고 하소연했다고 한다.

중정 측은 비자금을 찾을 수만 있다면 각종 공작자금으로 유용하게 쓸 수 있을 것이란 기대에 부풀어 있었다고 한다. 조사 결과 이 박사의 비자금설은 사실무근임이 밝혀졌다. 두 번째로 추궁한 것은 유 대사의 일본 내 인맥이었다. 유태하 대사는 최영택 국장에게 "조국의 발전을 위해서라면 얼마든지 협조하겠다"며 자신이 구축해 온 일본 정계 내 막후 실력자들의 인맥을 전부 설명해 갔다. 그는 "최 국장께서 일본에 가시게 되면 잘 됐습니다. 여지껏 투자한 것을 잘 활용해 주십시오"라고 했다.

최영택은 유태하 대사로부터 받은 진술을 종합해 김종필 부장에게 보고했고 이는 박정희 의장에게도 전달됐다. 최고회의는 막후에 선을 대지 않고서는 한일협정 타결이 불가능하다는 판단을 내렸다. 최고회의는 최영택에게 이 임무를 맡겼다. 최영택은 1961년 8월 1일자로 외무부 주일 참사관으로 발령받고 일본으로 들어갔다. 그의 공식 직함은 중앙정보부 일본 지부장 겸 외무부 정무담당 참사관이었다.

유 대사와 함께 갔어야 했지만 국내 여론이 너무 좋지 않아 단독으로 가야 했던 최영택은 일본 외무성, 재일 교포 거류민단 중앙본부, 재일 한국경제인 연합회 등을 차례로 방문하며 취임인사를 한 뒤 일본 정계를 살펴보았다.

자민당은 여덟 개의 파벌로 구성돼 있었다. 이른바 '8개 사단'으로, 각 사단의 사단장들이 막후 실력자였다. 최대 파벌은 약 80여 명의 국회의원들을 거느리고 있었고 가장 작은 계파는 10여 명의 의원들을 거느리고 있었다. 혁명 정부는 최영택 참사관을 지원하기 위해 대한무역공사 사장을 역임한 李東煥(이동환)을 주일 공사로 파견했다. 함경도 출신인 이동환을 추천한 사람은 이주일 부의장과 김동하 장군이었다. 최, 이 두 사람은 첫 대면에서 "군사 정권도 안정돼 가니 중단된 한일회담을 조속히 재개하도록 합시다"라고 다짐했다.

기시(岸)의 다짐

일본 외무성의 이세키(伊關) 아시아 국장은 한일회담의 재개를 찬성하면서 주일 한국 무역대표부 소속의 최영택 참사관을 적극적으로 도와주었다. 이세키 국장의 인상적인 설명을 최영택은 이렇게 기억한다.

"일본은 한국과 달리 내각제이기 때문에 모든 장관이 국회의원들로 구성됩니다. 장관을 보좌하는 차관은 두 명으로, 국회의원인 정무차관과 직업 공무원인 사무차관으로 이루어지지요. 사무차관은 장관에게 실무적인 지원을 합니다. 정치인들은 선거 때마다 바뀔 수 있지만 직업 공무원인 사무차관들은 그 자리를 계속 유지하기 때문에 정책에 큰 흔들림이 없습니다.

이 때문에 일본의 행정부는 과장 중심으로 구성돼 있다고 해도 과언이 아닙니다. 현직 과장들이 비토를 하면 일본 정치인들은 함부로 압력을 가하지 못합니다. 사무관 출신들이 전문가이기 때문에 일본 정치인들은 한국과 달리 이들의 의견을 존중합니다. 한일회담을 재개하기 위해 사람들을 만나더라도 이런 점을 염두에 두셔야 합니다."

그는 또 일본 막후의 실력자들이 정책 결정 과정에서 어떻게 영향력을 행사하는지도 상세하게 말해 주었다.

"외교적으로 교환된 친서나 각서가 실현되려면 막후 실력자들의 찬성이 필수적입니다. 막후 실력자들이 자신의 휘하에 있는 의원들에게는 물론이고 총리대신에게도 건의와 압력을 가하게 됩니다. 독선적일 수 없는 총리는 '모두가 그런 의견이면 따를 수밖에 없지 않은가'라는 식으로 매듭짓습니다."

중정 국장 출신으로서 육사 동기 김종필 부장의 뒷받침을 받고 있던 최영택은 어느 정도 자신감이 붙자 일본 정계 거물들과 접촉하기 시작했다. 유태하의 진술만 믿고 찾아 간 최영택은 과연 유태하 대사의 로비망

구축이 성공적이었음을 확인했다. 유 대사의 이름을 대고 연락을 하면 일본 정계의 거물들이 거절하는 법이 없이 최 참사관을 만나 주었다.

맨 처음 접촉한 기시 노부스케는 前(전) 일본 총리이면서 보수파의 거두로 막후에서 영향력을 행사하고 있었다. 제2차 세계대전 당시 각료로 일했던 기시는 패전 후 전범 재판을 받았다. 그는 일본의 괴뢰국인 만주국 경영에 중심 역할을 한 관계로 만주 인맥의 상징이기도 했다. 박정희 역시 비슷한 시기에 만주를 체험하여 박, 기시 두 사람은 정서적으로 통하게 된다. 1960년 기시는 美日(미일)안보조약 개정안을 비준한 뒤 여론에 밀려 사표를 내면서 총리직을 이케다(池田)에게 물려 주었다.

최 참사관이 뉴재팬호텔 식당에 도착한 때는 약속 시간이 조금 지나서였다. 미안하기도 해서 겸연쩍게 방문을 열고 들어서니 아버지뻘 되는 노인이 정좌한 채 앉아 있다가 일어나더니 무릎을 꿇고 정중하게 절을 했다. 당황한 최 참사관이 맞절을 한 뒤 말문을 열었다.

"저는 외교관이 아닌 한일회담 타결을 위해 왔습니다. 우리는 한일회담을 재개하고 싶습니다. 박정희 의장의 의중도 너무 철저합니다. 영향력 있는 기시(岸) 선생께서 도와주십시오."

"나는 원래 한일회담을 성사시키려고 노력해 온 사람입니다. 경제 발전을 위해 한일회담을 타결하겠다는 박 의장의 의지에 나로서는 감동할 수밖에 없습니다. 내가 이케다 총리를 만나 그 뜻을 전해 주겠습니다."

최 참사관이 다음으로 만난 거물은 기시의 동생 사토 에이사쿠(佐藤榮作) 通産相(통산상)이었다. 그 역시 좋은 반응을 보였다. 최 참사관은 중앙정보부로 一日(일일) 보고를 하면서 상황의 진행을 알리고 있었다.

10월 초, 양국은 한일회담을 재개하기로 결정하고 10월 20일로 날짜를 정했다. 최고회의는 대표단장으로 이동환 주일공사를 임명할 것인지 許政(허정) 전 한일회담 대표를 다시 기용할 것인지를 두고 최영택 참사관에게 의견을 묻기도 했다.

최영택은 '스기 미치스케(杉道助) 상공회의소 회두(회장)가 대표단장으로 나설 것 같으며, 어느 파벌에도 치우치지 않는 경제통임' 이란 답신을 보냈다. 10월 12일, 최고회의는 무난하고 경제에 밝은 사람을 물색하던 중 일제시대에 미국에서 경제학을 공부한 뒤 군정 때 재무장관 특보를 거쳐 극동무역 사장과 한국은행 총재를 역임한 裵義煥(배의환)을 수석대표로 임명했다.

배의환은 5·16 직후 미국 국회의원들과 해외 언론 기관들에 혁명지지를 요청하는 私信(사신)을 보낸 사람이다. 배의환은 회고록 《보릿고개는 넘었지만》에서 자신이 회담 대표로 임명된 데는 이런 사정이 감안되었을 것이라고 추정하고 있다. 배의환 수석대표는 새뮤얼 버거 주한 미국 대사를 찾아가 미국의 태도부터 확인했다. 버거 대사는 "우리 미국은 이번 한일회담을 적극 후원할 생각입니다"라고 말했다.

"한국이 경제 부흥을 위하여 경제개발 5개년 계획을 세우고 있는데, 이를 성공시키려면 당연히 외국의 선진 기술이나 기계를 들여와야 할 것이고, 돈도 많이 필요할 것입니다. 일본을 보십시오. 패전국이긴 하지만 세계적으로 잘 알려진 나라니까 금방 다른 나라들과 통상을 맺고 발전해 나가고 있습니다. 오랫동안 세계에 알려지지 않은 한국의 발전을 위해서라도 국교 정상화는 시급합니다."

박정희 의장에게 인사를 하러 간 날, 배의환은 이런 기록을 남기고 있다.

〈며칠 뒤 나는 우리 측 대표로 뽑힌 사람들과 함께 박 의장 앞에 나가 인사를 드렸다. 박 의장의 눈매와 굳게 다문 입술에서 강인한 의지를 읽을 수 있었으나 그의 얼굴에는 감출 수 없는 피로의 기색이 보였다. 그만큼 정신적으로나 신체적으로 혁명 과업에 전력을 쏟고 있었던 모양이다. 박 의장 앞에서 선서를 하는 동안 우리는 한일회담의 성패가 국가의 장래를 위해 얼마나 중요한 일인가를 새삼 절감할 수 있었다〉

제6차 한일회담 대표로 선발된 사람들은 모두 22명이었다. 수석대표—배의환, 차석대표—이동환(주일공사), 고문—李漢基(이한기·서울대 법대교수·최고회의 의장 고문)를 포함, 각부 국장들로 구성되었다. 출발하기 전 이들은 주요 의제가 될 청구권 문제와 어업 문제에 관한 입장을 정리했다.

10월 18일 오후 3시. 한일회담 대표들이 일본으로 출국하여 도쿄 히비아파크호텔에 들었다. 다음날 배의환 수석대표는 일본 측 수석대표 스기(杉)를 만나 인사를 나눈 뒤 외무성에서 고사카(小坂) 외상을 만났다. 배 수석은 양측 정치 지도자들이 한일회담이 연내에 타결되기를 희망하고 있음을 확인했다. 실무자 입장에서는 두 달 남짓한 시간으로는 역부족임을 느끼고 있었다. 10월 20일 한일 양국의 첫 대표회담이 열리기 직전에 배의환 수석대표는 이케다 총리를 예방했다.

金鍾泌―이케다 要談

이케다 총리는 배의환 수석대표에게 "내가 6월 20일 미국을 방문하고 케네디 대통령과 회담하는 자리에서 케네디로부터 한일회담을 조속히 타결짓도록 노력해 달라는 종용이 있었다"며 그 자리에서 자신은 케네디 대통령에게 "회담의 조속한 타결은 일본의 희망과도 일치한다"는 말을 했다고 귀띔해 주었다. 그러면서 이케다 총리와 "이 회담이 금년 안에 매듭짓게 되기를 바랍니다"라고 말했다.

10월 20일, 일본 주재 한국대표부 통신실로 중앙정보부 통신실에서 발신된 암호 전문이 수신되고 있었다. 최영택 참사관 앞으로 보낸 중앙정보부 電文이었다.

〈24일 김종필 부장과 石正善 2국장이 비공개로 방일. 방일 목적은 박 의장이 케네디 초청으로 방미 도중 일본에 들러 이케다 총리와 정상회담을 하려 하므로 사전 협의차 가는 것임. 이케다 총리, 고사카 외상을 만날 수 있도록 교섭해 둘 것〉

겨우 막후교섭의 기초를 다지는 단계에 머물러 있던 최영택 참사관은 '김종필―이케다 비밀 회담을 성사시켜라'는 지시 전문을 받고는 당황했다. 최 씨의 증언.

"당시 일본은 국회가 열리고 있을 때였습니다. 내각 책임제여서 개회 중에는 총리 이하 각 부 대신들이 의사당으로 출퇴근을 합니다. 의회 중심이기 때문에 각료들도 행정부로 출근하지 않고 의사당으로 출근하여 질의에 답변을 하고 나머지 시간은 의사당 내에 마련된 집무실에서 업무를 봅니다. 최고회의 위원들은 이런 일본의 내각 책임제 분위기를 잘 알 수 없을 때였지요. 4일 만에 총리와 외상에게 우리 측 의사를 전달하고 결정을 받아야 했습니다. 중앙정보부장은 장관급인데 우리가 만나자고 한 사람은 총리급이어서 이것도 부담이었습니다. 이동환 공사와 함께 이세키 아시아 국장부터 찾아 갔습니다."

이세키 국장은 "박 의장과 이케다 총리의 정상회담 문제이니 상당히 중요하군요. 외상께 보고 드리면 외상이 총리께 보고 드리게 할 수 있을 겁니다. 시간이 촉박하지만 노력해 보겠습니다"라고 답변했다. 공식 루트로는 어느 정도 일이 해결됐다고 판단한 최 참사관은 막후의 정계 보스들을 찾아 부탁을 했다.

"무리한 스케줄인 줄 잘 알고 있습니다만, 김종필 정보부장이 방일하여 총리와 외상을 만나서 한일회담과 관련한 정상회담 건을 협의하고 싶습니다. 외무성과 총리실에 얘기를 좀 잘 해 주십시오."

기시 노부스케(岸信介)나 이시이 미치지로(石井光次郎) 등은 이 부탁을 잘 들어 주었다. 10월 22일 이세키 국장이 이동환 공사와 최영택 참사관에게 연락을 해왔다.

"총리와 외상께서 일정에 잡혀 있지 않지만 김종필 정보부장이 방문한다니 일정을 쪼개 보도록 하겠답니다. 다만 시간은 20~30분밖에 낼 수 없다고 합니다."

최 참사관은 암호 電文을 만들어 한국의 중앙정보부로 보냈다.

〈이케다 총리와 고사카 외상이 일정을 변경해 만나도록 하겠다고 함. 기타 정계 지도자는 제가 접촉해서 滯日(체일) 도중 만날 수 있도록 시간 계획 작성 중〉

10월 23일, 최영택 앞으로 '10월 24일 비행기로 15:00시 도착 예정'이란 電文이 들어왔다. 공식적인 한일회담이 진행 중일 때 물밑에서는 더 굵직한 비공식 접촉이 시작되고 있었다.

10월 24일 오후 3시 하네다 공항에 김종필 중앙정보부장과 석정선 제2국장이 비밀리에 도착했다. 최영택 참사관 겸 중앙정보부 일본 지부장이 단독으로 마중을 나갔다. 일행은 일본 궁성 옆 뉴팔레스호텔에 여장을 풀었다. 오후에 이동환 주일공사가 합류했다. 이날 저녁, 네 사람은 다음날 있을 요담과 관련한 대책을 숙의했다.

10월 25일 오전 11시 최 참사관은 김종필 부장, 이동환 공사, 석정선 2국장을 일본 국회의사당 내 총리 집무실로 안내했다. 이케다 총리와 고사카 외상, 이세키 아시아 국장, 마에다(前田) 동북아 과장이 기다리고 있었다. 이날의 대화를 최영택의 회고로 재구성해 본다.

김종필: "국회도 열리고 있는 중에 바쁘신 데도 불구하고 저희들이 갑자기 방문했는데 이렇게 면접할 시간을 주셔서 감사합니다."

이케다: "박 의장께서 거사를 하시고 또 김 부장께서 뒷받침하신다고 고생이 많겠습니다. 앞으로 하시는 일이 잘 되기를 바랍니다."

김종필: "바쁘실 텐데 단도직입적으로 말씀드리겠습니다. 사전에 외교 계통을 통해 보고받으셨겠습니다만, 박 의장께서 미국의 케네디 대통령 초청으로 방미하시게 됐는데, 앞으로 한일회담을 재개해서 국교를 정상화하고자 하는 것이 혁명 과업 중 하나입니다. 그래서인데, 도중에 일본에 들러 이 기회에 양국의 정상이 만나서 한일회담 타결을 위해 진지하게 논의하여 좋은 성과를 얻게끔 하고자 하는 것이 우리 희망입니다."

이케다: "한일회담은 양국의 앞날을 위해 반드시 필요하다고 생각합니다."

김종필: "6·25 남침도 있었지만 공산주의의 세계 적화 전략의 연장선에는 일본도 포함되고 있습니다. 우리 양국이 힘을 합쳐 이를 저지하지 않으면 안 될 것입니다. 그러기 위해서는 한일회담 타결이 가장 좋은 방책이라 생각합니다."

이케다: "저도 동감입니다."

김종필: "제가 독서를 좋아해서 일본 서적도 많이 읽고 있습니다만, 일본의 戰國(전국)시대에서는 오다 노부나가, 도요토미 히데요시, 그리고 도쿠가와 이에야쓰 등 대표적인 지도자가 있었지요. 새장 속의 뻐꾹새를 울게 하는 데 각각 방법이 달랐습니다."

이케다: "그렇습니다. 오다 노부나가는 강제로 울도록 하는 지도자이고, 도요토미 히데요시는 달래서 울게끔 하는 지도자이며 도쿠가와 이에야쓰는 울 때까지 기다리는 지도자라고 하지요."

김종필: "총리께서는 그 삼자 중 어느 통치자의 방법이 좋다고 생각하십니까."

이케다: "내가 대답하기 전에 김 부장께서는 어느 지도자의 방책을 좋아하시는지 되묻고 싶습니다."

김종필: "저는 울 때까지 기다리는 도쿠가와 이에야쓰의 방법이 가장 좋다고 생각합니다."

이케다: "저도 동감입니다. 이렇게 의견이 맞는 걸 보니까 앞으로 한일회담을 타결하는 데 좋은 징조인 것 같습니다."

김종필: "그러면 박 의장께서 방일하시는 문제에 대해서는 어떻게 생각하십니까."

이케다: "김 부장 말씀을 들어보니 김 부장 같은 분이 보좌를 받고 계시는 박 의장께서도 역시 좋은 정치를 하실 분으로 보입니다. 기꺼이 정상회담을 환영하고 박 의장을 초청하겠습니다."

김종필: "그러면 협력해서 한일회담을 타결시키도록 노력해 봅시다."

이케다 총리는 "좋습니다. 해 봅시다"라며 손을 내밀었고 김종필도

"해 봅시다"라며 악수를 나누었다. 이로써 박정희의 방일 초청이 이루어지게 됐다.

日총리의 親書

11월 1일, 한일 회담 일본 측 수석대표인 스기 미치스케는 박정희 의장을 공식 초청하는 이케다 총리의 친서를 들고 한국에 입국했다. 이케다 총리─ 김종필 정보부장의 요담 결과였다. 이날 최고회의는 일본에 머물던 배의환 수석대표에게 급히 귀국하라는 지시 전문을 보냈다. 다음날 배 수석대표는 鄭一永(정일영·외무부 차관, 국민대 총장 역임·현 백상재단 이사장) 대표를 대동하고 서울에 도착했다.

11월 3일, 배 수석대표는 스기 수석대표를 최고회의 의장실로 안내했다. 도중에 송요찬 내각수반의 방에 들렀다. 송 수반은 스기가 지참한 이케다의 친서에 난색을 표명했다.

"친서에는 회담 진전을 위한 아무런 구체적 제안이 없다지요. 그렇다면 박 의장이 초청을 받아들이지 않을 텐데 … ."

이날 오후 스기 대표를 맞이한 박정희 의장은 친서를 받아 읽고 조금도 실망의 빛을 보이지 않았다. 박 의장은 즉석에서 이 초청을 수락하겠다는 의사를 밝혔다. 스기 대표는 친서를 전달한 뒤 이날 오후 3시 25분발 노스웨스트 여객기편으로 귀국했다. 약 두 시간 후에는 미 국무장관 딘 러스크가 김포에 도착했다. 일본에 들러 美·日(미일) 무역경제회담을 마치고 온 길이었다. 한국 측은 한일회담과 관련해서 미국 측 입장에 신경이 곤두서 있었다. 딘 러스크는 이런 사실을 감지한 듯 기자회견을 통해 "미국은 한일 양국 간의 관계 정상화에 큰 관심을 가지고 있다. 그러나 이 문제는 양국 간에 해결할 문제이며 미국은 조정자의 입장에 서 있지 않다"고 분명히 밝혔다.

이날은 박정희 의장이 중장에서 대장으로 진급된 사실이 송요찬 수반에 의해 공표된 날이기도 했다. 박정희 소장이 중장으로 진급한 것은 최고회의 의장으로 취임한 지 한 달여 뒤인 8월 10일이었다. 7월 3일에 의장이 된 박 소장은 중장 계급장을 단 김종오 육군 참모총장 등 군 선임자들로부터 경례를 받아야 하는 경우가 많았다. 주변에서 모양이 좋지 않다고 승진을 건의해도 박정희는 "나로서도 좀 불합리하다고 생각하지만 좀 더 연구해 봅시다"고 미뤘다. 8월 10일 崔昌彦(최창언) 소장이 중장으로 진급하고 혁명 유공자 50여 명이 특진할 때 박 소장도 중장이 되었다. 대장 진급은 송요찬 내각수반이 박 의장의 방미를 앞두고 권했다고 한다.

"의장 각하께서는 이 나라의 실권자로서 미국을 방문하는 것이니 나라의 체면을 생각해서 대장 계급장을 달아야 합니다."

박 중장은 11월 1일자로 대장으로 승진되었다. 윤보선 대통령이 청와대에 들어온 박 의장의 양 어깨에 계급장을 달아주었다.

박정희 의장은 배 수석대표와 정일영 대표를 저녁식사에 초대했다. 일행은 두 대의 지프에 나눠 타고 남대문로 근처 한국은행 뒤편에 있던 '한국관'이란 요릿집으로 향했다. 배 수석은 박 의장과 함께 앞차에 탔고 뒤차에는 정 대표와 김종필 부장이 타고 있었다. 딘 러스크가 묵고 있는 반도호텔의 위치가 마침 가까운 곳이어서 부근에는 엄중한 경계가 펼쳐지고 있었다.

의장차가 소공동 근처를 지날 때 이곳을 지키고 있던 경찰관 한 명이 차의 진행을 막았다. 외빈을 경호하기 위한 교통통제에 이 나라 최고 실권자의 차가 저지당한 셈이었다. 비서관 한 명이 내려가 교통순경과 몇 마디 주고받고 나서 차량은 곧 이곳을 통과할 수 있었다. 박 의장은 "우리가 교통법을 위반했나?"라고 했다.

배의환의 기억에 따르면 복요리로 식사를 하는 동안 박 의장이 보여준 태도는 소박하고 꾸밈이 없었다고 한다. 말도 별로 없고 쉴 새 없이 담배를 피우는데 한마디씩 하는 말 속에는 거드름이나 구차한 격식이 들어 있지 않았다. 누가 말할 때는 신중히 귀를 기울여 주는 태도가 고맙고도 친근감을 느끼게 했다고 한다.

박 의장은 술잔을 나르는 종업원 아가씨들에게 "거 앞치마는 벗어두고 오지 그래"라고 했다. 당시 최고회의는 요릿집의 종업원들에게 모두 앞치마를 두르도록 지시해 놓고 있었다.

배 수석은 이 자리에서 5·16 직후 자신이 미 대사관으로부터 혁명 동조자가 아닌가 하는 의심을 받았던 사실과 미국 의원들이나 언론 기관들에 혁명 지지를 권하는 편지를 써 보냈던 일을 처음으로 세세히 설명하였다.

"혁명 주체들이 이런 사실을 탐지하고 있으리라 생각했습니다."

박 의장은 예의 무게 있는 표정으로 고개를 끄덕이며 빙긋 웃음을 보일 따름이었다고 한다.

11월 6일, 배의환 수석대표는 박 의장의 답신을 가지고 다시 일본으로 향했다. 도쿄에 도착한 배 수석은 오후 8시에 영빈관에서 기자회견을 가졌다. 이 회견은 박 의장의 친서 때문에 내외신 기자들의 관심을 불러일으켰다.

다음날 배 수석대표는 이케다 총리를 찾아가 박 의장의 친서를 전달하고 약 20분간 대화했다. 이케다는 친서를 전달받아 읽어 본 뒤 한일 문제가 조속히 해결되기를 바란다고 다시 한 번 강조했다. 박 의장의 친서 요지는 다음과 같았다.

〈지난 11월 3일 제6차 한일회담의 귀국 측 수석대표 스기 미치스케를 통하여 보내 주신 각하의 친서를 감사히 받아 보았사오며, 아울러 본인의 답서를 아국 측 수석대표 배의환 씨를 통하여 즐거운 마음으로 각하에게 보내드림을 영광으로 생각하는 바입니다.

우리나라의 국민과 정부는 다 같이 극동의 평화, 한걸음 더 나아가서는 자유세계의 평화와 안전을 위하여 두 나라가 긴밀히 제휴를 하여야 한다는 높은 이념과 커다란 견지에서 양국의 관계를 하루속히 정상한 것으로 만들고, 호혜적인 토대 위에서 두 나라의 명랑하고 굳건한 관계를 세우기 위하여 모든 성의와 열의로써 한일회담에 임하고 있음은 여기에서 본인이 새삼스레 밝힐 필요가 없으리라고 생각하는 바입니다.

본인이 11월 중순경 미국 대통령 케네디 씨의 초청으로 미국을 방문하는 도중이라도 일본에 들러 우리 두 나라의 친선 관계를 확립하는 데 관하여 흉금을 터놓고 간담할 기회를 갖도록 본인을 초청하여 주신 것을 기쁜 마음으로 받아들이기로 하였습니다. 이에 본인은 11월 11일 귀국을 방문할 예정이오며, 기타 필요한 사항에 관하여서는 귀국에 주재하고 있는 우리 외교 경로를 통하여 연락해 드리기로 하겠습니다.

끝으로 각하의 건강하심과 귀국의 번영을 비오며, 가까운 장래에 만나 뵈올 수 있는 기회를 기대하면서 이만 줄이기로 하겠습니다.

단기 4294년 11월 6일
대한민국 국가재건최고회의 의장 박정희〉

하네다 공항

1961년 8월 16일 박정희와 가족들은 신당동 집을 그대로 둔 채 장충동 외무장관 공관으로 거처를 옮겼다. 이사할 때 육영수는 "얼마 안 있어 다시 올 텐데 무얼 그리 소란스럽게 이사를 하려고 그래요"라며 자신이 사용하던 작은 집기들까지 종이에 싸서 짐을 꾸렸다. 넓은 2층 집으로 이사하게 된 육영수는 신당동 시절의 가구들을 가져와 요령있게 배치해 두었다. 두 식모가 주방에 근무하고 있었고 마당 한편에는 헌병 1개 소대가 주둔하고 있었다. 육영수는 외국 대사 부인 등 손님들을 영접하는 일로 바빴다.

매일 아침 육영수는 일찍 일어나 단정하게 몸가짐을 한 뒤 남편의 아침을 준비했다. 박정희도 아내처럼 小食(소식)이어서 아침은 주로 달걀 노른자를 띄운 우유 한 잔에 빵 한 조각을 먹는 것이 전부였다. 전날 숙취가 심할 때면 육영수는 콩나물국과 따뜻한 밥을 준비했다. 박정희가 공관을 출발해 최고회의로 출근하는 시각은 대략 오전 8시. 아침 운동을 할 틈이 없었다. 남편을 출근시킨 육영수는 근혜, 근영이를 학교에 보냈다.

박정희 의장의 訪美(방미)에 육영수가 준비해야 했던 것은 케네디 미국 대통령에게 줄 선물을 마련하는 일이었다. 고려대학교 영문학과 3학년에 재학 중이던 자신의 조카 홍소자를 개인 비서로 일하게 했던 육영수는 조카와 고민을 함께 했다. 홍소자의 회고다.

"그때 우리나라엔 아무것도 없을 때여서 국가원수에게 줄 선물로 무얼 사야 할지 답이 나오지 않았습니다. 이모(육영수)는 제게 '너도 뭔가 생각 좀 해봐. 좋은 아이디어가 떠오를 거야. 내놔 봐, 얘' 라며 독촉했지요. 외무부 직원들을 통해 한국 전통 자개 가구를 취급하던 종로 보신각 부근의 '민예사' 를 소개받았어요. 제가 가서 여러 모양의 자개함과 칠목기를 들고 와 보여드렸지요."

육영수는 자개함과 칠기를 선물로 결정했다. 옻칠이 된 칠기는 냄새가 심했다. 육영수는 쌀을 담아 두면 옻 냄새가 사라진다며 칠기를 쌀통 속에 파묻었다. 미국 대통령에게 줄 선물은 마련되었지만 담을 상자와 포장지가 없었다.

시간이 촉박해지자 육영수는 오동나무 상자를 생각해 내고는 목공소에 부탁했다. 육영수가 가장 애를 먹은 것은 포장지 마련이었다. 재생지에 울긋불긋한 줄을 그려 만든 '색동지' 와 시멘트 포대로 사용하던 포대지가 주류였던 시절, 미국 대통령에게 줄 선물을 포장할 만한 종이가 우리나라에는 없었다. 육영수는 생각다 못해 꽃무늬가 인쇄된 도배지로 포장해 보았다. 손에 잉크와 灰分(회분)이 묻어나고 무늬가 지워져 포기했다.

미국 출발을 사흘 앞 둔 11월 8일, 육영수는 남편이 피우고 버린 담뱃갑 속의 은박지를 꺼내 보더니 "요만한 것을 만들면 큰 포장지도 만들 수 있을 거야"라며 전매청에 부탁을 했다. 전매청에서 가져다 준 큰 은박지로 선물을 포장하자 너무 번들거렸다.

"어떡허니. 누가 봐도 담배 껍질로 싼 줄 알 텐데… ."

옆에서 지켜보던 전매청 직원이 은박지에 卍字紋(만자문)을 찍어 다시 가져와 포장지로 사용하게 됐다.

박정희 의장의 訪日(방일)이 결정되자 대한민국 주일 대표부의 최영택 참사관은 일본 경시청과 경호 문제를 의논했다. 최고회의 경호실에서도 경호과장 鄭仁炯(정인형) 해병 대위를 선발대로 보내 일본의 최 참사관과 합류케 했다. 정인형 대위는 그 후 1979년 10·26 때까지 박정희 대통령을 경호하다가 중정의 朴善浩(박선호) 과장이 쏜 총에 맞아 숨진다.

박 의장의 방일 소식이 일본 언론에 보도되자 조총련은 대규모 한일회담 반대 시위를 계획하고 있었고 일본 사회당도 공개적으로 한일회담을 비난하고 나섰다. 1960년 6월 미 대통령 아이젠하워가 방일하려 했을 때 일본 좌익들은 미일 안보조약체결 반대 시위를 일으켜 아이젠하워의 방문을 취소시킨 사례가 있었다. 일본 경시청은 조총련과 사회당의 한일 회담 반대 시위가 박 의장의 방일을 취소시키게 되지는 않을까 무척 신경을 썼다. 일본의 극우파 청년 단체인 '아이고쿠단(愛國團)'은 한국의 혁명 정부가 반공을 국시로 내세웠다는 점을 들어 박 의장의 방일을 열렬히 환영하고 일본 좌익 세력들의 난동을 저지할 준비를 하고 있었다.

11월 10일, 현지 경호를 책임진 최영택 참사관은 일본 경시청 및 공안위원회 간부들과 경호 업무와 관련된 최종 협의를 마친 뒤 중앙정보부로 암호 전문을 보냈다.

〈다음 사항을 부장님 열람 후에…

1. 의장실의 박종규 중령에게 다음 사항을 통보 바람.

2. 박 의장 경호요원 정인형 대위 무사히 도착하였음.

3. 박 의장 일행의 滯日(체일) 기간에 있어서 안전 대책은 만전을 기하고 있으니 안심하고 출발해도 좋습니다.

4. 출발 전 탑승할 전용기에 폭발 장치 유무의 점검을 철저히 해주기

를 바랍니다.

5. 경비 대책은 최 참사관이 직접 일본 공안청, 경시청, 관할 경찰서와 정보 교환 및 관계자 회의를 통해서 만전을 기하고 있습니다.

6. 제반 행사 및 진행은 최 참사관이 외무성 당국과 직접 협의하여 계획을 세워서 진행하고 있습니다.

7.일본 경찰에서는 조총련 계통은 공항에 들어오지 못하도록 강력 대응할 대책입니다.

8. 만일의 경우를 위해서 자위대의 헬리콥터를 준비하였습니다. 끝〉

11월 11일 오후 4시. 박정희 최고회의 의장 일행은 하네다 공항에 도착했다. 수행원 일행은 최고회의 외무－국방위원장 유양수 장군, 崔德新 (최덕신) 외무장관, 千炳圭(천병규) 재무장관, 박병권 국방장관, 宋正範 (송정범) 경제기획원 부원장, 원충연 공보실장, 金永元(김영원) 보좌관, 박종규 경호실장과 주치의 池弘昌(지홍창) 박사 등이었다.

일본 측에서는 이케다 총리, 고사카 외상, 스기 수석대표, 이세키 아시아국장 등이 비행장에 출영했다. 하네다 공항 2층 옥상에서는 약 5,000명의 재일교포 민단 측 환영객들과 1,000명가량의 일본 우익단체 회원들이 플래카드를 흔들면서 박 의장의 도착을 환영했다. 양복에 회색 코트를 걸친 박정희 의장은 선글라스를 낀 채 군중들을 향해 손을 흔들었다.

간단한 도착 성명이 발표되던 무렵, 공항 외곽에서는 일본 경찰들이 약 2,000명의 조총련계 시위대를 막기 위해 삼엄한 경비를 서고 있었다. 공항에서 영빈관에 이르는 도로에도 경찰들이 줄 지어 서 있었다. 시위대를 골목으로 밀어 넣은 경찰들은 스크럼을 짜고 이들의 도로 점령을 저지하고 있었다.

訪日 반대 시위

1961년 11월 11일 오후 박정희 의장이 김포에서 도쿄까지 타고 간 비행기는 대한항공(KNA)의 컨스틀레이션 4發機(발기)였다. 최고회의에서 도쿄까지만 전세낸 이 여객기엔 박정희 의장과 15명의 수행원, 그리고 10여 명의 기자들이 탔다.

기수 쪽에 앉아 있던 박 의장은 기자석으로 찾아오더니 기자들과 일일이 악수를 나누고 돌아갔다. 특별기가 순항 고도를 잡았을 때 우리 공군의 F-86세이버 전투기 4대가 나타나 양쪽에서 엄호하면서 따라갔다. 특별기에서 전투기 조종사의 얼굴이 보일 정도였다.

수행원들이 손을 흔들자 조종사가 손을 마주 흔드는 것이 보였다. 빠른 전투기는 느린 여객기와 보조를 맞추기 위해서 고도를 높였다가 내렸다가 하고 있었다. 우리 공군이 설정한 방공식별 구역이 끝나는 데까지 호위 임무를 마친 전투기는 박 의장이 보라는 듯 기수 앞을 가로지르며 작별 인사 비행을 한 뒤 사라졌다. 눈 덮인 후지산을 지난 KNA기는 하네다 공항에 접근하면서 시간을 끌었다. 예정 시간보다 한 20분 빨리 도착했기 때문이었다.

박 의장은 기내로 올라온 주일대표부 이동환 공사와 일본 외무성 의전실장의 안내를 받으면서 승강계단을 내려갔다. 박 의장이 바닥에 깔린 빨간 양탄자를 밟자 경시청 소속의 경호원 수십 명이 둘러쌌고 그 속에서 이케다 총리가 다가오더니 악수를 했다. 이날 이케다 총리는 도쿄 시내의 교통 체증으로 출영 길에 시간을 많이 잡아먹어 하마터면 10분 먼저 착륙한 박 의장을 기다리게 할 뻔했다. 총리는 박정희 의장 방일 반대 데모가 벌어지는 간선도로를 피하고 샛길로 달려온 것이었다. 박 의장과 이케다 총리가 악수하는 사진을 찍으려던 한 기자가 촬영線(선)을 무시하고 앞으로 나오자 한 건장한 경호원이 일격을 가했다. 사진기자는 카메라를 안고 쓰러져 신음했다. 경호원은 사진기자를 밀면서 가라테를 한 방 먹인 듯했다.

박 의장은 검은 양복, 회색 코트, 짙은 색의 넥타이, 그리고 암갈색의 안경에 중절모를 들고 내렸다. 모두가 국산이었다. 하네다 공항에서 취재하던 한 도쿄 특파원은 박 의장의 그런 옷차림에서 '아주 촌스럽다'는 느낌을 받았다고 한다. 박정희 의장은 미리 준비해 온 도착 성명서를 우리말로 낭독했다. 외무부 嚴永達(엄영달) 아주과장이 통역했다. 성명서를 든 굳은 표정의 박 의장은 손이 떨리고 있었다. 엄 과장의 손도 떨렸다. 나중에 기자들은 엄 과장에게 "당신은 손 떨리는 것도 통역하더군"이라고 농담을 했다.

박 의장은 성명서에서 "시급한 것은 공산 침략을 저지하기 위한 자유진영의 우호와 단결이다. 우리는 사소한 문제를 가지고 대립하지 말고 상호 이해로써 굳은 제휴를 해야 한다. 일본의 여러 지도자들과 만나서 솔직한 의견 교환을 함으로써 현재 진행되고 있는 제6차 한일회담이 빨리 타결되도록 하는 기회를 만들기 위해서 왔다"는 요지의 인사를 했다. 성명서 낭독을 마친 박 의장은 공항 송영대에 나와 있던 재일교포들을 향하여 인사하기 위해 행렬에서 몇 걸음 앞으로 나가 손을 흔들었다.

박정희 의장은 배의환 한일회담 수석대표의 관용차인 링컨 컨티넨탈에 올랐다. 배 수석과 함께 박 의장은 뒷자리에 탔다. 앞자리엔 최영택 참사관과 박종규 경호관이 탔다. 차가 도쿄 메구로의 영빈관을 향해서 달리는 동안 박 의장은 무표정하게 앞만 바라보고 앉아 있었다. 배 수석 대표가 회담의 경과보고를 계속했고 최 참사관이 간간이 보충설명을 했다. 연도엔 박 의장의 방일을 환영하는 사람들과 반대하는 사람들이 뒤섞여 있었다. 가끔 조총련이 조직한 시위자들이 경찰 저지선을 뚫고 나와 박 의장을 비난하는 구호를 외치거나 한국어와 일본어로 쓴 플래카드를 흔들곤 했다.

박 의장 일행이 도착한 영빈관은 약 1만 평의 공원 같은 대지 위에 세워진 2층 양옥이었다. 昭和(소화) 천황의 당숙 되는 사람이 지은 것인데 패전 후에는 점령군 사령관 관저나 요시다 총리 관저로 쓰인 적도 있었다. 오후 4시 40분경에 박 의장은 영빈관에 도착했다. 정문 두 기둥엔 태극기와 일장기가 노을을 받으며 서 있었다.

박정희 의장의 방은 2층에 있었다. 박 의장을 뒤따르던 박종규 경호관은 의장이 방에 들어가자 최영택에게 "형님, 요코하마에 친구가 있는데 나 좀 갔다 올 테니까 각하가 찾으면 잘 좀 말씀해 주세요"라고 하더니 쏜살같이 사라졌다. 방에 들어선 박정희가 웃옷을 벗으면서 비로소 말문을 열었다.

"종규는 어디 갔어?"

"아, 예, 해방 전 일본에서 사귄 친구가 연락을 해 와서 잠깐 만나러 갔습니다."

"그래? 벌써 무슨 연락이 와서 만나러 갔어?"

"예."

박정희는 씩 웃더니 이내 표정이 굳어지더니 이렇게 묻는 것이었다.

"그런데 아까 그것들 뭐야. 거 주먹질하고 그런 것들 말이야."

"아, 그것 말씀입니까. 차중에서도 말씀드렸습니다만 전부가 조총련 계의 시위대입니다. 경찰에서 일절 공항에 못 나오게 하고 골목으로 밀어 넣었는데 일부가 빠져나와 주먹질하고 플래카드를 흔들어댄 것입니다."

"그래, 뭐라 그랬어? 뭐라고 떠든 거야?"

"살인마 돌아가라, 군사 정권 타도하자, 한일회담 결사반대 등등 그런 말들입니다. 그리고 사형 선고를 받은 민족일보 조용수를 석방하라고 했습니다."

"그래?"

박정희는 의자에 걸터앉아 담배를 꺼내 입에 물면서 냉랭하게 말했다.

"내 돌아가면 빨갱이들을 더 철저하게 잡아들여야겠어."

나구모(南雲) 교장

만주군관학교와 일본 육사에서 박정희와 함께 생활했던 일본 동기생들(만주군관 2기, 일본육사 유학생대 57기)에게 박정희의 방일은 뉴스였다. 자위대의 간부로 있던 오리구치(折口勇三)는 5월 16일 아침 텔레비전 뉴스를 보다가 쿠데타의 지도자로 소개된 박정희 소장의 사진을 보고 동기생을 알아보았던 사람이다. 그는 박 의장이 도쿄에 도착한 11월 11일 토요일엔 친구와 함께 바둑을 두고 있었다. 만군 시절의 선배인, 한 국회의원 비서로부터 전화가 걸려 왔다.

"박정희 의장이 메구로에 있는 영빈관에 든다고 하니 우리 같이 가서 만나보자. 외무성에서도 양해했다"는 것이었다. 오리구치가 외출할 준비를 하고 있는데 선배로부터 다시 전화가 걸려 왔다. '면회가 어렵게 되었다' 면서 '비행기 안에서 읽어볼 수 있도록 편지를 한 장 써주면 외무성을 통해서 전달하겠다' 고 했다. 오리구치는 간단한 편지를 써 보냈다.

'텔레비전을 통해서 하네다 공항에 내린 귀하의 원기왕성한 모습을 보았습니다. 한국민의 기대를 짊어지고 떠난 이번 여행에서 좋은 성과가 있기를 기원합니다.'

박정희는 방미 여행을 끝내고 돌아온 뒤 12월 2일자로 답신을 친필로 이렇게 썼다.

'도쿄에서 만나지 못해 유감이었습니다. 자마(座間 : 일본 육사가 있던 곳의 지명) 시대의 에가미(江波) 중대장을 비롯하여 다카야마(高山), 마루야마(丸山) 구대장, 그리고 동기생 諸位(제위)에게 안부를 전해주십시오.'

오리구치는 에가미에게 이 편지 이야기를 하면서 "박정희 의장에게 편지를 보내시면 좋아할 겁니다"라고 했다. 에가미는 "고맙네. 그러나 이제는 나 같은 사람이 나설 때가 아니야. 이제는 자네들의 시대야"라면서 사양했다고 한다. 에가미 중대장은 박정희가 2년간 일본 육사 유학생대에서 훈련을 받고 있을 때 매주 한 번씩 정신 훈화를 했다. 박정희는 야외 훈련 때는 연습 소대장으로서 뛰어난 리더십을 발휘하여 에가미 당시 중대장도 그를 기억하고 있었다.

도쿄에 도착하여 영빈관에 들었던 박정희 일행은 이날 밤 이케다 총리가 관저에서 주최한 만찬회에 참석차 떠났다. 저녁 7시부터 시작된 만찬회에는 이케다 총리, 고사카 외상을 비롯하여 사토 에이사쿠(뒤에 총리 역임) 통산상, 미키 다케오(三木武夫·뒤에 총리 역임) 국무상, 가와지마 쇼지로(川島正次郞) 국무상, 기시 노부스케 전 총리, 일본 經團聯(경단련) 부회장, 일본 상공회의소 회장 등 정재계 거물들이 참석했다. 우리 쪽에선 박 의장, 유양수 최고회의 외교 국방위원장, 최덕신 외무장관, 박병권 국방장관, 천병규 재무장관, 배의환 한일회담 수석대표들이 참석했다.

이케다 총리는 만찬인사말에서 맹자의 한 구절을 인용하여 "天時(천시)는 地利(지리)만 못하고 지리는 人和(인화)만 못하다"면서 "양국 간의 영속적인 선린우호는 인화와 상호이해로써 이룩되어야 한다"고 했다. 박정희 의장은 답사에서 "날씨가 좋으면 부산에서 대마도가 보일 정도로 가깝다"면서 "한일회담은 사소한 문제로 논란을 되풀이하지 말고 대국적인 견지에서 해결책을 찾도록 노력해야 한다"고 했다. 만찬이 시작되자 고사카 외상이 일어나 양국 대표들을 소개한 뒤 좌석 끝에 앉아 있던 村老(촌로)를 가리키면서 말했다.

"오늘 이 자리에는 박정희 의장께서 요청하신 바에 따라서 특별한 손님 한 분을 모셨습니다. 박 의장께서 만주군관학교에 재학 중일 때 교장으로 계셨던 나구모(南雲) 선생입니다".

열흘 전, 정보부 소속이던 최영택 참사관은 중앙정보부로부터 '박 의장께서 滯日(체일) 도중 만주군관학교 교장선생님을 만나고 싶어 하시니 일본 정부와 협조하여 주선할 것'이란 암호 電文을 받았다. 최 참사관은 고사카 외상과 협의하여 조치를 취한 것이다.

소개받은 나구모 장군이 일어나 정중하게 인사하자 박수가 터졌다. 사회자 고사카 외상의 제의에 따라 참석자들은 축배를 들고 담소를 나누며 식사를 시작했다. 그때 박정희 의장이 슬그머니 자리에서 일어났다. 참석자들은 순간 식사를 중단하고 박 의장의 행동을 주목했다. 박 의장은 조용히 식탁의 끝으로 걸어갔다. 나구모는 당황스러운 듯 자리에서 일어섰다. 박정희는 만주군관학교 생도 시절의 교장에게 다가가 정중하게 절을 했다.

"교장 선생님께서 저를 이렇게 키워주셔서 감사합니다. 건강한 모습을 뵈니 대단히 기쁩니다. 앞으로도 건강하시고 장수하시기 바랍니다."

"도리어 제가 몸 둘 바를 모르겠습니다. 박 군이 이렇게 국가 지도자가 되셔서 기쁩니다. 그렇게 과찬의 말씀을 해주시니 저 생애의 영광입니다."

"잔을 받으십시오."

박정희는 빈 잔을 내밀고 나구모에게 술을 따랐다. 이 광경을 지켜보던 일동은 박수를 보냈다. 박정희의 체일 기간 내내 밀착 수행을 했던 최영택 참사관은 그 자리에서 이런 느낌을 받았다고 한다.

"좌중을 둘러보니 일본 정치 지도자들이 감격하는 듯했습니다. 저는 속으로 '아, 일이 앞으로 잘 풀리겠구나' 하는 안도감을 갖게 되었습니다."

당시 일본 정계를 이끌던 세대는 박정희─김종필 그룹보다는 20세 위였다. 그들의 입장에서는 排日(배일) 의식이 강한 이승만 전 대통령과 그 측근들이나 유약해 보이던 장면 정부 사람들보다 박정희, 김종필 같은 젊고 패기 있는 군인들을 대하는 것이 문화적으로나 정서적으로 더 편했을 것이다.

다음날 기시 전 총리가 주최한 오찬에서 박정희 의장은 "우리는 한국군을 훈련할 때 옛날 일본 제국사관학교에서 생도들을 훈련하듯이 하고 있다"고 자랑한 것으로 외신을 통해서 국내에 보도되었다.

이에 대해서 조선일보 칼럼 '만물상'은 '일제 침략의 쓰라림을 받았던 우리로서는 다른 면에서는 몰라도 군대 면에서는 일제의 답습 소리는 듣기 싫다. 박 의장의 그 발언은 아무래도 誤聞(오문)에 기인하든지 일본 통신의 고의적인 왜곡일 것이다'라고 썼다.

朴正熙의 기도

일본에 도착한 첫날밤 박정희 의장 일행은 총리 관저에서 이케다 총리가 주최한 만찬에 참석한 뒤 밤 9시 15분경 영빈관으로 다시 돌아왔다. 박 의장과 회담 대표단들은 약 12시간 후 열리게 될 정상회담에 대비하기 위해 영빈관 1층 회의실에 모였다. 대책회의를 주도한 배의환 수석대표는 다음날 정상회담에서 거론될 주요 의제들로 ①국교 정상화 문제 ②재산 및 청구권 문제 ③재일교포 처우 문제 ④어업 관계 ⑤문화재 반환 문제 등 다섯 가지를 요약하면서 브리핑식으로 회담 전략을 설명했다.

"다섯 가지 의제 중에서 국교 정상화 문제는 최종적인 사안이라 나중에 거론될 것이고, 실제 내일 등장할 의제는 나머지 네 가지가 될 것입니다. 우리가 중점적으로 거론할 의제는 '재산 및 청구권'입니다. 외교상 Property & Claims라고 표현하고 있지만 실상은 배상 청구권입니다. 기술적으로 우리가 얼마나 많이 받아내어야 하는가가 우리들의 목표입니다. 좀더 욕심을 낸다면 구체적인 청구권 액수의 범위까지도 타협이 될지 모르는 기회입니다.

아마 지금 이 시각, 이케다 총리 측도 자민당 내 중진들과 청구권 범위에 대한 모종의 협의를 하는 중일 것입니다. 일본 측이 적극적으로 제의하고 나올 것은 어업 관계가 될 것입니다. 일본 정치의 기반은 어민들이기 때문에 이케다 총리도 여기에 중점을 두고 회담을 진행하려 할 것입니다.

우리 측은 평화선을 침범한 일본 어민들을 현재 부산에 수용소를 만들어 가둬 놓고 있고, 일본 쪽은 밀항한 우리 국민들을 가둬 놓고 있으니만일 어업 관계로 대화가 극단화되면 일본 어민과 우리 측 밀항자들을 맞교환하자는 카드를 내면 될 것입니다."

약 한 시간 뒤 대책회의가 끝났다. 자리에서 일어나던 박 의장은 영수회담에 우리 측 통역으로 활동하게 될 정일영(현 백상재단 이사장) 대표를 보더니 "정 교수, 나하고 잠깐 올라갑시다"라며 불렀다.

정 대표는 스위스 제네바대학에서 국제법을 전공한 뒤 자유당 시절부터 한일회담에 참석해 일본 측의 국제법적 주장에 대한 한국 측 입장을 대변해 오곤 했다. 서울대학교 교수이기도 했던 정 대표는 1961년 초 한일회담 대표로 일본에서 활동 중 5·16을 맞아 귀국했다. 군사 정부가한일회담 대표단을 다시 구성하게 되자 정일영 교수는 최고회의로 불려나와 경과 보고를 해야 했다.

"그때 서른다섯 살이었던 저보다 열 살이나 많은 박정희 의장을 처음보게 되었습니다. 나같이 어린 학자를 단지 한일회담의 외교적 경험이있다는 이유로 연단에 올려놓고 설명을 듣겠다는 것이었습니다. 한일회담의 경과를 설명하다가 박 의장 쪽을 보니까 수첩을 꺼내 놓고 일일이받아 적고 있더군요. '아, 이 분은 엄청난 책임감을 갖고 있구나' 하는 생각을 했습니다."

일본 영빈관에서 정 대표를 방으로 불러들인 박정희 의장은 소파에 앉으면서 이렇게 말문을 열었다.

"자, 내일이 회담인데 이거 어떻게 하노?"

"각하, 하시고 싶은 말씀을 먼저 하시죠."

"이 사람들의 돈을 받아 우리나라 경제 발전을 시켜야 하는데. 그런데 이거 어떻게 말을 끄집어내야 하지? 무턱대고 배상금 내놓으라고 말을 할 수도 없고, 저쪽에서는 당장 국교 정상화하자고 할 건데 말이야."

"각하, 우리가 배상금 문제에 관해 구체적인 이유를 대면서 따지기 시작하면 나중에는 우리가 불리해집니다. 총독부가 발행한 국채도 남북한으로 갈라져 있어 얼마나 갖고 있는지 우리 스스로가 모르고 있고, 예금 액수도 마찬가지입니다. 증거 불충분으로 나중에는 우리가 주장하는 액수에서 그만큼 깎이게 될 겁니다."

"아, 그렇겠네."

"그러니 너무 구체적으로 말씀하지 마시고 개략적으로 하시면 될 것 같습니다. 당연히 받을 것은 받는다는 식으로 말하는 것이 좋을 것 같습니다."

"아, 그래. 그거 뭐, 우리가 당연히 받아야 할 것, 요구해야 할 것이라고 말하면 되겠구먼."

박정희는 고개를 끄덕이며 안심하는 표정이었다.

11월 12일 일요일 오전 9시. 영빈관 1층 현관에는 한일회담 대표들이 출발 준비를 마친 채 박정희 의장을 기다리고 있었다. 경호를 맡았던 최영택 참사관이 2층으로 올라가 노크를 한 뒤 방으로 들어섰다. 말쑥한

양복 차림의 박 의장은 의자에 앉아 무슨 생각에 잠겨 있다가 최 참사관의 출현에 고개를 돌렸다.

"출발 준비는 잘 돼 있나?"

"예, 잘 돼 있습니다."

"수행할 사람들은?"

"예, 아래층 홀에 다 대기하고 있습니다."

"얼마나 있다가 출발할 거지?"

"지금부터 10분 후에 출발하겠습니다."

"그래?"

박 의장은 손목시계를 보더니 양복 상의 속주머니에서 반으로 접힌 메모지를 꺼내 펼쳤다. 최 참사관이 보니 16절지 절반 크기의 종이에 세로로 여덟 줄의 문구가 쓰여 있었다. 회담 시 거론하게 될 주요 의제로 보였다. 박정희는 자신이 정리한 메모를 조용히 내려다보더니 숙연한 자세로 최 참사관에게 말했다.

"내, 회담 준비를 하는데, 회담하기 전에 조용히 머릿속을 정리 좀 해야겠어. 나 혼자 조용히 있어야 할 것 같은데, 최 군은 좀 나가서 기다려주게."

"예, 알겠습니다."

조용히 복도로 나온 최 참사관은 자신도 모르게 종교적인 엄숙한 분위기에 휩싸이게 됐다고 회고한다.

"그날 아침 박 의장의 모습은 전날 저에게 '조총련들이 뭐라고 떠드는 거야'라고 물을 때와는 완전히 딴판이었습니다. 마치 큰일을 앞두고 종교인이 기도를 하려는 듯한 자세였습니다. 아마도 저를 밖으로 내보낸 뒤 기도를 했을 줄 압니다. 저는 지금도 그렇게 믿고 있습니다."

오전 9시 20분에 현관으로 내려온 박 의장은 일행과 함께 일본 총리 관저로 출발했다. 일본 경찰들이 사이렌을 울리며 사이카로 호위했다. 1951년 10월 20일 한일회담이 시작된 이후 10년 만에 최초의 양국 정상 회담이 열리는 순간이었다.

韓·日 頂上 회담

오전 10시 정각, 이케다(池田) 총리 집무실에는 양측 실무 대표자들과 박정희 의장 및 이케다 총리가 앉았다. 한국 측 대표로는 유양수 최고회 의 외무·국방위원장, 최덕신 외무장관, 배의환 한일회담 수석대표, 정 일영 대표, 원충연 공보실장, 최영택 참사관이 배석했고 일본 측은 고사 카 외상, 이세키 아주국장, 스기 수석대표와 마에다 동북아과장이 배석 했다. 일본 측 통역으로 나선 마에다 과장(뒤에 주한 대사 역임)은 인천 에서 태어나 소학교까지 한국에서 마쳤지만 한국말이 능숙하지 못해 즉 석에서 정일영 대표가 양측 통역을 전담하게 됐다.

양측 실무진들이 마주앉아 몇 마디 인사말을 한 직후 이케다 총리는 박 의장에게 자리를 옮기자고 제안했다. 박 의장이 좋다고 하자 두 사람은 정일영 대표를 통역으로 데리고 옆방으로 옮겼다. 이날 한일 회담은 실질 적으로 양 頂上(정상) 간의 단독회담으로 진행되었다.

이케다 총리는 "정말 잘 오셨습니다. 참 기쁩니다. 이렇게 우리가 만 나야 되지 않겠습니까"라고 서두를 뗐다. 박정희는 "저도 반갑습니다. 미국 대통령의 초청으로 가는 길인데 스기 대표가 총리 각하의 초청장을 들고 왔기에 이렇게 들렀습니다. 초청해 주셔서 고맙습니다"라고 응답하면서 "지금 밖에서는 실무 회담이 진행되고 있는데, 다른 것은 접어두고 경제 협력을 위해 우리가 일본 측에 보태 달라고 하는 것이 아니란 점을 확실히 하고자 합니다. 우리는 일본 측에게 청구할 것이 당연히 있기 때문입니다"라고 말했다.

이케다 총리는 시종일관 "알겠습니다", "그렇겠군요", "아, 그렇습니까", "물론 그렇게 해야 겠지요"라는 식의 대답을 하면서 주로 듣는 입장을 취했다. 그러면서 어업 관계 등 현안에 대한 한국 측 입장을 묻는 식으로 회담을 이끌어 갔다.

박 의장은 이케다 총리가 하는 말을 소상하게 알아들을 수 있어 정일영 대표가 통역하는 동안 대답할 시간을 충분히 벌고 있었다. 박정희는 자신의 답변 문장을 미리 만들어 두었다가 정 대표에게 "… 이렇게 답변할까?"라든가 "… 이런 표현이 맞나?"라고 의논까지 해가며 이케다 총리에게 정확한 문장이 전달되도록 했다. 정 대표가 이케다 총리에게 일본말로 통역하는 도중에 박 의장은 잘못 선택된 어휘를 찾아 "그건 이렇게 표현하는 게 좋지 않겠나"하면서 고쳐 주기도 했다. 통역에 임했던 정일영의 회고.

"박 의장은 엄청난 책임감을 느끼고 있는 듯했습니다. 처음부터 아주 점잖게 이야기를 시작했습니다. 일부러 과거사를 들추는 일도 없었습니다. 말투는 조용조용했습니다. 그러면서도 어휘 선택에 있어서는 아주 조심스러웠고, 주장할 대목에서는 허식 없이 할 말을 단도직입적으로 표현했습니다. 일본말을 아주 잘 알고 있어 통역이 필요 없는 셈이었던 박 의장은 제가 조금 어색한 단어를 쓰면 그때마다 바로 잡아주곤 해서 저로서는 진땀을 흘렸습니다. 정신없이 통역하다 보니 무슨 말이 오갔는지도 기억에 남지 않을 정도였습니다."

두 사람 간의 회담은 약 1시간 20분간 계속됐다. 나중에 박정희 의장은 정일영 대표에게 "마, 이 정도로 하지. 좋은 얘기였고, 유익했다고 하지"라며 끝말을 해주었다.

방에서 나오자 양측 실무진들이 테이블에서 마주 앉아 지루하게 기다리고 있다가 반가운 듯 일어섰다. 정일영 대표가 "여기서는 무슨 얘기를 하며 기다렸소?"라고 묻자 여기저기서 답변이 쏟아져 나왔다.

"오야지(대장)들이 다 말하는데 우리가 할 말이 있어야지요."

"술을 마실 수도 없고, 이 사람들이 커피만 주니 묵묵히 마시고 앉아 있을 수밖에 없었습니다."

"일본 국장들도 다 나와 있고, 위에서 무슨 결론이 날지 몰라 모두가 초조하게 기다렸습니다."

이날 회담 내용은 그 이틀 뒤인 11월 14일 미국에 도착한 박 의장이 미 국무장관 딘 러스크와의 요담에서 박 의장의 전속 부관 韓相國(한상국) 중령의 통역으로 전달됐다. 박정희 의장이 밝힌 이케다 총리와의 회담 내용은 미국에서 비밀 외교 문서로 분류되어 오다가 1996년에 공개됐다. 그 내용은 다음과 같다.

〈한·일 관계 정상화는 극동의 평화와 안보를 위하여 절실하게 필요하다는 것이 나와 정부 간부들의 일치된 의견이지만, 한국 국민 여론도 그렇다고는 말할 수 없다. 국민 감정을 만족시키기 위해서는 양국 관계의 정상화에 앞서서 몇몇 현안 문제가 해결돼야 한다. 이 점에 관하여 이케다 총리와 비밀 단독 회담에서 솔직한 의견교환을 했다.

양국 간에 외교 관계를 하루빨리 정상화해야 한다는 데 나와 이케다 총리는 의견을 같이 했지만, 이를 위해서는 해결하여야 할 몇 가지 문제가 남아 있다. 실무자 수준에서 행정 기술적 세부 문제(details)가 다림질돼야만 한다(had to be ironed out).

그러한 연후에 한국과 일본 간의 경제적 관계는 고려해 볼 수 있을 것이다. 사실 상당수의 한국민은, 특히 과거의 역사를 보아, 관계가 정상화되었을 때 있을 수 있는 일본의 경제적 침략에 대하여 우려를 표명하고 있다. (한국)정부로서는 일본과의 관계 정상화에 대하여 신중을 다하고 있다〉

정일영 대표는 이듬해인 1962년에는 駐佛(주불) 공사로 나갔다가 1963년 12월 제5대 대통령선거에서 당선된 박정희 대통령에 의해 외무부 차관으로 발령을 받았다. 1963년 12월 30일 김포공항에 도착한 정일영 차관은 청와대 대통령 집무실로 직행했다. 정 차관이 인사차 방에 들어서는 동안에도 박정희 대통령은 책상 위에 펼쳐진 지도에서 눈을 떼지 못하고 있었다. 한 손에는 컴퍼스가 들려 있었다. 머쓱해진 정 차관이 인기척을 내자 박 대통령은 "어, 왔나?" 하면서 다시 지도를 보며 컴퍼스로 이곳저곳을 재고 있었다. 가만 보니 제주도와 남해안 다도해가 수록된 海圖(해도)였다. 박 대통령은 지도에서 눈을 떼지 않은 채 이렇게 말했다.

"정 차관. 이거 말이야. 우리 전관수역을 제주도 서쪽에서 동쪽으로 127도 13분까지만 하면 황금어장이 우리 수역 안으로 포함되는데… 우리 어민들에게 먹고 살게 해줘야 하는데 말이야… 요놈을 어떻게 할 수 없나?"

"예."

"이거 될까?"

"한 번 해보겠습니다."

"그래. 한 번 해봐."

"각하, 그런데 왜 제가 할 일을 직접 하십니까?"

박 대통령이 갑자기 눈을 부라리며 이렇게 말했다.

"누가 할라케야지. 이거 누가 책임지고 할라고 해?"

기자회견

1961년 11월 12일 오전 일본 총리 이케다와 박정희 의장의 정상회담이 끝나자 박정희 의장 일행은 아카사카에 있는 가즈오라는 일본 요정으로 옮겼다. 기시(岸) 전 총리와 이시이(石井) 한일간담회장이 주최한 오찬에 참석했다. 박정희 의장의 일본어를 들은 일본 지도자들은 "지방 출신 일본 국회의원들보다 훨씬 유창한 일본어다"라고 말했다고 한다. 박정희는 일본어만 유창할 뿐 아니라 일본 역사에도 밝았다. 박정희는 例話 (예화)를 들어 설명할 때도 일본 역사의 일화를 자주 인용하곤 했다.

김종필도 마찬가지였다. 그의 일본어와 일본 역사에 대한 해박한 지식엔 일본인들도 감탄하곤 했다. 김종필 정보부장이 박정희·이케다 정상회담을 주선하기 위해서 이케다 총리를 만났을 때 이케다는 이렇게 묻더라고 한다.

"대단히 실례지만 지금 연세가 몇이십니까?"

"서른여섯입니다."

"명치유신 때의 志士(지사)를 보는 것 같습니다. 아주 감복했습니다."

박정희도 訪日(방일) 중 일본 지도자들과 만난 자리에서 5·16을 명치유신에 비교하면서 주체 세력들이 그때의 지사들처럼 국가 개조에 생명을 걸었다고 역설하여 깊은 인상을 남겼다고 전한다. 박 의장의 訪日은 일본 자민당 정권의 실력자들과 인간적인 신뢰를 쌓는 데 성공했다는 점이 가장 큰 성과였다.

박정희 정권 18년간 계속된 한일 협력 체제의 한 요인은 양국 지도자들 사이의 문화적, 정서적 유대감이었다. 박 의장은 오찬이 끝나자 곧장 주일 대표부로 갔다. 대표부 직원들과 재일동포 대표들이 모인 자리에서 박정희는 훈시를 했다. 그는 오전에 있었던 이케다 총리와의 정상회담을 언급하면서 "일본 지도자들이 한일회담을 타결하기 위해서 성의와 노력을 다하겠다고 확약한 만큼 우리도 互讓(호양)의 정신으로 인내심을 발휘하여 회담에 임하겠다. 그러나 낙관도 비관도 금물이다"라고 했다.

영빈관으로 돌아온 박정희 의장은 1층 로비에서 130여 명의 기자들이 참석한 가운데 기자회견을 가졌다. 당시 일본에 상주하던 조선일보 특파원 金潤煥(김윤환·전 국회의원), 동아일보 李萬燮(이만섭·전 국회의장), 동양통신 韓鍾愚(한종우·전 코리아헤럴드 사장, 현 성곡언론재단 이사장) 기자도 참석했다. 첫 질문을 던진 것은 이만섭 기자였다. 그는 5·16 혁명 직후 윤보선 대통령의 '조기 민정 이양 희망' 발언을 보도했다가 구속되어 한 달 만에 풀려난 뒤 도쿄 특파원으로 와 있었다. 이만섭은 박정희 의장을 도와주기 위해서 일부러 선수를 쳤다고 한다.

"외국 기자들이 대부분인데 그래도 한국 기자가 질문을 하면 박 의장이 용기를 얻을 것이라 생각했죠. 외신 기자들이 궁금해 하는 것을 박 의장이 자연스럽게 설명할 수 있도록 질문 내용을 생각하여 던졌습니다. 박 의장은 제 의도를 잘 이해 못 했는지 표정이 썩 좋지 않았습니다. 답변도 제가 기대했던 것과는 달랐고요. '아무래도 군인이라 그렇구나' 하는 생각을 했습니다."

李萬燮 기자는 세 가지 질문을 했다.

"첫째, 對日(대일) 청구권에 관하여 이케다 총리가 구체적인 숫자를 제시했는가. 없었다면 의장을 초청해 놓고 제시하지 않은 이유는 무엇인가. 둘째, 한국 정부는 지금까지 對日 청구권 문제와 한국에 대한 일본의 경제 협력 문제를 분리했는데 그 정책엔 변동이 없는가. 셋째, 금번과 같은 회담이 장래에 도쿄나 서울에서 다시 있을 것인가."

박정희 의장은 짧막하게 대답했다.

"첫째 질문에 대하여, 對日 청구권에 관해서는 구체적인 토의가 없었다. 그 이유는 아직 실무자 회의에서 진전이 없었으므로 정상회담에서 구체적인 숫자를 제시하지 않는 것이 서로 좋다고 느꼈다. 둘째 질문에 대하여, 변함없다. 셋째 질문에 대하여, 현 단계에서는 말할 수 없다."

박정희 의장은 다른 질문에 답변하는 가운데 "일본이 우리의 對日 청구권에 성의를 보인다면 우리는 평화선 문제에 신축성을 보이겠다"는 요지의 발언을 했다. 한일회담에서 주고받을 것에 대하여 큰 줄기를 정리해 준 말이었다. 박 의장은 한일회담의 연내 타결 가능성을 묻는 질문에 대해서 "앞으로 회담의 진행 상황을 보아야 말할 수 있다"고 답했다.

박 의장은 또 "이케다 총리와의 단독 회담에선 한일 문제, 아시아 문제, 세계 정세에 대해서 의견을 교환했는데 대부분의 문제에서 총리와 의견의 일치를 보았다"라고 하면서 "對日 청구권은 일본에 대한 전쟁 배상 요구가 아니다"고 했다. 박 의장은 한 서양 기자가 경제 원조를 받아들이는 한국의 자세에 대해서 질문하자 세일즈맨처럼 열심히 대답했다.

"한국은 장기 경제 개발 계획을 이미 만들었고 외국 원조와 차관을 효율적으로 받아 쓸 수 있는 태세를 갖추고 있습니다. 국내 자원을 최대한도로 이용하여 경제 개발 계획을 실천할 수 있도록 준비를 해두었습니다. 이것들이 우리가 원조와 차관을 요구할 수 있는 조건이라고 생각합니다."

UPI의 찰스 스미스 기자가 "국내 정세가 안정되었으니 계엄령을 해제할 의도는 없는가"라고 물었다.

"경찰이 군대의 힘을 빌리지 않고 치안을 유지할 수 있을 때 경비계엄을 해제할 것입니다."

약 40분간의 기자회견에서 박정희는 짧게 군더더기 없는 답변을 했다. 이날 저녁 박정희는 정일영 한일회담 대표에게 오후의 기자회견을 거론하면서 자신에게 맨 처음 질문한 기자가 누구냐고 묻더니 "그놈, 고국에서도 말썽이더니 여기서도 속을 썩이는구먼"이라고 불평하더란 것이다.

오후 4시 40분 영빈관으로 영친왕(고종의 셋째 아들) 李垠(이은)의 일본 황족 출신 부인 方子(방자·마사코) 여사가 찾아와 박 의장을 만났다. 李垠은 뇌혈전증에 걸려 병상에 누워 있었다. 방자 여사와 박 의장의 만남을 주선한 것은 당시 서울신문 도쿄 특파원이던 원로 언론인 金乙漢(김을한)이었다.

朴正熙와 英親王

高宗(고종)이 嚴妃(엄비)에게서 난 제3子(자) 李垠을 일본 측의 강요에 의해 일종의 인질로 일본에 보낸 것은 합병되기 3년 전인 1907년이었다. 그때 이은은 열한 살 소년. 일제는 英親王(영친왕)이라 불리던 이은을 李王(이왕) 전하라 부르며 극진히 대우해 주는 척하다가 일본 황족인 마사코(方子)와 결혼시켰다. 영친왕은 일본 육사, 육대를 졸업하고 연대장, 사단장을 역임한 후 태평양 전쟁 말기에는 육군 중장으로서 제1항공군 사령관을 지냈다.

광복 후 영친왕과 이승만 정부 사이엔 악연이 생겼다. 영친왕의 저택은 도쿄의 노른자위 땅인 아카사카에 있었다(지금의 프린스호텔 자리). 대지가 약 2만 평에 건평이 500평이나 되었다. 주일 대표부가 생길 때 우리 정부에서는 영친왕의 저택을 대표부 건물로 인수하려고 했다. 영친왕은 이렇게 말했다고 한다.

"지금의 나는 재산이라고는 이 집 한 채밖에 없고 해방 후 여러 해 동안 수입이 없이 살아왔으므로 빚도 많아서 그대로 줄 수는 없으니 꼭 이 집이 필요하다면 시가보다 좀 싸게 사 가시오."

우리 정부와 영친왕의 교섭은 합의에 이르지 못해 주일 대표부는 아자부(麻布)에 자리 잡게 되고 영친왕도 큰 손해를 보고 저택을 일본인에게 넘기게 되었다. 이런 분규 때문에 이승만 대통령은 영친왕을 비애국자라고 생각하게 되었다.

1957년 영친왕은 〈서울신문〉 도쿄 특파원으로 와 있던 김을한을 불러 부탁을 했다. 아들 李久(이구)가 미국 MIT공대 건축과를 졸업하는데 대학 총장이 영친왕 부부가 참석해 달라는 초청장을 보내왔다는 것이다. 영친왕은 한국 여권을 좀 받게 해달라고 했다. 김을한 기자는 쉽게 생각하고 주일 대표부에 이 건을 이야기했더니 의외로 "경무대나 외무부에서 결정할 사항이다"는 답이 돌아왔다. 의문을 느낀 김을한은 서울에 와서 卞榮泰(변영태) 외무장관을 만났다. 소신 있는 장관으로 유명한 변영태도 "이승만 대통령이 영친왕을 못마땅하게 생각하니 …"라면서 난색을 보였다. 김을한은 자유당 정권의 제2인자인 李起鵬(이기붕) 국회의장을 찾아가 대통령께 잘 말씀드려달라고 부탁했다. 이 의장도 "내가 여쭌다고 해도 효과가 있을 것 같지 않다"면서 거절했다.

김을한 기자는 성과 없이 일본으로 돌아가 영친왕의 집을 찾아갔다. 어떤 할머니가 집을 지키고 있었는데 영친왕 부부가 이미 미국으로 떠났다고 하는 게 아닌가. 김을한은 宮內廳(궁내청)으로 가서 우사미 장관을 만났다. 장관은 영친왕이 일본 여권이라도 내어 달라고 졸라 영친왕과 방자 여사에게 일본 여권을 내어 주었는데 그 과정에서 영친왕이 일본 국적을 갖게 되었다고 하는 게 아닌가. 김을한은 영친왕이 야속하게 생각되었지만 한편으로는 그를 궁지로 몰아넣은 이승만 대통령이 더 원망스러웠다.

미국에서 돌아온 영친왕에게 김을한은 싫은 말씀을 드렸다.

"아무리 경무대의 처사가 나쁘더라도 전하는 체통을 지키셔야 할 것이 아니오니까. 나라가 있었으면 28대 왕이 되셨을 전하가 일본인으로 귀화하였다는 것을 알면 태조대왕 이하 열성조의 임금들이 얼마나 슬퍼하겠습니까."

영친왕도 자신의 실수를 알고는 국적을 도로 고쳐 달라고 하는 것이었다. 김을한은 다시 분주하게 일본의 관공서로 뛰어 보았지만 거의 불가능한 일임을 깨닫게 되었다. 오히려 영친왕이 還國(환국)하는 것이 해결책이라고 생각하게 되었다. 그러던 중에 4·19 혁명으로 이승만 정권이 무너지고 장면 정부가 들어서면서 분위기가 바뀌었다. 장면 총리는 '지난 날 본국 정부에서 잘못한 것을 다 용서하시고 되도록 속히 환국하시와 신생 공화국을 위하여 지도와 편달을 해 주십시오'란 요지의 편지도 보내 왔다.

1961년 5월 영친왕 이은은 앓고 있던 뇌혈전증이 재발해 입원했다. 장면 정부의 퇴장과 함께 추진되던 환국도 중단되었다. 이런 때에 도쿄에 온 박정희 의장을 방자 여사가 꼭 만나도록 해야겠다고 생각한 김을한은 이동환 주일 공사를 통해서 면담 신청을 냈다.

박정희 의장은 선뜻 면담 요청을 받아들여 11월 12일 오후 4시에 영빈관으로 와 달라고 했다. 김을한이 방자 여사를 안내하여 영빈관에 도착했다. 두 사람은 2층 귀빈실로 안내되었다. 박정희 의장이 절도 있는 걸음걸이로 들어오더니 방자 여사에게 정중하게 인사를 했다. 김을한에게도 담배를 권한 박정희는 라이터로 불을 붙여 주었다.

방자 여사는 모기만 한 소리로 "왕 전하를 입원시켜주셔서 고맙습니다"라고 인사했다. 영친왕이 졸도했다는 소식을 들은 박정희는 주일 공사를 통해서 즉시 입원시켜드렸던 것이다.

"뭘요, 당연히 정부가 할 일을 한 것뿐인데 너무 어렵게 생각하지 마십시오."

김을한은 영친왕의 국적이 일본으로 되어 버린 사연을 설명했다. 신중하게 이야기를 다 듣고 난 박 의장이 물었다.

"그러면 어떻게 하면 좋겠습니까."

"하루속히 국적을 한국 적으로 환원시키고, 본국으로 모셔다가 여생을 조국에서 보내시도록 해주시고, 생계비를 충분히 부담해 주시고, 덕혜옹주(고종의 막내딸)도 빨리 귀국할 수 있도록 해 주십시오."

박 의장은 "덕혜옹주는 누구인가요?"라고 물었다. 김을한이 설명하자 박정희는 "그 이야기는 처음 듣는 일이다"면서 김을한의 부탁을 모두 들어주었다. 요컨대 영친왕의 입원비는 정부에서 책임을 질 것이고, 병환에 차도가 있는 대로 귀국하면 환영할 것이며, 국적 문제는 법무부에 지시해서 해결할 것이고, 덕혜옹주의 귀국도 언제든지 환영한다는 것이었다.

그러면서 박 의장은 아침에 이케다 총리를 만났을 때 "왜 李王(이왕) 전하를 좀더 잘 보살펴드리지 못했느냐"고 농담 삼아 꾸짖었더니 머리를 긁적이면서 "참 미안합니다"라고 하더란 이야기를 전했다. 10여 년간 풀지 못했던 문제를 단숨에 다 해결하고 돌아가는 차중에서 방자 여사는 김을한에게 "처음에는 젊은 군인이라 어떨까 마음이 무거웠는데 막상 만나 보니…"라면서 입에 침이 마르도록 박 의장을 칭찬하더란 것이다.

앵커리지

訪日(방일) 이틀째인 1961년 11월 12일 저녁 6시 30분부터 숙소인 영빈관에선 박정희 의장 초청 만찬이 있었다. 이케다 총리, 고사카 외상 등 일본의 정재계 지도자들이 참석했다. 만찬이 끝난 뒤 박정희는 초청된 재일동포 대표 50여 명을 만났다. 이 자리에는 서독의 차관 도입 교섭을 위해 출국한 정래혁 상공부 장관과 박태준 최고회의 상공분과위원장, 그리고 李英振(이영진) 대한조선공사 사장도 나타났다.

申東植(신동식·대통령 경제수석 비서관 역임, 전 한국 해사산업연구소 이사장)은 서울대학교 조선공학과를 수석으로 졸업했다. 그는 국내에선 조선 기술을 펼 수 있는 무대가 없음을 알고는 스웨덴으로 유학길에 올랐다가 영국 로이드 선급협회의 국제선박 검사관이 되었다.

이 무렵 신동식은 일본에 주재하면서 일본에서 건조되는 선박에 합격판정을 내리는 일을 하고 있었다. 이날 아침 주일 대표부에서 신동식에게 영빈관으로 나오라는 전화를 걸어왔다. 신동식은 박정희 의장에게 소개되었다. 박정희가 가운데 앉고 그 주위에 수행원들이 줄지어 앉아 있는 방에 들어갔다. 박 의장은 국제적으로 활동하고 있는 청년 신동식에게서 큰 감명을 받은 듯 일어나서 악수를 청했다.

한 군복 입은 수행원이 신동식에게 다가오더니 "당신이 신동식이요? 한국에 가서 같이 일합시다. 우리하고 돌아갈 준비를 하시오"라고 명령조로 말했다. 신동식은 이 말을 들으니 울화가 치밀었다. 유학차 출국할 때 여권을 발급받는 것이 형무소를 출감할 때보다 더 어려웠던 시절이 떠올랐던 것이다. 신동식은 칵테일을 한 잔 마신 기운을 빌려 울화를 쏟아 부었다.

"가슴에 훈장을 달았다고 이렇게 애국을 강요해도 되는 겁니까. 제가 오늘 이렇게 국제적으로 성공했다고 조국으로 돌아가자고 하시는데, 제가 출국할 때는 여권을 순순히 발급해 주셨습니까? 제가 외국에서 고생하면서 공부할 때 언제 장학금이라도 대주신 적이 있습니까?"

박정희 의장이 나서서 신동식을 진정시킨 다음에 수행원들을 소개시켜 주었다.

"이렇게는 워싱턴으로, 이렇게는 서독으로 갑니다. 중공업 발전을 위해서 차관을 구하러 가는 길입니다. 여러 가지 구체적인 계획은 있지만 바다와 관련한 조선·해양 분야가 미흡합니다. 우리나라에 돌아와서 도움을 주면 좋겠습니다."

"죄송합니다. 제가 술김에 실수를 한 것 같습니다. 저는 조국에 대하여 좋은 추억이 별로 없습니다. 저는 서울대학교 조선공학과를 졸업할 때 해무청장상을 받기로 되어 있었는데 시상식 날 총무과장이 술을 마시고 출근을 하지 않는 바람에 시상식은 취소되고 우편으로 상장을 받은 경험이 있습니다.

제가 유학차 조국을 떠날 때도 가족을 제외하고는 그 어느 누구도 진심으로 저의 장도를 축하해 주지 않고 오히려 질시의 눈길만 보냈습니다. 그렇지만 저는 일분일초도 조국을 잊어본 적이 없습니다. 지금 저의 서명이 없으면 일본에서 건조된 선박의 인도가 불가능할 정도의 위치에 있습니다만 무조건 애국을 강요하진 마십시오. 제가 제안을 하나 하겠습니다. 일본은 우리에게 좋은 교과서입니다. 제가 북해도에서 시모노세키까지 일본의 조선공업 시설과 공단을 안내해드릴 테니 꼭 한번 시찰하고 가시죠."

이 말이 떨어지자 한 수행원이 "젊은 사람이 건방지군. 네가 뭔데 감히 이래라저래라 하는 거야"라고 했다. 박정희 의장은 또 그 말을 제지하더니 이영진 대한조선공사 사장을 향해서 "일정을 며칠 연기하시고 이 청년과 함께 둘러보고 가시죠"라고 지시했다. 신동식은 속으로 '나 같은 사람을 이렇게 감싸주는 이분은 보통 사람이 아니구나' 하는 생각을 했다고 한다.

다음날 신동식은 일행을 안내하여 일본의 여러 조선소들을 돌아다녔다. 이것이 계기가 되어 신동식은 로이드 선급협회에 휴직계를 내고 귀국하여 경제기획원 장관 고문으로서 우리나라 조선공업 발전의 터전을 닦는 역할을 맡게 된다.

박정희 의장 일행은 이날(11월 12일) 밤 하네다 공항에서 노스웨스트 여객기에 올랐다. 30시간의 바쁜 방일 일정이 끝난 것이다. 박정희와 수행원들은 일등실 전부를 전세내었다. 여객기는 알래스카 앵커리지를 향해서 기수를 돌리고 태평양을 건너기 시작했다.

이날 한국은행은 통계를 잡을 수 있는 세계 40개국의 국민소득을 비교 분석한 자료를 발표했다. 1인당 국민소득(1959년 기준)에서 세계 1위는 미국으로 2,250달러, 2위는 캐나다(1,521달러), 이어서 스웨덴(1,387달러), 스위스(1,299달러). 영국은 1,023달러로 여덟 번째, 서독은 833달러, 일본은 1인당 국민소득이 299달러로서 세계 랭킹 25위로 나타났다. 한국은 끝에서 다섯 번째인 1인당 78달러였다. 타이, 콜롬비아, 필리핀, 그리스, 터키, 브라질, 남아연방은 1인당 100~400달러로서 한국보다도 훨씬 앞서 있었다. 인구밀도는 한국이 세계 제4위인데 인구 증가율은 연 2.9%로서 세계 제6위라고 했다.

세계에서 가장 가난한 나라들 축에 든 대한민국의 짐을 진 44세의 깡마른 지도자가 세계에서 가장 부자인 나라의 지도자를 만나러 가는 길, 박정희의 마음은 착잡했을 것이다. 전용기도 없어 미국 여객기의 한 구석을 빌려 탄 혁명 정부의 대표들은 노스웨스트 항공사에서 일부러 신경을 써서 내어놓은 한식 저녁을 먹지 못했다. 영빈관에서 만찬을 한 지

몇 시간밖에 지나지 않아 식욕이 동할 리 없었다. 박정희는 한일 정상회담을 보도한 일본 신문들을 일별하고는 일찍 잠자리에 들었다.

日附(일부) 변경선을 지난 노스웨스트 여객기가 앵커리지에 도착하니 12일 오전 9시 30분이었다. 알래스카 사령부 사령관인 조지 먼디 공군 중장이 출영했다. 먼디 중장은 박 의장에게 "이 공항이 민간용이기 때문에 군 의장대의 환영의식을 베풀 수 없어서 죄송하다"고 사과부터 했다. 먼디는 "다음 기착지로 떠나실 때까지 시간이 있으니 기자회견을 하시든지 시내 구경을 하시든지 택일하시라"고 했다. 박 의장은 외국을 방문할 경우 그 나라의 정상을 만날 때까지는 기자들에게 아무 말도 안 하는 것이 예의라고 생각하고 있었다. 그는 시내관광을 선택했다.

시카고 유학생들

11월 12일 오전 11시 40분 박정희 의장 일행은 다시 노스웨스트 여객기편으로 앵커리지 공항을 떠났다. 시애틀 공항에 도착한 것은 오후 4시 20분. 우리나라 전쟁고아들로 구성된 선명회 합창단이 애국가를 부르면서 박정희를 맞았다. 공항건물 안에 마련된 간소한 리셉션장에는 유학 중인 姜文奉(강문봉) 장군도 나와 있었다.

이 자리에까지 따라온 미국 기자들 때문에 억지 인터뷰를 하게 된 박정희 의장은 기분이 영 좋지 않았다. 한 미국인 기자가 "군사정부에선 교통질서 위반자들까지도 엄벌에 처하고 있다는데 사실이냐?"고 물었다. 박정희는 못마땅한 표정을 지으면서도 모범 답변을 했다.

"지켜져야 하는 것이 규칙이다. 범칙자가 처벌되어야 하는 것은 어느 나라에서나 마찬가지이다. 교통 규칙은 혁명 전에도 있었지만 지켜지지 않았다. 우리 정부는 이 규칙을 지켜지도록 만들고 있는 것일 뿐 重罰說(중벌설)은 거짓이다."

오후 5시 50분 노스웨스트 여객기는 시애틀 공항을 출발, 이날 밤 11시에 시카고 오헤어 공항에 도착했다. 미 제5공군 사령관, 시카고 시장 대리 이외에 정일권 주미대사, 김재춘 선발대장을 비롯한 100여 명의 재미동포들이 영접을 나왔다. 박정희 일행이 시카고 시내로 향해서 달릴 때 우리 교민들도 차를 몰고 차량 행렬을 따랐다. 고속도로엔 비가 내려 미끄러웠다. 교민들이 탄 승용차 다섯 대가 연쇄 충돌 사고를 일으켜 6명이 부상하는 사고가 일어났다. 숙소인 드레이크 호텔에 도착하여 이 소식을 들은 박정희는 수행원을 병원으로 보내 위문케 했다.

다음날 아침 드레이크 호텔에선 시카고에서 유학 중인 학생들과 교민들이 주최한 박정희 의장 환영 조찬회가 열렸다. 지금은 약 15만 명의 교민들이 살고 있는 시카고이지만 당시엔 한인회를 결성할 정도의 수도 되지 않았다. 시카고 학생회(회장 김준엽)는 일부 미국 언론이 박정희 의장의 訪美(방미)에 대해서 비판적인 기사를 신자 울분을 느끼고는 박 의장에게 초청장을 냈던 것이다. 시카고 학생회 총무는 노스웨스턴 대학원 재료공학과 1학년생 千性淳(천성순)이었다. 한국과학기술원 원장과 대전산업대학교 총장을 지낸 천성순은 이렇게 회고했다.

"우리 유학생들은 박정희 장군이 쿠데타로 집권했다는 데 대한 문제의식을 별로 느끼지 않고 있었습니다. 조국이 오직 강하고 부자 나라가 되어야 한다는 일념뿐이었습니다. 미국 텔레비전에 나오는 한국은 고아들이 손을 내미는 장면과 구호 기관에 도움을 요청하는 장면 일색이었습니다. 우리는 또 인종차별을 무수히 당하면서 공부하고 있었습니다. 저는 길을 걷다가 버스에 탄 백인 학생이 내 얼굴에 침을 뱉는 모욕을 당한 적도 있었습니다. 그래서 군사 정권이 들어서서 과감한 개혁 작업을 하고 있다는 소식을 듣고는 자랑스러웠습니다. 박 의장을 만나 보니 추진력이 강해 보이고 강직한 인상이 꼭 잘 사는 나라를 만들 분이란 생각이 들었습니다."

이날 조찬 환영식에 참석한 박정희 의장은 대단히 감동했다고 한다. 훈시를 할 때도 미리 준비해간 연설문을 밀어 버리고 즉석 연설을 했다.

"우리는 두 번의 혁명을 치렀습니다. 환자에 비교하면 두 번 수술을 한 셈입니다. 4·19 수술은 경과가 좋지 않아 5·16으로 재수술을 받은 것입니다. 다행히 수술 결과가 양호하여 건강을 회복해가고 있습니다. 수백 년을 내려온 고질을 뿌리째 뽑아버리는 개혁을 단행한다는 것은 우리 혁명 세력의 과업일 뿐 아니라 민족의 과업입니다. 만약 이번 혁명이 실패하면 다음에 올 것은 공산혁명밖에 없습니다.

케네디 대통령과 회담할 때 우리나라의 경제 재건에 관해서 토의할 작정입니다. 경제혁명 없이는 민주주의는 있을 수 없기 때문입니다. 우리는 군인입니다. 정치는 모르지만 나라가 망하는 것은 좌시할 수 없었습니다. 우리는 여러분들이 선진 기술과 학문을 습득하여 귀국한 후 국가 재건에 공헌하리라고 확신합니다."

학생회 총무 천성순은 박 의장에게 의사봉을 선물로 전달했다. 천성순에 따르면 '가난한 유학생들이라 돈을 적게 들이고 의미가 있는 선물을 생각하다가 박 의장이 국가 개조를 하는 데 모든 결정을 이 의사봉으로 땅 땅 잘 처리하라는 뜻에서 의사봉을 마련했다'는 것이다. 천성순은 그 뒤 유타 대학 교수로 있다가 해외 두뇌 유치의 일환으로 국내에 들어와 한국과학기술원 부원장, 원장 등 요직을 맡게 된다.

박정희 의장은 이날 오전에 리처드 J. 데일리 시장을 방문했다. 시장실에서 환담하는데 미국 기자들이 몰려와 북새통을 이루었다. 기자들에 대한 거의 생래적 거부감을 가지고 있던 박정희는 미국에 온 후 국내에서는 경험할 수 없었던 무질서한 취재 경쟁에 노출되었다. 박정희는 데일리 시장에게 "신문기자들은 어딜 가나 똑 같군요"라고 농을 했다. 이날 시카고 시장은 박 의장에게 군 의장대 사열을 받도록 해주고 명예 시민증도 증정했다. 귀국한 뒤 명예 시민증을 살펴보니 이름이 엉뚱한 사람으로 되어 있어 되돌려 주었다.

케네디 대통령은 박 의장 일행의 시카고에서 워싱턴까지의 비행에 미 정부요인들이 이용하는 쌍발 프로펠러 전용기 '컨베어' 기를 제공했다. 객실은 두 구역으로 나뉘어 있었다. 뒤쪽은 라운지처럼 꾸민 귀빈실로 책상과 의자가 놓여 있었다. 박 의장은 여기서 보좌관들을 불러 다음날 있을 회담에 대비한 토의를 하고 준비한 문서를 읽었다. 앞 구역에는 미 국무부 한국과장 도널드 S. 맥도널드와 미 대통령 통역관 폴 클라인 박사, 그리고 박 의장 담당 미국 경호원이 타고 있었다.

컨베어 기는 시카고 공항을 이륙한 지 네 시간 만인 13일 오후 4시에 워싱턴 내셔널 에어포트 군용 터미널에 도착했다. 미 육군 의장병이 트럼펫을 불어 국빈의 도착을 알리는 가운데 박 의장이 내리자 키가 큰 린든 B. 존슨 부통령이 맨 먼저 다가와 악수를 청했다. 박정희가 아내를 동반하지 않았기 때문에 마중 나온 사람들도 혼자였는데 딘 러스크 국무장관만은 그 8일 전 방한할 때 데리고 갔던 아내를 동반했다.

박정희가 사단장으로 있을 때 유엔군 사령관이던 라이만 L. 렘니처 대장은 당시 합참의장이었다. 그는 5월 16일 매그루더 유엔군 사령관이 박정희 소장 일파에 대한 강경 진압 자세를 보일 때 이를 누그러뜨리려고 했던 이였다. 그도 박정희 의장을 반갑게 맞았다.

미국 측의 입장

워싱턴 내셔널 에어포트에서는 존슨 부통령의 환영사와 박정희 의장의 답사가 교환되었다. 박 의장의 답사는 한상국 중령에 의하여 통역되었다. 박정희 의장은 답사를 끝내고 탑승차 쪽으로 가다가 군 의장대 뒤편 방책 뒤에서 태극기를 흔들면서 환영하고 있던 재미동포들 쪽으로 걸어가 울타리를 사이에 두고 악수를 했다. 경호에 신경을 써야 하는 미국 측으로서는 의전 코스를 이탈한 박정희의 이런 파격적인 행동에 당황하지 않을 수 없었다. 러스크 국무장관은 연회석상에서 박정희에게 이 일을 거론하면서 "만약 내가 선거에서 박 의장과 대결하게 된다면 나는 일찌감치 포기해야 할 것이다"고 농담을 했다고 한다.

박 의장은 전속부관, 경호관, 주치의와 함께 맥킬 테라스 2838번지 주미 대사관저에 들었고 나머지 수행원들은 이웃한 쇼어햄호텔에 투숙했다. 박 의장은 이날(11월 13일) 오후에는 공식 행사가 없어 대사관저에서 머물렀다. 그는 5·16 주체 세력인 육사 8기 출신 金東煥(김동환) 참사관으로부터 워싱턴 일정 전체에 대한 보고를 들었고 저녁은 정일권 대사가 베푼 만찬에 수행원들과 함께 참석하여 한식을 먹었다.

박정희 의장이 워싱턴에 도착한 날 백악관 안보 보좌관 월터 W. 로스토 박사는 다음날 있을 한미 정상회담에 대비한 요약 보고서를 메모 형식으로 작성하여 케네디 대통령에게 제출했다.

〈박 의장의 방미로부터 우리가 얻을 수 있는 가장 중요한 결과 중의 하나는 한국인과 세계인들에게 미국이 장기적으로 한국의 장래를 낙관하고 있음을 확실히 하는 것이다.

—이것은 분단된 조국의 장래에 대해서 절망하는 버릇이 있는 한국인들에게 매우 중요하다. 한국인들은 어떻게 하면 경제적 자립을 달성할지 혼란에 빠져 있다. 특히 학생들은 그들이 이승만 정권을 전복시키는 데 성공한 직후 조국이 그렇게도 빨리 권위주의 정부로 돌아가야 했다는 데 대해서 크게 실망하고 있다.

—이것은 또 다른 나라 국민들에게 매우 중요하다. 그들은 현재의 한국 정권이 이승만 식으로 복귀하고 있다고 보는 경향이기 때문이다. 이들은 미국이 처음에는 쿠데타에 반대하다가 이제 와서는 쿠데타의 지도자를 정중하게 맞아들이는 데 혼란을 겪고 있다.

이상의 문제점들을 감안하여 우리는 公私席(공사석)에서 다음 두 가지 점을 강조해야 할 것이다.

a. 한국 정부는 아무도 손대지 않았던 부정부패 등 고질적 문제들을 헌신적으로 고쳐 나가고 있다. 그러나 현재의 정부는 문민정부로 복귀하기 위한 과도단계에 있는 정부이다.

b. 한국은 경제 개발에 유리한 건전한 기초를 갖고 있으며 우리는 경제 개발의 조속한 진전을 위해 모든 수단을 다해 지원할 것이다.

군사 정부는 우리의 압력을 받고 1963년 4월에 헌법을 개정하고 5월에 선거를 하겠다고 약속했으나 그것을 실천하기 위한 준비 작업은 하지 않고 있다. 박 의장에게 다음과 같은 질문들을 해주었으면 함.

a. 헌법은 어떻게 고칠 것인가.

b. 1963년 선거의 출마 자격에 대한 제한이 있을 것인가.

c. 선거 전에 정치 활동을 허용하여 정당을 정상적으로 기능하도록 할 것인가.

d. 선거는 공정하게 실시될 것인가.

한국 측은 공동 성명서에 1963년에는 문민 정부로 복귀할 것이란 약속의 재천명을 포함시키자고 제의했다. 이런 재천명은 최대한 확고한 표현이라야 할 것이며 각하의 질문에 따라 새로운 사항이 나타난다면 공동 성명서에 이를 포함시켜야 할 것이다. 예컨대 현 정부가 기본권에 대한 제한을 완화할 것임을 내비치면 성명서에 이를 반영할 수 있다.

지난 6월 한국 문제 대책반은 각하에게 군사 안보에 너무 치중하고 있는 비생산적인 對韓(대한) 원조 정책을 수정하여 정치적·경제적·사회적 발전을 위한 방향으로 전환해야 한다고 건의한 바 있다. 한국 정부가 자조적인 조치를 취한다면 미국은 경제개발 5개년 계획을 적극적으로 지원할 용의가 있음을 명백히 하고, 특히 5개년 電源(전원) 개발 계획에 외부 지원을 제공할 것임을 약속한다. 한국 문제 대책반이 여러 가지 건의를 올린 이후 한국에 대한 무상 지원은 당초의 1억 2,000만 달러에서 9,000만 달러로 감축되었고(작년엔 1억 8,600만 달러) PL 480 식량 원조도 약간 감소했다. 대책반이 지적한 모든 문제점들에 대해서 현재의 정부가 정력적으로 달려들고 있음에도 불구하고 對韓 원조의 총액은 줄었다.

한국 측에 대해서 다음과 같이 이야기해 줄 필요가 있을 것이다. 즉,

작년 원조 가운데 2,000만 달러는 일회성인 특별 지원이었고 올해 회계 연도 예산에 4,000만 달러가 남아 있는데 이것을 개발차관으로 전용할 수도 있을 것이라고. 한국 정부는 우리가 재촉한 개혁들을 열심히 하고 있는데도 원조가 삭감당한 것에 대해서 실망감을 느끼고 있다. 우리는 현재 무상원조에서 개발 차관으로 중점을 전환하는 단계에 있다. 한국 처럼 외환 보유고의 90%와 정부 예산의 큰 부분을 우리 원조에 의존하고 있는 나라에서 이런 전환을 너무 서두르고 있는 것이 아닌가하는 의문이 생긴다.

주한 미국 대사와 유솜(USOM=對韓 원조기구) 국장은 對韓 원조 액수에 이견을 제시하지 않는 대신에 다음과 같은 건의를 했다.

a. '바이 아메리카(Buy America)' 정책(편집자 注=미국 원조 자금으로는 미국 물자를 구입해야 한다는 원칙)을 비료 구입에 대해서만은 예외로 해줄 것.

b. 미국의 對韓 군사 원조 자금으로 구입해온 물자를 점차적으로 한국군의 예산으로 구입해야 한다는 정책을 보류해 줄 것.

c. 한국군이 필요한 물자를 군사 원조 자금으로 한국 내에서 해외 구매 형태로 구입하도록 해 줄 것.

당초의 지원 예산 규모인 1억 2,000만 달러 수준을 복원하든지 위에서 건의한 것에 대해서 조치를 취하든지 해 주었으면 한다.

군사 지원에서 경제 지원으로 서서히 중점을 이동하는 문제에 대해서 한국 측과 토의를 시작하도록 하는 것이 바람직할 것으로 생각된다. 한국군에 대한 군사 원조 액수를 약간 삭감하고 경제 원조로 전환하는 시험적 조치를 취해 볼 것을 건의한다.

유엔의 기치 아래서 미군 2개 사단이 비무장지대에 배치되어 있는 한국보다도 적의 침략에 대한 억제력을 완벽하게 확보하고 있는 곳은 이 세계 어디에도 없다. 진짜 위협은 한국의 국내 문제이며 이는 경제 개발을 통해서 해결해야 한다. 공동성명서에는 한국의 경제 개발에 대한 최대한의 지원 의사를 명백히 하는 것이 바람직할 것이다〉

40代 지도자끼리

11월 14일 박정희 의장은 오전 9시 15분 숙소인 한국 대사관저를 떠나 알링턴 국립묘지로 향했다. 무명용사비에 헌화한 朴 의장은 곧바로 미 국무부로 갔다. 7층에 집무실이 있는 러스크 장관은 1층 현관까지 내려와 朴 의장 일행을 영접했다. 이날 박정희·러스크 회담에서 박 의장은 對韓 원조의 증액을 끈질기게 요청했다.

박정희: "공산 침략의 가능성 때문에 한국은 60만 군대를 유지하면서 동시에 경제를 발전시켜야 하는 조건에 놓여 있습니다. 1960년부터 미국의 한국군 유지비 원조 액수가 감소함으로써 한국 측의 부담이 늘었습니다. 한국 정부는 경제개발 5개년 계획을 작성 중에 있습니다. 한국 측의 군사비 부담 증가로 경제개발에 큰 짐이 되고 있으니 5개년 계획 기간이 끝날 때까지 한국군에 대한 원조 수준을 1959년 수준으로 유지해 주시기 바랍니다. 무상 원조가 줄어들 것이란 보도가 있었는데 그렇게 되면 경제 계획에 나쁜 영향을 끼칠 것입니다. 현 수준을 유지해주시기 바랍니다. 5개년 계획이 내년부터 실시되는데 우리는 해외 투자 차관을 유치하려고 노력 중에 있습니다. 우리 정부는 귀측에 대해서 특별 경

제 안정 기금으로 1억 달러의 차관과 7,000만 달러의 경제개발 차관 및 800만 달러의 기술 원조를 요청합니다. 이 액수는 너무 많다고 생각하시겠지만 강력한 반공 국가와 60만 대군을 유지하는 데는 반드시 필요한 돈입니다."

러스크: "정부와 의회는 지난 15년 동안의 해외 원조 실적을 돌아보면서 여러 가지 개선점을 마련하고 있습니다. 한국을 포함하여 많은 원조 수혜국들에서 원조가 효과적으로 쓰여지지 않았다고 판단됩니다. 그래서 의회는 장기 경제개발 원조란 발상을 내어놓고는 그 대신 군사 원조, 무상 원조, 단기 원조를 줄이려 하고 있습니다. 경제 개발과 관련하여 한두 가지 문의할 것이 있습니다. 군 병력을 건설공사, 통신, 보건부문에 이용할 수 없을까요. 한일 국교 정상화로부터 얻을 수 있는 이득에 대해서도 알고 싶습니다. 미국 정부의 원조 집행에 대해서는 여러 가지 법률적인 제약이 있으나 우리는 한국 정부와 함께 문제를 해결할 수 있는 여러 방도를 연구해 보도록 합시다."

박정희: "미국이 무상 원조에서 장기 차관으로 정책을 전환한다고 해도 한국에는 그것을 너무 급격하게 해서는 안 될 것입니다. 그러나 앞으로 몇 년간만이라도 미국의 원조가 계속된다면 한국은 장기 차관 체제를 위한 기초를 놓을 수 있을 것입니다. 군 병력을 경제개발에 활용하는 문제에 대해서는 정부는 이미 그런 방향으로 진행하고 있습니다. 미국으로 오는 길에 도쿄에서 이케다 총리와 단독으로 만나 국교 정상화를 가능한 한 빨리 타결 짓는다는 데 의견을 같이 했습니다."

러스크: "일본과의 국교 문제 해결은 미국의 對韓 원조를 대체하는 것이 아니고 어디까지나 보조적인 역할이 될 것입니다."

박정희: "장관께서는 내가 제기한 (원조)문제에 대해서 희망적인 답변을 줄 수 있겠습니까."

러스크: "(국제개발처) 해밀턴 처장과 그 문제를 논의하시는 것이 좋을 것 같군요. 의장께서 떠나시기 전에 저도 이 문제로 한 번 더 말씀드릴 기회가 있을 것입니다. 케네디 대통령과 회담하실 때도 이 문제가 거론될 것입니다. 저의 이 대답이 부정적인 것이라고 생각하시지 않았으면 합니다. 최근 한국 정부가 취한 사면 조치는 국제 사회에서 한국의 위상을 높이는 데 기여할 것입니다."

박 의장은 한 시간 반 동안의 회담을 끝낸 뒤 같은 건물 안에 있는 국제개발처(AID=Agency for International Development) 파울러 해밀턴 처장을 찾아가서 경제개발 5개년 계획을 설명하고 지원을 요청했다. 이 요담을 끝낸 박정희 의장 일행은 백악관으로 향했다. 1917년생으로 박 의장과 동갑인 케네디 대통령은 현관에서 기다리고 있다가 차에서 내리는 박 의장에게 다가가 악수를 나누었다. 현관 계단을 올라간 두 지도자는 사진기자들에게 포즈를 취했다. 박 의장은 오찬에 참석할 수행원들을 케네디 대통령에게 소개했다. 박 의장 일행이 로비로 들어서자 미 해병대 군악대가 아리랑을 연주했다.

케네디 대통령은 오찬장으로 들어가기 전에 박 의장을 2층으로 안내하여 부인 재클린 케네디 여사를 소개했다. 박 의장은 이 자리에서 대통령에게는 족자를, 부인과 자녀들에게는 한복 한 벌씩을 선물로 내놓았다. 오찬에는 미국 측에서 러스크 미 국무장관, 맥나마라 국방장관, 렘니처 합참의장, 월트 W. 로스토 특별보좌관, 버거 주한 미국 대사, 폴 H. 니츠 국무차관보, 킬렌 유솜(USOM) 처장 등 요인들이 참석했다. 박정희 의장, 정일권 주미 대사, 유양수 최고회의 외무 국방위원장, 최덕신 외무장관 등 한국 측 참가자 23명이 자리를 함께 했다. 케네디 대통령은 짤막한 환영사를 했고 박 의장은 군사혁명의 필요성을 역설하는 답사를 했다.

박 의장은 "우리는 국가의 생명을 건지고 이를 건전하게 육성하기 위하여 병든 기관을 제거해야 하는 외과 의사의 처지에 놓여 있다"면서 "직장 활동의 공정, 국가 건설에의 의욕, 국가에 대한 책임감, 이러한 민주주의 사회의 기본적 요소가 우리의 국가 재건에 반드시 필요하다"고 말했다. 1시간 40분간 계속된 이날 오찬에는 박정희 의장이 좋아하는 전복 요리가 특별히 등장했다. 박 의장은 오찬이 끝나자 일단 한국 대사관으로 돌아왔다가 오후 3시 30분 다시 백악관으로 케네디 대통령을 찾아갔다.

頂上회담은 오찬 분위기의 연장선상에서 매우 유쾌하게 시작되었다. 케네디 대통령은 "혁명 정부가 단행하고 있는 여러 개혁 조치를 환영하는 바이지만 우리로서는 한 가지 걱정거리가 있다"고 했다.

"혁명 정부가 세제 개혁을 단행하는 바람에 주한 미국 대사관 직원들도 그동안의 체납세금을 물어야 한다니 야단입니다."

박정희 의장도 농담을 했다.

"미국에 와서 보니 카메라 기자들이 상전이더군요."

"의장의 의견에 동감합니다. 신문기자들이야말로 민주주의의 골칫거리지요."

越南 파병 거론

1961년 11월 14일 오후 3시 30분부터 1시간 20분 동안 이루어진 케네디·박정희 정상회담의 기록은 최근 공개되었다. 우리 쪽에서는 유양수 최고회의 외무·국방위원장, 최덕신 외무장관, 박병권 국방장관, 천병규 재무장관, 송정범 경제기획원 부원장, 정일권 주미 대사, 한상국 통역관이 배석했다. 미국 측에서는 러스크 국무장관, 맥나마라 국방장관, 새뮤얼 버거 주한 미국 대사, 월트 로스토 대통령 특보, 파울러 해밀턴 국제개발처(AID) 처장, 월터 P. 매카나기 극동문제담당 국무부 차관보, 킬렌 USOM 처장, 코렌 동북아시아문제연구소장, 클라인 통역관이 배석했다.

케네디 대통령은 미리 준비된 공동 성명서를 읽어 보고 만족한다고 말했다. 만약 박 의장도 동의한다면 이대로 발표하도록 하자고 했다. 박 의장도 동의했고 케네디 대통령은 그대로 발표하도록 지시했다.

케네디: "아까 박 의장과 오찬을 하면서 한일 관계에 대해서 구체적으로 많은 이야기를 나눈 바 있습니다. 한국 외무장관과는 월남 사태에 대해서 대화했는데 이 사태를 해결하는 데 도움이 될 만한 비망록을 작성해서 주시겠다고 하더군요. 본인은 어떻게 하면 월남의 붕괴를 막을 수 있을지 걱정이 많습니다. 최후의 수단은 물론 미군 병력을 투입하는 것입니다만 진정한 해결책은 월남인 스스로가 외국 원조에 의존함이 없이 문제를 해결하는 것이지요. 월남은 단순히 미국만의 문제가 아닙니다. 박 의장께서는 어떻게 생각하십니까?"

박정희: "러스크 장관과 해밀턴 처장에게도 언급한 적이 있습니다만 미국이 너무 혼자서 많은 부담을 지고 있다고 생각합니다. 자유세계의

각국들은 각자가 할 수 있는 부담을 나누어 져야 자유세계 전체의 힘이 증강될 것이라고 믿습니다. 우리가 한일 국교 정상화의 중요성을 강조하는 것도 그 때문입니다. 반공 국가로서 한국은 극동의 안보에 최선을 다해 기여하고 싶습니다. 월맹은 잘 훈련된 게릴라 부대를 갖고 있습니다. 한국은 월남식의 전쟁을 위해서 잘 훈련된 100만의 장정들을 보유하고 있습니다. 미국이 승인하고 지원한다면 한국 정부는 월남에 이런 부대를 파견할 용의가 있고 정규군이 바람직하지 않다면 지원군을 모집할 수도 있습니다. 이런 조치는 자유세계가 단결되어 있음을 과시하게 될 것입니다. 출국하기 전에 이 문제를 가지고 한국군 지휘관들과 토의했습니다. 모두가 적극적이었습니다. 대통령 각하께서도 군사 보좌관들과 함께 본인의 제의를 의논해 보시고 저에게 결과를 알려주시기 바랍니다."

케네디: "참으로 감사한 말씀입니다. 미국은 베를린 장벽으로부터 시작해서 지구 전체의 짐을 지고 있습니다. 본인은 맥나마라 장관과 이야기를 해보겠습니다. 박 의장께서도 내일 맥나마라 장관, 렘니처 합참 의장과 한 번 더 만나서 좀더 구체적으로 이야기를 나누어 주시기 바랍니다. 필리핀 사람들과 이런 문제를 의논해 보는 것도 한 방법이 되겠군요. 프랑스 사람들이 (월남에서)확인한 대로 이런 상황에서는 서양 사람들이 할 수 있는 행동엔 한계가 있어요."

박정희가 이 자리에서 월남 파병 용의를 밝힌 사실은 지금까지는 잘 알려져 있지 않았다. 미국 정부는 朴 의장이 월남 파병을 제의한 대목은 삭제한 상태로 외교 문서를 공개했기 때문이다. 삭제된 부분이 공개 문서에서 복원된 것은 1996년 미 국무부가 〈미국의 외교〉란 문서집의

〈1961-63년 동북아시아〉편을 발간하면서였다. 당시 미국의 원조를 받는 입장에서 케네디 대통령에게 들이밀 카드가 없었던 박정희 의장이 고심 끝에 생각해 낸 것이 월남 파병이었다. 연 파월 인원 약 30만 명, 최다 주둔 병력 약 5만 명을 기록한 역사상 첫 해외 파병의 씨앗이 이때 뿌려진 것이다.

케네디 대통령은 예정에 없었던 정상회담을 한 차례 더 하게 되는데 이는 박 의장의 월남 파병 제의에 대한 심도 있는 토의를 위해서였던 것으로 보인다. 월남 파병 용의를 밝힌 박정희의 논리는 '자유세계의 일원으로서 미국의 과중한 부담을 덜어 준다'는 것이며 파병에는 미국의 승인과 지원이 있어야 한다는 것이었다. 즉, 파병에 따른 여러 가지 경제적 이득을 계산에 깔고 한 발언이었다. 케네디는 대화를 對韓 원조 문제로 끌고 간다. 그는 미국이 '바이 아메리카(Buy America)' 정책을 쓸 수밖에 없게 된 배경을 설명했다. 박 의장은 한국이 희망하는 것은, '바이 아메리카' 정책의 전면적인 철회가 아니라 특정한 상품에 대해서만 예외를 인정해 달라는 뜻이라고 말했다. 러스크 국무장관은 만찬 때 이 문제를 더 이야기했으면 한다고 말했다.

박정희: "본인은 혁명의 전과 후를 비교하여 혁명 정부가 얼마나 많은 일을 했는지를 잘 보여주는 문서를 갖고 왔습니다. 본인은 이 주제를 가지고 러스크 장관, 해밀턴 처장과도 논의한 바 있습니다."

케네디: "양국의 대사께서는 이미 혁명 주체 세력의 업적에 관해서 매우 설득력 있는 이야기들을 본인에게 해주셨습니다. 본인은 매우 감명을 받았습니다. 본인은 미국이 박 의장을 최대한 지원할 것임을 보장해 드립니다. 우리는 對韓 원조의 중요성을 알고 있습니다. 만약 한국이 공

산화된다면 일본도 그렇게 될 것입니다. 그러면 태평양 지역 전체가 자유를 잃게 될 가능성이 높습니다. 한국은 우리에게 사활적인 이해관계를 지니고 있는 곳입니다. 맥나마라 장관, 미국의 군사력에 대해서 의장께 설명해 드리시오."

맥나마라 장관: "핵무기 및 재래식 무기의 증강 예산이 당초 계획보다도 60억 달러나 늘어났습니다. 1,700대의 핵무기 탑재 전투기 가운데 850대는 15분 내에 이륙할 준비를 갖추고 항상 비상 대기 중입니다. 핵무기 분야에서 소련이 최근 대기권 실험을 하고 있지만 미국은 양적으로는 3~8배, 질적으로는 그 이상으로 우세합니다. 소련은 200~300대의 핵무기 탑재 폭격기를 북미 대륙 상공으로 보낼 수 있을 뿐입니다. 대륙간 탄도탄의 경우, 우리는 핵탄두 미사일 80기를 장착한 다섯 척의 폴라리스급 원자력 잠수함을 보유하고 있습니다."

케네디: "소련이 우리에게 선제공격을 가한다고 해도 미국은 그보다 훨씬 가공할 반격을 할 수 있습니다. 우리의 골칫거리는 이란, 월남, 쿠바 등지에서 경험한 성격이 많이 다른 분쟁입니다."

경제 개발 지원 요청

케네디 대통령은 박정희 의장에게 "38선을 통한 공산주의자들의 침투가 이루어지고 있는가" 하고 물었다.

박정희: "그자들은 온갖 수단을 다 동원해서 38선을 침투하려고 애썼지만 실패했습니다. 일망타진되고 있습니다."

케네디: "북한 사람들의 사기와 정치 성향은 어떻습니까."

박정희: "식량 소비량과 주민들의 생활수준은 매우 낮습니다. 물론 그들은 기반 산업과 지하자원에서는 남한보다 우월합니다. 북한의 전력 생산량은 110만kW입니다. 남한은 5개년 계획이 끝나는 해라야 전력 생산량이 103만kW 수준에 달할 것입니다."

케네디: "원자력 발전소를 짓지 그랬어요."

박정희: "건설비가 너무 비싸 생각해본 적도 없습니다. 그러나 (웃으면서) 미국이 지원해 준다면 고려해 보겠습니다. 육군과 해군 전력은 남북한이 비슷합니다. 공군은 북한이 남한보다 네 배가 강합니다."

러스크: "그 공군력이란 북한만을 말합니까 아니면 중공과 소련 공군력을 포함한 것입니까."

박정희: "북한만을 가리킵니다. 한국과 일본 주둔 미 공군력을 포함시키면 북한과 대등해집니다. 북한은 지금 산업화에 매진하고 있고 남한은 낙후될 가능성이 있습니다. 본인의 가장 큰 당면 과제는 군사력을 유지하면서 동시에 경제를 개발하는 것입니다. 독일의 경우가 그러합니다만 분단된 국가에서는 경제력이 서로 대등하지 않으면 일방은 다른 여러 부문에서 뒤떨어지게 되는 것입니다. 한국은 그런 처지에 빠지면 안 됩니다. 본인이 여기에 온 이유는 한국군의 병력을 현재 수준으로 유지하는 데 있어서 대통령의 긍정적인 뒷받침을 얻기 위한 것이며 경제 개혁과 재건에 대한 지원을 요청하기 위한 것입니다. 공동 성명서의 취지는 그런 원조가 있을 것이라는 뜻인가요."

케네디: "본인은 박 의장과의 사이에 오해가 없기를 바랍니다. 이미 본인이 말했습니다만 한국의 안전이 미국에 사활적 중요성을 갖고 있다는 것을 잘 알고 있습니다. 그러나 알아두셔야 할 것은 우리가 올해에

원조 예산을 (미 의회로부터) 확보하는 데 그렇게 성공적이지 못했다는 점입니다. 의장께서는 우리가 주고 싶어도 줄 수 없는 상황에 대해서 이해해주셔야겠습니다."

박정희: "자유세계 개발도상국가들의 자립이 가장 중요하다는 본인의 소신을 거듭 천명하려고 합니다. 원조를 할 때도 최단시간 내에 최대한의 성과를 올릴 수 있는 나라를 중점적으로 지원해야 한다고 생각합니다."

케네디: "본인도 동의합니다. 의회와 국민들도 원조가 가장 효율적으로 쓰이는 나라로 가야 한다는 생각을 하고 있습니다. 라오스에는 원조를 많이 했는데 낭비된 경우입니다. 실망스러운 것은 경제적으로 번영하고 있는 유럽 국가들이 원조를 분담하지 않는다는 점입니다. 그들은 차관을 제공할 뜻은 있는 모양인데 年利 6%를 요구하고 있습니다. 베를린 위기에 관해서 말씀드린다면 (소련과) 타협이 만족스럽게 이루어질 것이라고 보장할 수는 없습니다. 평화협정을 맺은 뒤에도 자유세계 측에서 베를린에 접근하기가 어려워질지 모릅니다. 우리는 베를린과 월남에서 동시에 어려움을 당하고 있습니다."

박정희: "대통령의 시간을 너무 많이 빼앗은 것 같습니다. 이제 작별해야겠는데 혹시 떠나기 전에 본인이 요청한 원조 건에 대해서 '기분 좋은 답'을 들을 수 없을까요."

케네디: "우리는 실천할 수도 없는 약속을 하는 것보다는 할 수 있는 것을 약속하여야 할 것입니다. 사실은 누군가가 본인에게 그런 '기분 좋은 것'을 주지 않을까 하고 기다렸는데 의장께서 월남 파병 건으로 본인을 기분 좋게 만들어 주셨습니다. 아마도 의장께서는 미국이 우리 모두

를 폭파시켜버릴 만큼 어마어마한 원자폭탄을 보유하고 있다는 사실을 알고는 용기를 얻으셨을 것입니다. 본인은 의장께서 여기 오신 목적을 전혀 달성하지 못하고 빈손으로 떠나게 되었다고 생각하지 않았으면 합니다. 의장께서는 우리가 직면하고 있는 문제들이 얼마나 심각한가를 이해하셨을 것입니다. 정일권 대사께서 이 문제에 대해서 의장에게 잘 설명해주실 것을 바랍니다.”

케네디는 박정희와 헤어지면서 내일 한 번 더 만나자고 했다. 이것도 예정에 없던 호의였다. 박정희는 케네디와의 1차 회담 때 원조를 요청하면서도 무작정 달라고 하지 않고 '自立의지가 있는 나라에 우선적으로 주어야 할 것이 아닌가' 란 식의 논리를 폈다. 박정희는 농민들을 상대로 '하늘은 스스로 돕는 자를 돕는다' 고 자조 정신을 강조하곤 했었는데 그런 논리의 연장선상에서 미국에 대하여도 당당하게 손을 벌리려고 했다.

'自助 정신의 發揚(발양)에 의한 自立 경제의 건설, 自立 경제에 뿌리를 둔 自主 국방, 자주 국방을 할 수 있어야 진정한 통일 국가도, 독립 국가도 될 수 있다' 는 자조—자립—자주—독립·통일의 논리는 박정희가 죽을 때까지 유지한 국가 근대화 전략의 철학적 기반이었다. 박정희는 이런 생각을 새마을운동 등 근대화 작업에 그대로 적용했다. 새마을 사업을 할 때는 가장 가난한 마을을 먼저 지원하는 것이 아니라 자조 정신이 가장 강한 마을을 먼저 지원하여 경쟁을 붙였던 것이다.

케네디 대통령과 頂上회담을 끝낸 박정희 의장은 주미 한국 대사관저로 돌아오자마자 정일권 대사가 박 의장을 위해 마련한 리셉션에 참석해야 했다. 워싱턴 주재 외교관들과 렘니처 합참의장 등 군인들이 많이 참석했다. 박 의장 일행은 도중에 리셉션장을 빠져나와 백악관 근처 블레어 하우스(대통령의 국빈이 머무는 영빈관)로 갔다. 러스크 국무장관이 주최한 만찬에 참석하기 위해서였다. 박정희는 인사말에서 "본인은 미국에 와서 세 가지 고통을 느끼고 있습니다"라고 서두를 꺼냈다.

"첫째 고통은 미국과 한국의 시간 차이 때문에 오는 것이고, 둘째 고통은 환대가 너무 정중하여 서너 시간씩 부동자세로 서 있자니 허리가 아픕니다. 셋째 고통은 수많은 기자들의 습격입니다."

영원한 작별

워싱턴에 도착한 지 사흘째인 11월 15일도 박정희 의장은 바쁜 일정을 소화해야 했다. 오전 8시 정각에 케네디 대통령 군사고문 맥스웰 테일러 대장이 박 의장이 머물고 있던 대사관저로 찾아와 조찬을 함께 하면서 한국군의 현 수준 유지와 현대화 문제를 의논했다. 오전 10시 박 의장은 프리먼 농무부 장관을 방문하여 국토 건설 사업과 이를 지원할 미국 잉여 농산물 도입을 의논했다. 오전 11시에 박 의장은 다시 맥나마라 국방장관을 찾아갔다. 여기서는 전날 박 의장이 제의했던 월남 파병이 주로 토의되었다. 이 회담은 점심식사로까지 이어져 계속되었다. 오후에 박 의장은 하지스 상무장관을 방문했다. 63세의 노인인 하지스 장관은 박정희가 기자들에게 불만이 많다는 이야기를 전해 들었는지 농담부터 했다.

"기자들 등쌀에 불편이 많다고 들었는데 좋은 예방법을 가르쳐드릴까요."

그는 책상 서랍에서 작은 검정고양이 塑像(소상)을 하나 꺼내더니 이렇게 말하는 것이었다.

"이걸 드릴 테니 기자들을 만나거든 이놈을 쓰다듬어 주십시오. 그러면 기자들은 말썽을 부리지 않을 겁니다."

박 의장은 선물로 받은 검정고양이를 쓰다듬으면서 모처럼 환하게 웃었다. 박 의장은 경제개발 5개년 계획을 설명하고 민간 투자 유치에 대한 하지스 장관의 협조를 요청했다. 박 의장은 오후 4시 백악관으로 케네디 대통령을 찾아갔다. 박 의장은 "5개년 계획이 시작되는 내년이 가장 어려운 해가 될 것 같다. 해외 차관의 형태로 특별한 도움을 요청한다"고 했다. 케네디 대통령은 "검토해 보겠다"고 했다. 케네디는 박정희가 제의했던 한국군의 월남 파병 건에 대해서 신중한 자세를 보였다(이때는 미국 정부가 아직 군대를 보내지 않고 있을 때였다).

"월남에 대한 우리의 원조는 당분간 경제적 지원, 그리고 장비 통신 같은 부문에 한정될 것 같습니다. 이 이상의 원조가 필요할 것인가 아닌가는 월남 국민들이 정부를 지지하는가, 자유를 위해 싸울 각오가 되어 있는가의 여부에 달려 있을 것입니다. 만약 월남 국민들이 정부를 지지하고 자기 몫들을 다한다면 박 의장이 제안한 것과 같은 외부로부터의 도움은 필요하지 않을 것입니다."

케네디 대통령은 박 의장의 월남 파병 제의에 대해서 일단 "지금 단계에서는 필요하지 않다"는 태도를 보인다. 그 2년 뒤 케네디 대통령이 암살되기 한 달 전에 일어난 고 딘 디엠 월남 대통령에 대한 군부 쿠데타와 이후의 정치불안이 미국을 수렁으로 끌어들인다. 고 딘 디엠 대통령을 죽음으로 몰고 간 월남 군부의 쿠데타 모의를 알면서 지원했던 미국은 고 딘 디엠을 대체할 만한 강력한 월남 지도자를 끝내 발굴하지 못하고 월남 정부를 대신하여 공산 게릴라와의 전쟁을 떠맡게 된다. 이때 비로소 박정희의 월남 파병 제의는 새로운 의미를 띠게 되는 것이다.

케네디 대통령은 작별 인사를 하기 전에 박정희에게 다음날로 예정된 내셔널 프레스 클럽에서의 연설에 대해서 충고한다.

"기자들은 통상 그랬던 것보다는 아마도 박 의장에게 우호적으로 나올 것 같군요. 네루 총리도 곤란을 겪었고 흐루시초프의 경우에는 기자들이 스탈린에 관한 질문을 너무 많이 하는 바람에 화가 나서 방문 일정을 중단할 뻔했거든요."

케네디 대통령은 "1951년에 잠시 한국에 머문 적이 있었는데 사실 한국에 대해서 아는 것이 거의 없었다"면서 "이번에 박 의장께서 미국을 방문하시는 바람에 한국에 대해서 이해를 높이는 계기가 되었다"고 말했다. 박 의장은 케네디의 방한을 초청했고 그는 "동북아시아로 가는 기회가 있으면 꼭 들르겠다"고 했다. 케네디는 박 의장의 승용차까지 따라와서 작별 인사를 했다. 두 사람은 다시 만나지 못했다. 케네디가 박정희보다 여섯 달 먼저 태어나 동갑내기인 두 사람은 16년 간격으로 현직에 있을 때 암살됨으로써 생을 마감했다는 점에서도 같은 운명이었다.

박 의장은 국무부 건물 안에 있는 국제개발처에 들러 해밀턴 처장이 마련한 다과회에 참석했다가 한국 대사관저로 돌아왔다. 저녁 7시부터 한국 대사관저에서는 박 의장이 미국 요인들을 초청한 만찬회가 열렸다. 러스크 국무장관, 하지스 상무장관, 맥나마라 국방장관, 매카나기 국무부 차관보, 그리고 5·16 때 박정희 소장의 쿠데타를 진압하려고 했던 당시 유엔군사령관 매그루더 장군(퇴역), 6·25 전쟁 때 미 8군 사령관 밴플리트 장군이 참석했다. 만찬이 끝난 뒤 응접실에서는 한국 대사관 무관 安光鎬(안광호) 준장의 딸 정숙 양이 한국 고전 무용을 선보였다.

다음날 박정희 의장은 대사관저에서 케네디 대통령의 경제고문인 로스토 박사를 맞아 아침식사를 함께 했다. 하버드대학 경제학 교수 출신인 로스토 박사는 후진국 개발론에 밝은 사람이었다. 한국의 경제개발 5개년 계획에 대하여 관심도 많고 대통령에게 정책 조언을 할 수 있는 자리에 있는 인물이었다. 박 의장과 함께 배석한 천병규 재무장관, 송정범 경제기획원 부원장, 정일권 대사는 로스토 박사와 두 시간이나 이야기했다.

워싱턴을 방문하는 외국 지도자들이 시험을 치는 기분으로 가는 곳이 내셔널 프레스 클럽이다. 미국 기자협회인 이곳에서 국가 지도자들이 기자들을 상대로 연설하고 질문을 받는데 자유 언론에 노출된 적이 없는 흐루시초프 같은 독재자들은 큰 곤욕을 치르기도 했다. 내셔널 프레스 빌딩 13층에 있는 회견장에 박 의장이 도착한 것은 정오. 존 코스크로브 회장은 박 의장을 안내하면서 우선 방명록에 서명하도록 했다.

박 의장이 '1961년 11월 16일' 이라 쓰는 것을 보고 코스크로브 회장은 "아, 오늘이 바로 혁명이 일어난 지 여섯 달 되는 날이군요"라고 했다. 박 의장이 빙그레 웃자 그는 또 "아, 웃으시는군요. 의장께서는 웃음을 모르시는 분이라고 들었는데 사실이 아니군요"라고 했다. 박 의장은 웃기만 했다.

실수

1961년 11월 16일 박정희는 워싱턴 내셔널 프레스 클럽에서 군사혁명의 불가피성을 강조하는 연설을 했다.

"어떤 사업가도 뇌물을 주지 않고는 일을 해나갈 수 없게 되었습니다. 관료주의가 비대하여 비능률성을 야기시켰습니다. 입법부는 국가에 대한 책임감을 도외시하고 절망적으로 분열되었습니다. 노동단체는 정치적인 악당으로 이용되었고, 많은 신문이 매수되고 타락되고 또는 공산주의에 감염되었습니다. 본인도 농민의 아들의 한 사람으로서 우리 농민들이 연간 10할에 달하는 이자까지를 물고 고리사채업자의 마수에서 헤어날 희망도 없을 정도로 많은 부채를 지고 있는 窮境(궁경)을 보고 눈물을 흘리지 않을 수 없었습니다. 무엇보다도 위험천만한 것은 일부 층에서 주창한 북한 괴뢰와의 협상론이었습니다.

우리는 공산주의자들의 직접적인 침략보다도 오히려 우리나라를 내부로부터 전복시키려는 공산주의자들의 흉계로 인하여 더 큰 위협을 받았습니다. 여러 달에 걸쳐 나는 10여 명의 혁명 핵심 세력을 확장시켜서 약 220명의 청렴하고 헌신적인 사람들로 구성된 혁명 기간 세력을 확보하였던 것입니다. 혁명 후 우리는 국회를 해산하고 노동조합 등 사회단체의 활동을 정지시켰고 언론에 대해서는 약간의 선도를 강구함이 현명하다고 생각했습니다. 우리는 긴급한 水路(수로) 공사와 造林(조림) 사업, 개간 사업에 착수하여 수만 명에게 일자리를 주었습니다. 복잡한 행정 절차를 시정하고 세제를 개혁하였으며 중소기업의 진흥을 위해서 자금을 많이 방출했습니다. 밀수품은 시장에서 자취를 감추었고 국민 각자는 자진해서 의복, 음식, 혼례식, 장례식을 간소화하려고 노력했습니다. 우리는 또 오는 1월부터 시행될 경제개발 5개년 계획을 작성하였습니다."

이날 박 의장은 원충연 최고회의 공보실장이 적어준 원고를 읽어내려

갔다. 이 원고는 양면에 걸쳐 씌어 있었다. 박정희는 한 면을 빠뜨리고 연설문을 읽어 가다가 문맥이 이어지지 않아 이상하다는 생각을 했다. 실수를 알아차렸을 때는 이미 너무 늦었다. 다행인 것은 한상국 중령이 통역의 속도를 조절하여 이 실수가 외국 기자들에게는 눈치 채이지 않았다는 점이다. 이 연설을 녹음하여 한국을 향해서 방송하게 되어 있었던 '미국의 소리' 방송이 문제였다. 한국 사람들이 들으면 박정희의 실수가 드러날 판이었다.

訪美(방미) 선발대장으로 먼저 와 있었던 육군 방첩부대장 김재춘 준장은 '미국의 소리' 방송을 진행하는 黃材景(황재경) 목사에게 부탁하여 편집을 한 후 방송하도록 손을 썼다. 박 의장이 이런 실수를 한 것은 너무 빡빡하게 짜인 일정과도 관계가 있었다. 케네디 대통령과 두 번째 회담을 하고 대사관저로 돌아온 박정희는 만만한 김재춘을 부르더니 불평을 털어놓았다.

"글쎄, 이놈들이 일정을 어떻게 짰는지 이거 뭐 수학여행 온 것도 아니고 아침에 일어나 세수할 시간도 없으니….."

유양수 최고회의 외무·국방위원장이 밤늦게 다음날 일정을 위한 대책회의를 소집했지만 수행원들도 녹초가 되어 심사숙고할 처지가 못 되었다. 이런 상황에서 박정희는 연설문을 한번 읽어볼 시간도 없었던 것이다. 이 실수로 해서 원충연 공보실장은 박 의장의 신임을 잃게 된다.

내셔널 프레스 클럽에서는 연설이 끝난 뒤 기자들의 질문이 쏟아졌다.

〈문: "한국 신문인의 투옥과 언론 자유의 탄압을 어떻게 정당화할 수 있는가."

답: "민족일보 사건에 관해서 묻는 것으로 보이는데 이 사건을 설명하

자면 다음과 같다. 이들은 공개 재판 결과 신문인을 가장한 공산주의 간첩임이 입증되었다. 그들의 운영 자금은 일본 조총련을 통해 북괴로부터 공급되었으며 이들은 북괴의 지령에 따라 행동하였을 뿐 아니라 사실은 북한 정책에 따른 것이었다. 이들은 사실상 언론 자유를 남용한 것이다. 신문인이라 할지라도 국법을 어겼을 때에는 처벌을 면치 못할 것이다."

문: "북한은 소련, 혹은 중공, 어느 쪽에 예속되어 있는가."

답: "나는 북괴가 소련, 중공 양쪽에 다 예속되어 있다고 생각한다. 어느 쪽의 영향을 더 많이 받는가는 정확하게 말하기 어렵다."

문: "한국의 민간 정치인들에게 그토록 치욕을 준 뒤에 민간 정부로 복귀한다고 해도 국민들은 과연 그들을 신뢰할 수 있겠는가. 박 장군과 동료들은 1963년에 민간인이 되어 선거에 입후보하려고 생각하고 있는가."

답: "민간 정치인들의 체면 손상은 자업자득이다. 나 자신을 비롯한 우리 군인들은 민간 정부가 들어서면 본연의 임무로 돌아갈 것이다. 양심적인 민간인들의 출마를 희망한다."

문: "한국동란 때 유엔군은 맥아더 원수의 주장대로 압록강 너머로 진격했어야 했을 것으로 생각하는가."

답: "한국인으로서 나는 당시 그 안에 찬성했으나 이에 대한 올바른 판단은 먼 장래의 역사가 해결할 것이다."(청중들이 박수)

문: "각하의 견해로는 외몽고를 자주독립 국가로 보는가. 그렇지 않으면 소련, 중공의 예속국으로 보는가."

답: "사실 나는 외몽고에 관해서는 아는 바가 없다. 외몽고도 북괴와

비슷한 처지가 아닐까 생각한다.”

　문: “플라스틱 젓가락 사용 이야기는 그만두고라도 목재난을 어떻게 해결하려는가.”

　답: “나무젓가락 금지 문제는 우리에게는 웃을 이야기가 아니다. 목재난이 하도 심해서 (플라스틱) 위생저의 사용을 의무화한 사정을 이해하여야 할 것이다.”〉

　박정희 의장은 짤막하고 군더더기 없는 답변으로써 많은 기자들에게 좋은 인상을 주었다. 박 의장은 기자회견을 끝내면서 “많은 외국 지도자들이 내셔널 프레스 클럽에서 혼이 났다고 이야기 들었는데 오늘 여러분들은 부드럽게 대해 주어서 감사하다”고 말했다.

機上의 전화

　1961년 11월 16일 워싱턴 내셔널 프레스 클럽에서 연설을 끝내고 한국 대사관저로 돌아온 박정희 의장은 오후엔 수행 기자단 및 워싱턴 주재 한국 특파원들과 기자회견을 했다. 박 의장은 가장 큰 관심사인 내년도 對韓(대한) 원조 규모에 대해서 “일부가 삭감된다는 소식을 듣고 이번에 미국 지도자들과 만났을 때 경제개발 5개년 계획도 있고 한데 그럴 수가 있느냐고 대들었다. 그들은 실적과 대조해서 가능한 범위 내에서 최대한의 원조를 하겠다고 확약했다”고 말했다.

　이날 오후 5시 딘 러스크 국무장관이 새뮤얼 버거 주한 미국 대사를 데리고 박정희 의장을 방문했다. 러스크는 원조 문제에 대해 이야기하면서 “내년도 對韓 무상원조 액수 9,000만 달러에 대해서 의장의 수행원들 가운데 불만이 있는 것 같은데 만약 한국에 돌아가서 누군가가 이 액수를 가지고 불만을 공개적으로 토로한다면 양국 관계에 악영향을 끼치게 될 것이다"고 당부 겸 경고를 했다. 러스크는 또 "본인은 여러 외국 지도자들을 상대할 기회가 있었지만 의장처럼 많은 성과를 거두고 귀국하는 분은 처음이다"고 추어올렸다.

박정희 의장은 "9,000만 달러를 가지고 우리 두 나라의 친밀한 관계를 잴 수는 없다. 액수 문제는 서로 잊어버리자"라고 했다. 러스크가 떠나자 박 의장은 오후 6시부터 대사관저를 찾아온 교포, 유학생, 외교관들을 위한 리셉션을 베풀었다.

다음날(17일) 10시 박 의장 일행은 러스크 장관의 환송을 받으면서 워싱턴 공항을 출발, 뉴욕으로 향했다. 뉴욕의 라구아디아 공항에 도착하니 로버트 F. 와그너 시장과 이수영 유엔 주재 한국 대사와 전 유엔 대사이자 유엔 한국대표단 고문인 林炳稷(임병직)이 영접 나와 있었다. 박 의장 일행은 미국 측이 빠듯하게 잡아놓은 시간표 때문에 숙소로 갈 시간도 없이 바로 오찬 장소인 세인트 레지스 호텔로 향했다. 오찬을 마친 박 의장 일행은 즉시 워돌프 아스토리아 호텔로 달려가 한국전쟁 당시 미 8군 사령관이던 밴플리트 장군이 주최한 다과회에 참석해야 했다.

박정희 의장 일행이 숙소인 카라일 호텔에 도착한 것은 오후 4시가 넘어서였다. 박 의장 일행은 숙소에서 여장을 제대로 풀 시간도 없이 또 서둘러 나와 오후 5시 15분부터 권위 있는 연구 단체인 미국 외교협회(카운슬 온 포린 어페어)가 주최한 강연회에 가서 연설해야 했다. 박 의장은 한 시간 동안 연설했는데 한상국 중령이 동시통역을 했다. 이 연설에서 박 의장은 "우리는 다음 정부 형태로 대통령 중심제에다가 의석수가 100~120인 단원제를 구상하고 있다"고 했다.

박 의장은 저녁 7시엔 인터내셔널 하우스에 가서 500여 명의 교포와 유학생들에게 훈시를 하였다. 그리고 이수영 대사관저로 가 모처럼 홀가분한 기분으로 한식을 즐겼다. 연일 강행군으로 피로가 쌓인 박정희 의장은 수행의사 지홍창 박사가 지어준 수면제를 먹고 잠들었다.

다음날(11월 18일) 오전에 박 의장은 유엔 주재 한국대표부를 시찰하도록 되어 있던 당초 계획을 취소하고 쉬려고 했는데 밀려오는 손님들 때문에 뜻대로 되지 않았다. 한국에 대한 투자에 흥미를 느끼는 미국 실업인들과 외자 유치 활동을 벌이기 위해 미국에 온 한국 기업인들이 박 의장을 만나야겠다고 하니 막을 도리가 없었다. 정오에 박 의장은 워돌프 아스토리아 호텔 37층에 숙소를 정해놓고 있던 맥아더 원수를 예방했다. 82세의 노병은 해군들이 입는 청바지 색깔의 양복을 입고 박 의장 일행을 맞았다. 맥아더 원수는 박 의장과 어깨동무를 하면서 "우리는 전우다"라며 사진기자들을 향해 모양을 냈다. 박 의장은 한 시간 동안 맥아더 원수와 환담했다.

카라일 호텔로 돌아온 박 의장은 수행원들과 함께 점심을 든 뒤 좀 쉬었다가 오후 5시 30분 한미재단에서, 오후 8시 아시아협회에서 연설을 했다. 카라일 호텔로 돌아온 박 의장은 이날 밤은 수면제를 먹지 않고 밤 11시에 잠자리에 들었다.

새벽 2시에 잠이 든 의전비서관 曺相鎬(조상호·체육부 장관 역임) 중령 방에 전화가 걸려 왔다. 박 의장이 부르는 것이었다. 조 중령은 잠옷 바람으로 뛰어갔다. 박정희는 세면 준비를 하면서 "일곱 시가 다 되었는데 무엇들 하고 있나"라고 말하는 것이었다. 시계를 들여다보니 새벽 2

시 30분. 그제야 박정희는 "아, 내가 시계를 거꾸로 읽었군"이라고 말하는 것이었다.

11월 19일 오전 박 의장 일행은 미국 정부에서 내어준 수송기 C-121A기를 타고 뉴욕을 떠나 샌프란시스코로 향했다. 엔진이 네 개 달린 이 수송기의 뒷부분에 있는 라운지에서 박정희는 모처럼 한가한 시간을 얻어 서류를 뒤적거리고 있었다. 궁금한 점이 있으면 수행원들을 불러 묻기도 했다. 기수 쪽에서는 미국인 경호원과 미국 공보원(USIS) 직원이 포커를 치고 있었다. 요사이는 6시간이 걸리는 미국 횡단이지만 당시엔 12시간이 걸렸다.

박정희와 만주군관 동기생인 이한림 장군은 5·16 혁명 때는 제1군 사령관으로서 박정희에 반대하는 입장을 취하다가 부하들에게 체포되어 서울로 잡혀온 사람이었다. 그는 석 달 동안 감옥에서 고생하다가 8월에 풀려났다. 혁명정부는 미군과 협조하여 군에서 거세된 고위 장성들을 미국 유학 형식으로 추방하고 있었다.

이한림은 미 8군 사령관 멜로이 대장의 주선으로 로스앤젤레스 근교에 있는 산타바바라의 캘리포니아 대학에 가게 되었다. 수감 생활 중 신장병을 얻은 이한림은 세계에서 건강에 가장 좋은 기후라는 산타바바라를 택한 것이다. 아파트를 빌려 자취 생활을 하던 이한림은 옥중에서 얻은 신병으로 머리카락이 많이 빠지고 시력도 크게 떨어졌지만 공부에 전념하여 마음을 안정시키려고 했다. 밤중에 잠자리에서 벌떡 일어나 분하고 원통한 생각을 달래는 일도 자주 있었다. 11월 19일 책상에 앉아 책을 읽고 있는데 전화가 울렸다. 정일권 주미 대사였다.

"지금 박정희 의장을 모시고 워싱턴에서 샌프란시스코로 향하고 있소. 박 의장께서 샌프란시스코에서 이 장군을 만나 뵙자고 합니다."

이한림은 그 순간 잊으려 했던 분노가 치솟는 것을 진정시켜야 했다.

"박정희와는 만날 수 없습니다."

"내가 이 장군의 심정을 모르는 것은 아니지만 내 체면을 보아서도 꼭 샌프란시스코에 와서 박 의장을 만나주시오."

"정 장군 미안합니다. 내가 박정희를 만나서 뭘 하겠소. 대단히 죄송하지만 만날 수 없습니다."

李翰林의 울분

1군 사령관 시절 친구 박정희의 쿠데타를 만나 옥살이를 한 뒤 미국 산타바바라 소재 캘리포니아 대학에 와서 학생 신분으로 공부하고 있던 이한림. 그는 정일권 주미 한국대사에게 "난 박정희를 만날 수 없습니다"라고 딱 부러지게 거절하고 전화기를 놓았다. 자존심이 강하기로 유명한 이한림 장군은 '분통이 터져 견딜 수 없었다'고 한다. 그때까지도 옥중에서 얻은 신병으로 고통을 당하고 있었는데 그 고통을 준 박정희를 만나러 샌프란시스코까지 오라니 화가 나지 않을 수 없었다. 그는 '마음을 가다듬고 흥분을 진정시키느라 주기도문을 외웠다. 그리고는 다시 공부를 시작했다'고 한다(회고록 《세기의 격랑》). 새벽 1시쯤 다시 전화벨이 울렸다. 이한림이 전화기를 들고 "누구시오, 이 꼭두새벽에?"라고 하니 정일권 대사의 상냥한 목소리가 다시 들려왔다.

"박 의장이 나에게 다시 부탁을 하는데 꼭 내일 아침에 호텔에서 식사를 같이 하자고 합니다."

"갈 수 없습니다."

정 대사는 사정사정하는 것이었다. 정일권은 이한림의 결혼식에 들러리를 서는 등 두 사람은 절친한 사이였다. 이런 인간 관계를 잘 아는 박정희가 정일권 대사를 통해서 자꾸 부탁을 하는 것이라고 이한림은 짐작했다.

"박 장군이 숙박할 호텔이 어디요?"

정 대사는 "마크 합킨스 호텔이오"라고 알려주면서 "오늘 오후에 호텔에 도착할 수 있소?"라고 물었다.

"정 장군을 생각해서 가는 것이니 그리 아시오. 오후 5시까지 호텔에 도착하겠소."

1961년 11월 19일에 샌프란시스코에 도착한 박정희 의장 일행은 미 제6군 사령관 존 L. 라이언 중장 부처가 자택에서 마련한 만찬회에 참석했다. 라이언 중장은 5·16 군사혁명 당시엔 미 제1군단 사령관으로서 쿠데타를 막는 입장에 있었던 사람이다. 이날 만찬에는 미국 측에서 윌리엄 F. 딘 퇴역 소장(한국전쟁 때 북한군에게 포로가 되었던 사람)과 한국전쟁 당시 미8군 사령관 밴플리트 장군도 참석했다. 한국전쟁 당시 전우였던 한미 양측 인사들은 밤이 깊은 줄도 모르고 옛 이야기에 꽃을 피웠다. 한국전 동창회 같은 모임이었다. 이날이 마침 라이언 장군의 결혼기념일이라 박 의장은 축배를 들 것을 제의했다.

박정희 의장 일행이 미국에서 환대를 받은 이유 중의 하나는 한국전에서 같이 싸웠던 미국 측 장성들의 성원이었다. 다음날(11월 20일) 아침 박 의장은 마크 합킨스 호텔에서 샌프란시스코·로스앤젤레스 지역 교포 200여 명과 조찬을 함께 했다. 박 의장은 "여러분이 부모와 인연을 끊을 수 없듯이 우리는 잘 됐거나 못 됐거나 조국과의 관계를 끊을 수는 없다"고 했다. 박 의장은 이 무렵 즐겨 쓰던 '하늘은 스스로 돕는 자를 돕는다' 는 말을 인용하면서 이렇게 강조했다.

"우리가 전력을 기울인다면 10년 이내로 남부럽지 않은 국가를 건설할 수 있고 국토 통일도 이룩할 수 있을 것입니다. 그 대신 자주정신과 민족적 긍지가 없다면 미국의 원조도 한강에 한줌의 모래를 뿌리는 것이나 다름없게 될 것입니다."

오후 5시 박정희 의장은 아시아협회와 북캘리포니아 세계문제연구소가 공동 주최한 리셉션에 참석하여 30분간 연설했다. 박 의장은 세일즈맨처럼 연설했다. 미국 경제인들을 상대로 한국에 투자해 줄 것을 절절히 호소한 그의 연설문을 읽어보면 냉혹한 혁명가가 아니라 투자유치단장처럼 느껴진다.

"매력적인 민간 투자의 기회가 도래하고 있으니 광업, 공업, 식료품 제조업 등 건전한 경제 발전에 공헌할 모든 분야에 걸친 민간 투자를 환영하는 바입니다. 우리는 여러분들에게 민간 투자의 안전을 보장하고 이윤의 자유로운 송금, 세금 및 관세 면제를 규정하는 법률을 제정하였습니다. 총 주식의 25%를 소유하는 외국 투자 기업을 위해서는 그와 경쟁하는 관영 기업을 두지 않을 것을 규정하고 있습니다. 외국 투자 기업은 정부 인가, 계약 및 공공사업에서 차별되지 않을 것이며 법률에 의하지 않고서 기구 자재의 도입은 제한되지 않을 것입니다.

한국 내 투자에 관심을 가지신 이들에게는 샌프란시스코 한국 총영사관을 소개하는 바입니다. 동 직원들은 경제개발 5개년 계획의 내용이라든가 외국 투자 보장법이라든가 여러분의 돈이 가장 유익하게 사용될

수 있는 산업 부문이 무엇인가 등에 관하여 기꺼이 여러분들을 도와드
릴 것입니다."

박정희는 연설을 하는 도중 기침을 여러 번 했다. 연설이 잠시 중단되
기도 했다. 피로한 기색이 역력했다. 이날 오후 박 의장이 묵고 있던 호
텔에 도착한 이한림은 정일권 대사와 같은 방에서 밤을 보냈다. 두 사람
은 많은 이야기를 나누었다. 정 대사는 이한림과는 만주군관학교—일본
육사 동기생인 박 의장과의 화해를 권했다.

다음날(11월 21일) 정일권 대사는 박 의장이 묵고 있는 방에 올라가더
니 이한림에게 전화로 귀빈실로 올라오라는 연락을 주었다.

이한림이 방문을 두드리니 의전비서관 조상호 중령이 친절하게 맞았
다. 생각보다는 큰 방은 아니었지만 전망이 좋았다. 잠시 후 거실 안쪽
에서 박정희 의장이 걸어 나왔다.

이한림과 박정희의 눈이 마주쳤다. 이한림은 '불쾌하고 분노가 치솟아
오름을 느꼈다'고 한다. 박정희는 어색한 웃음을 띠고 손을 내밀며 악수
를 청했다. 그 순간 이한림은 분노를 참지 못하고 소리쳤다는 것이다.

"야 이 새끼야, 나를 이 꼴로 만들어 놓고 속이 시원하지?"

박정희의 안색은 까맣게 변했다. 잠시 어색한 침묵. 박정희는 말없이
방의 한쪽에 있는 식탁으로 이한림을 안내했고 수행원들을 소개시켜 주
었다. 식탁 분위기는 착 가라앉았다.

여러 사람들 앞에서 욕을 들은 박 의장을 앞에 두고 부하들의 목에 밥
이 잘 넘어갈 리가 없었다. 이한림은 박 의장에게 "왜 검은 안경을 끼고
다니는가"라고 물었다.

"너무 고단하게 뛰어다니다 보니까 눈이 항상 벌겋게 충혈돼 있어 끼

는 거야."

"난 이렇게 생각한다. 정치는 국수주의자보다는 국제주의자에게 늘 승리를 안겨준다고 생각해. 국제적인 평가에 대하여 늘 신경을 쓰는 게 좋을 거야."

박정희는 이한림의 마음을 풀어보려고 애쓰는 것이 역력했다. 다른 부하들은 입을 닫고 있는데 정일권 대사만이 분위기를 바꾸어 보려고 노력하는 것이 애처롭게 보일 정도였다고 한다(《세기의 격랑》). 식사를 마친 후 이한림은 박정희에게 작별을 고하고 공항으로 갔다.

하와이의 李承晚

11월 21일 오후 박정희 의장 일행은 샌프란시스코를 떠나 하와이 호놀룰루 공항에 도착했다.

하와이 주지사가 마중 나왔다. 환영식이 끝난 뒤 박 의장은 줄이 쳐진 뒤에서 자신을 환영하는 교포들에게 다가가 인사를 했다. 이때 경호관 박종규 중령이 갑자기 뛰어오더니 朴 의장을 밀어제쳤다. 그리고는 손으로 군중 속에서 삐어져 나온 까만 물체를 탁 쳤다. 그것은 권총같이 생긴 마이크였다. 미국 공보원 촬영반이 군중 속에서 내민 것인데 박종규가 권총으로 오인한 것이었다. 박정희는 "그럴 때는 또 빠르네"라면서 씩 웃었다.

공항에서 기자들이 박 의장에게 "호놀룰루에 망명해 있는 이승만 박사의 귀국을 허용할 생각은 없는가?"라고 물었다. 박 의장은 "그런 것은 생각해본 적이 없다"고 대답했다. 다음날 아침 박 의장은 공식 행사에 참석하기 위해 숙소를 떠나기에 앞서 의전비서관 조상호 중령에게 이승만 전 대통령을 찾아가 인사를 드리도록 지시했다. 조 중령은 李一雨(이일우) 호놀룰루 총영사 및 재미동포 월버트 최와 함께 이승만 부처가 기거하는 작은 집을 찾아갔다.

현관에서 조상호 일행을 맞은 프란체스카 여사의 목이 메어 있었다. 거실의 안락의자에 앉아 있던 이승만 전 대통령은 여사의 부축을 받고 일어나 손님들과 악수했다. 얇은 밤색 점퍼를 입은 이 박사는 무척 수척해 보였고 백발도 더욱 성겨진 것 같았다.

조상호 중령은 洋蘭(양란)과 흰 국화를 섞어 만든 꽃다발과 함께 박정희 의장의 위문의 뜻을 전했다. 이승만 박사의 눈에는 눈물이 맺혔다. 실내는 너무 간소하여 초라할 지경이었다. 藤(등)나무 의자가 몇 개 있을 뿐 이렇다 할 가구도 없었다. 탁자에는 唐詩選(당시선) 세 권이 펼쳐진 채 놓여 있었다. 이승만 전 대통령이 읽고 있었던 것인지 우연히 펼쳐졌는지는 알 수 없으나 이런 구절이었다고 한다.

〈그윽한 대나무 밭 그 속에 홀로 앉아(獨坐幽篁裏)/거문고 퉁기며 읊조려도 보나니(彈琴復長嘯)/숲 마냥 깊어 사람들은 알지 못하는 곳(深林人不知)/오히려 밝은 달이 찾아와 비쳐주네(明月來相照)〉

王維(왕유)의 '竹里館(죽리관)' 이라는 제목의 시였다. 이승만은 曺중령에게 한국의 실정을 물었다. 조 중령이 혁명 정부의 업적을 설명하자 이승만은 "한인은 뭉쳐야 살아!"라고 말했다. 이 박사를 물심양면으로 도와온 월버트 최는 "이 박사께서 5·16 이후에는 자꾸만 고국으로 돌아가시겠다고 졸라 댄다"고 했다. '호랑이도 죽을 때는 제 굴을 찾아간다지 않는가. 죽어도 고국에 가서 죽고 싶다' 는 말을 되풀이한다는 것이었다.

다음해 이승만은 짐을 다 꾸리고 귀국길에 오르려고 했으나 혁명 정부의 거부로 귀향은 좌절된다. 흥미로운 것은, 이승만이 영친왕 李垠을 홀대하면서 그의 귀국을 막았는데, 박정희는 李垠의 귀국을 허용하면서 이승만의 귀국을 불허했다는 점이다.

11월 24일 새벽 1시 45분 박정희 의장 일행은 영국 BOAC항공사 여객기 편으로 귀국길에 올랐다. 이 여객기는 25일 오전 5시 20분에 도쿄에 도착했다. 도쿄의 한국 대표부에 주재하던 정보부 국장인 최영택 참사관은 도쿄에서 김포까지의 비행기 편을 마련하는 데 애를 먹었다. 대한항공의 특별기를 보내도록 하려고 했는데 착륙 허가를 갑자기 받기가 어려웠다. 할 수 없이 미5공군으로부터 전용기 한 대를 빌릴 수 있었다. 박 의장 일행은 하네다 공항에서 한 시간 남짓 머물다가 미군기에 옮겨 탔다. 박정희는 機內에서 한일회담 배의환 수석대표와 최영택 참사관을 불러 그동안의 경과를 보고받았다. 배의환 수석이 일본 언론 보도의 문제점을 꺼내자 최영택이 가로막았다.

"그 말씀은 드리지 않기로 했잖습니까?"

"뭔데 그래?"

박 의장은 말해보라고 채근했다. 배, 최 두 사람은 일본 외무성의 이세키 아시아국장이 일본 언론에 회담 정보를 흘림으로써 회담을 유리하게 이끌어 가려고 장난을 하고 있다고 보고했다. 박 의장은 다 듣고 나더니 최영택에게 이렇게 지시했다.

"내가 이케다 총리와 회담할 때 그가 하는 말이 '나의 오른팔은 자민당 간사장인 마에오이고, 왼팔은 오히라 관방장관이니 언제든지 이 두 사람을 활용하십시오'라고 했어. 그러니 이 문제를 마에오 간사장하고 상의해 보지."

박정희 의장 일행이 탄 미군기가 우리나라 항공식별구역에 들어오자 F-86 전투기 네 대가 마중 나왔다. 박 의장 일행이 김포에 도착한 것은 아침 9시경이었다. 이주일 최고회의 부의장, 송요찬 내각수반, 그리고 志晩(지만)을 안고 나온 육영수 등 많은 환영객들 앞에서 박 의장은 귀국 인사문을 낭독했다.

기자는 16mm 필름 두 권에 수록된 '박정희 의장 방미 사절단 영상기록'이란 1시간 10분짜리 기록 영화를 통해서 이날의 환영 행사를 간접적으로 체험할 수 있었다. 박 의장은 "방미 결과를 요약해서 여러분들에게 보고를 드리자면 대단히 만족스럽고도 성공적이었으며 또한 대단히 유익하고도 …"라고 인사하다가 상공을 지나가는 전투기의 굉음 때문에 잠시 말을 끊었다가 다시 시작한다.

김포에서 서울로 들어오는 가도는 좁은 비포장도로. 박 의장의 차량 행렬이 길을 꽉 채울 정도이다. 연도에는 동원된 듯한 학생들과 시민들이 태극기를 흔들며 박 의장을 환영하는데 이 기록 필름에 등장하는 일본, 미국의 환영객들과 비교해서 너무나 남루한 옷차림이 충격적이다. 더 충격적인 것은 그런 옷차림에도 불구하고 표정이 무척 밝고 힘차 보인다는 점이다. 동원된 군중인지는 몰라도 박 의장이 지나갈 때 "와" 하고 함성을 지르면서 활짝 웃는 표정은 동원된 것 같아 보이지 않는다. 전란의 폐허를 딛고 막 도약하려는 민중의 잡초 같은 생명력을 느끼게 해주는 표정들이다.

박정희로서는 이런 대중적 환영은 첫경험이었다. 박 의장의 차가 광화문에 이르러 최고회의 건물(지금의 문화부 건물)로 들어가자 군중들은 밀물처럼 도로 위로 들어와 덮어 버린다. 이 화면 위로 취주악단의 행진곡이 깔리면서 해설자의 흥분된 설명이 절정을 이룬다.

"절망 속에서 허덕이는 국가와 민족을 위해서 용감하게 앞장선 박정희 의장은 이번에 가진 14일 동안에 걸친 미국 방문의 여정에서는 도약하는 한국의 새로운 모습과⋯."

제16장

경제개발개획

朴正熙

李洛善의 지식인 비판

1961년 5·16 군사혁명 이후 혁명주체세력들이 자주 인용하던 케네디 대통령의 유명한 연설문구가 있었다.

"동포 여러분, 여러분의 국가가 여러분을 위하여 무엇을 해줄 것인가를 묻기 전에 여러분이 여러분의 국가에 대하여 무엇을 할 수 있을 것인가를 물어봅시다."

최고회의 의장 공보비서관 李洛善 중령은 국가 개조 사업에 대하여 냉소적이고 방관적인 지식인들을 비판하는 역할을 자주 맡았다. 그가 〈最高會議報(최고회의보)〉에 기고한 '행동하는 지식인' 이란 글은 군인의 입장에서 본 한국 지식인論(론)이다. 이 글에는 군인과 文民(문민)지식인의 차이가 잘 나타나 있고, 이 차이는 박정희 시대 내내 갈등요인으로 남아 있게 된다.

〈행동이 없고 말만의 인간은 정원의 잡초에 불과하다

救急劑(구급제)로써 5·16 즉 '군인에 의한 국민의 혁명' 이 왔다. 그러나 (지식인들은) 매그루더 장군의 국군복귀명령과 그린 미 대리대사의 張勉(장면) 정부 지지 성명에 쥐 죽은 듯이 고요했다. 외국인의 명백한 오판에 대해서는, 진실로 이 길이 우리의 살 길이라면 과감히 나서야 할 것이 아닌가. 그 후 인텔리는 통 말이 없다. 행동이 없다. 심지어는 반응도 없다. 흡사 인텔리는 다 죽어 사라진 것 같다. 강풍이 스쳐 정국이 무풍의 상태로 안정되니깐 사사건건 냉소적인 論늘(논지)로 일관하고 군의 실책을 동정으로 커버하는 듯하면서 裏面(이면)으로 멸시와 야유를 뒤섞어 몽매한 국민에게 이유 없는 반감을 양성케 하고서 정권 이양 시기의 단축을 위해 압력을 가한다는 형식으로만 逸走(일주)하고 혁명과 업의 완수에 대하여서는 성의가 보이지 않는다.

이조 당파의 생리적 후예라는 정통을 잊고 일제의 暴政(폭정)에 대한 '민족적 레지스탕스'의 외곽운동으로서의 부정적 태도의 여운이 상금도 불식 안 된 데다가 근자에는 또 의의와 연혁을 몰각한 피상적 레지스탕스의 풍조에 휩쓸려서 혈기의 장기로써 '이유 없는 반항'을 신조로 삼고 현실 생활에서 늘 비타협적인 태도를 취한다. 상대방에 일리가 있다 하여도 다른 비리와 같이 도매금으로 부정해버린다. 상대방과 공통되는 점에서 서로 타협하고 협조하려고 하기보다는 사소한 상이점을 확대시하여 배격하고 相撥(상발)하고 있다.

인텔리가 가장 애석하고 불행하게 여기는 것은 '한국에 태어난' 그 자체라고들 한다. 이유인즉 변란이 많고 빈곤하며 언제나 일에 얽매어져 부자유스럽고 도저히 행복할 수 있는 희망이 없다는 데 있는 것 같다. '출생의 불행'의 관념은 온갖 불만의 해결을 위한 궁극적인 納得劑(납득제)로써 일상생활의 상비약이다〉

이낙선은 지식인들에 비교해서 군인들이 결코 능력 면에서 뒤떨어지지 않는다고 주장한다.

〈인텔리가 그들의 희박한 지식을 과시할 때 우리 군인은 주견 있는 총명으로 답할 것이다. 그들이 기술의 기교를 앞세운다면 우리는 근면한 정열로 상쇄를 꾀할 것이다. 뇌조직의 발달에는 건전한 심신으로 대치케 하고 개인적 유능에 의한 공격에 대하여는 단체적 협동력의 위력으로 방패삼을 것이다. 만약에 인텔리가 그들의 유구한 행정적 경험으로 압박한다면 우리는 짧은 시간 내에 고도로 훈련되고 조직화되고 숙련되고 통일된 기계적인 행정역량으로 반발할 것이다. 영감적인 재치, 임기응변의 요행성 등으로 견준다면 우리는 가상할 수 있는 각종의 상황에 대비하는 '주도한 계획성'과 생각하여 평가하고 다시 숙고하고 또 다시 평가하여 결론짓는 '반복된 연구가 주는 완전성'의 습성화로 대할 것이다. 문제는 애국심의 색채와 強度(강도)에 의한 국가적 기여의 다소에 차이를 둘 수밖에 없다.

　과거에 군은 많은 비난을 받아왔고 따라서 군은 비난받는 데 단련이 되어 있다. 문제는 혁명정부가 군인주동이라는 이유만으로써 유달리 받는 비난에 관한 것이다. 文尊武卑(문존무비)의 역사적 사조의 鐵鎖(철쇄)에 얽매여 이유 없이 사람과 군인을 구분하려 든다. 인텔리들이 군인과 민간인이 마치 전혀 색다른 천성을 가진 것인 양 兩者 間(양자 간)에 특수한 문제에 대한 견해가 전혀 다른 것으로 취급하는 일이 많았다는 것은 위험하고 해로운 허위인 것이다. 영어의 인민(People)이라는 단어의 語源(어원)인 'Populus'라는 말의 참다운 의미는 고대 로마시대의 武裝軍(무장군)이라는 뜻이다. 군을 구성하는 개인은 국민 또는 시민으로서의 기본적인 품성을 포기하는 것을 의미하지 않는다. 오히려 자유와 인권이라는 정신과 합치되게 무기를 행사하는 방법을 배우는 대학원 과정에서 교육을 받고 있는 것으로 비견할 수 있다는 것이 사실이다. 어느 지성인의 외침을 들어보자. '자유―그것이 그립거든 그 행사에 책임을 느끼는 습성을 확립하자.' 자유―그것이 그립거든 빈곤이 주는 고통을 연대적으로 느끼는 박애심과 동포애를 확립하자. 혁명정부의 武威(무위)행사는 '누려서는 안 될 자유'를 억압하여 '누려야 될 자유'를 보호 조장하는 경우와 범위에 한정되며 '필요한 최소한'을 벗어날까 항상 신경을 쓰고 있다.

밀폐된 연구실에도 세기의 파동은 파급한다. 인텔리들이여! 가슴을 열어 사회와 민족, 그리고 국가를 받아들여라. 기아가 된 사회, 설사 그가 버림받을 이유가 충만하다 하자. 半(반)부랑자가 된 사회, 걸인과 절도가 된 민족, 瀕死(빈사)의 중태에 빠져 지금 당장에라도 죽을 조국이 길손에 업히어 여러분의 문전에 다달았다〉

박정희 의장을 주체로 하는 장교집단의 가장 특이한 점은 민간 지식인들이 해내지 못한 경제발전을 해냈다는 점일 것이다. 흔히 군인과 사람을 구별하여 군인들을 경멸해온 우리 지식인들의 가장 큰 문제점은 높은 비판력에 어울리지 않는 초라한 추진력이었다고 이낙선은 비판하고 있다. 문민 엘리트 집단은 자유당, 민주당 시절에 이 나라를 경제적으로 부흥시키는 데 실패한 반면 '무식한' 군인들은 성공시켰다. 이낙선은 "진짜 무식하고 무능한 쪽은 말만 앞서고 행동력이 없는 인텔리들, 바로 당신들이오"라고 말하고 있는 셈이다.

군대식 구조개혁

혁명 직후 상공부 장관이 되었던 丁來赫(정래혁) 소장에 따르면 부임해 보니 민간관료들이 만들어두었던 '중소기업금고안', '석탄개발촉진안' 등 좋은 계획서가 책상서랍에서 잠자고 있더라고 한다. 丁(정) 장관은 이런 우수한 인력을 가지고도 왜 이 정도밖에 일을 하지 못하는가 싶어서 그 계획서를 꺼내놓고 실천에 돌입했다는 것이다. 자유당, 민주당 시절에 경제개발이나 개혁은 몰라서 못한 것이 아니라 알면서도 정치적인 결단과 지원이 없었기 때문에 이루어지지 않았던 것이다. 즉, 정치와 권력의 뒷받침이 없었기 때문에 가능한 것도 실천되지 않았던 것이다. 군사혁명은 이런 권력의 뒷받침을 가능하게 했다.

정래혁(뒤에 국방장관, 국회의장 역임)은 "군인들이 비록 경제에 대한 지식이 부족했지만 의무감과 탐구심, 그리고 私心(사심) 없는 애국심으로 밀어붙이니 길이 뚫렸다. 특히 私心없이 문제를 보니 의외로 쉽게 해결책이 발견되었다"고 했다. 자유당, 민주당 시절의 정치인들과 관료들은 머리는 우수하긴 했지만 당파성과 연고주의 같은 파벌주의, 즉 사심에 휩쓸려들다가 보니까 국익을 지향하는 업무 추진력은 형편없이 떨어졌다는 얘기이다. 학계에서 5·16 군사정권으로 등장한 군 엘리트를 국가 엘리트, 그 전의 지도층을 전통 엘리트라고 분류하는 것도 행동의 기준을 국익으로 삼느냐, 당파적 이해관계로 삼느냐에 따른 구분이다. 5·16 주체 세력의 국익우선 의식은 이들이 특별한 애국심을 타고났다기보다는 일제 시대엔 나라 잃은 설움을 겪고 6·25전쟁 때는 피로써 나라를 지킨 체험에서 자연스럽게 우러난 것이리라.

군인 집단이 주도한 건국·독립·혁명은 세계 역사상 前例(전례)가 많지만 (케말 파샤에 의한 터키혁명, 나세르에 의한 이집트 혁명, 미국의 독립혁명 등) 군인들에 의한 경제개발은 희귀하다. 경제에 대하여 문외한인 장교들이 의무감, 탐구심, 애국심으로 무장하여 경제를 배워가면서 20세기의 대표적인 성공사례를 주도했다는 점은 연구대상이다. 정래혁 장관이 주도했던 電力(전력) 3사의 통합에 의한 韓電(한전)의 탄생 같은 구조개혁사례들을 더 소개한다.

▲農協(농협)과 農銀(농은)의 통합: 농협이 신용업무를 겸할 것인가,

그렇지 않으면 신용업무를 분리할 것인가. 이는 농협이 발족한 이후 계속되던 논쟁거리였다. 1958년에 농협에서 농업은행이 분리되었다. 그 뒤 농은은 순조롭게 발전했다. 그러나 농협은 자기자본의 부족으로 대부분의 단위 조합이 적자 경영 또는 개점휴업 상태였다. 민주당 시절에 통합 이야기가 다시 나왔다. 농림부는 통합을, 재무부는 분리를 주장하여 어떤 합의도 이루어지지 않았다.

혁명정부는 이 문제를 간단하게 해치웠다. 쿠데타 성공 보름 뒤인 5월 31일 정부는 '협동조합을 재편성하여 농촌경제를 향상시킨다'는 방침을 천명했다. 이에 따라 6월 15일 최고회의는 농협과 농은을 통합하기로 의결하고 의장 명의로 농림부 장관에게 '통합처리大綱(대강)'을 내려 보냈다. 그 내용도 간단명료했다. '농협과 농은의 자산과 부채는 통합된 신기구가 인수하며 임원 및 직원은 통합처리위원회의 의결에 의하여 정리한다'는 것이었다. 쟁점이 되는 통합처리위원회 위원장은 농림부 장관, 부위원장은 재무부 차관이 되고 위원은 위원장과 부위원장이 '필요하다고 인정되는 자'를 임명하도록 했다. 단, 통합기한은 7월 말까지로 못 박았다.

이에 따라 6월 19일부터 7월 1일까지 8차의 회의를 가진 통합위원회는 신농협법안과 그 시행령안을 만들어 7월 3일 최고회의에 제출했다. 7월 29일에 全文(전문) 176조 부칙 17조로 된 새로운 농협법안이 공포되고 8월 15일에 통합된 농협이 발족했다.

▲ 水利(수리)조합 통폐합: 1군 사령부의 심리전 참모로서 쿠데타에 가담했던 許順五(허순오) 대령은 6월 5일자로 농림부 산하의 대한수리조합연합회 회장으로 임명되었다. 수리조합이란 물이 잘 들어가지 않는

논에다가 물을 대주는 사업을 하는 기관이었다. 그래서 쌀이 增收(증수) 되면 그 쌀값으로써 시설비 起債(기채) 상환금 및 水稅(수세)를 물도록 했다. 혁명 당시 전국의 조합 수는 695개였다. 이 조합들이 1,400억 환 이상을 들였는데도 물이 잘 들어오는 논, 즉 水利安全畓(수리안전답)은 26만 3,000정보에 머물러 있었고 外米(외미)도입은 여전했다.

許(허) 대령은 부임 즉시, 기구축소를 단행하여 부정 부패자, 무능자, 축첩자 등 250명을 해고했다. 전 직원의 26%였다. 수리조합도 경제규모에 따르기 위해서 1郡(군) 1조합 원칙을 세워 약 700개를 약 200개로 줄여버렸다. 허순오 회장은 수리조합의 활동을 규정한 법률이 존재하지도 않는 것을 알고는 깜짝 놀랐다. 일제 때 만든 조선수리조합 시행령을 적당하게 응용하고 있었다. 독립한 지가 언제인데 아직도 일본의 지배를 받고 있는 기분이 들었다. 현실에 맞춰 새 법을 제정하기로 했다. 1962년 1월 21일부터 발효된 토지개량사업법이 그것이다(수리조합은 토지개량조합으로 명칭이 변경되었다). 민간 정치인들이 무관심하던 것을 허순오 대령 같은 군인들의 문제 의식에 의하여 많은 법률들이 개정·제정되어 법률적 식민지 상태를 벗어났다는 것은 흥미롭다.

▲중소기업은행 발족: 중소기업 금융을 전담할 은행의 설립도 자유당, 민주당 시절에 그 필요성에 대한 논의가 있었으나 실현되지 못했다. 혁명정부는 그 발상을 신속하게 실천에 옮겼다. 7월 1일 우선 중소기업은행법을 공포했다. 그리고는 농협에 통폐합된 농업은행의 도시 점포를 모체로 하여 8월 1일 중소기업은행을 발족시켰다. 혁명정부는 또 1961년 말 서민금융을 전담할 국민은행을 발족시켰다. 이는 한국無盡(무진) 주식회사가 중앙무진 주식회사를 흡수합병하여 탄생한 것이다. 농민을

위한 농협개혁, 서민을 위한 국민은행 발족, 그리고 零細(영세)상공업자들을 위한 중소기업은행 발족은 중·하류층 출신이 대부분이었던 혁명주체장교들의 성향을 반영하는 것이기도 했다.

▲산업은행에 투자업무 허용: 산업은행에 융자업무뿐 아니라 투자업무까지 부여하는 개정 법률안이 국회에 제출된 것은 1958년이었다. 그러나 이 법안은 政爭(정쟁)의 소용돌이 속에서 3년간 낮잠을 잤다. 최고회의는 12월 27일에 이 법률안을 통과시켰다. 최고회의는 또 11월 1일에는 '한국은행 통화안정증권법'을 제정 공포했다. 한국은행법에 규정된 공개시장조작 기능을 법제화한 것이다. 5·16 직후에는 별 용도가 없었으나 1980년대부터 무역흑자 등으로 팽창되는 통화를 환수할 때 通安증권은 傳家(전가)의 寶刀(보도)처럼 쓰였다.

29세의 청년박사 鄭韶永 발탁

미국 방문을 마치고 귀국한 朴正熙(박정희) 의장은 최고회의 간부들에게 訪美(방미) 결과를 들려 줄 때 비공식 수행요원으로 데려갔던 당시 29세의 鄭韶永(정소영·뒤에 경제수석, 농수산부 장관 역임)박사를 극구 칭찬했다.

"케네디 대통령을 만나기 전날 밤에 정 박사와 경제개발 5개년 계획을 어떻게 설명할 것이냐를 두고 말을 많이 했지. 정 박사가 그때 중요한 점들을 지적해 주어서 이번 회담이 아주 잘 됐어."

수차례에 걸친 이런 칭찬은 정소영 박사를 경제개발 계획에 참여시킨 최고회의 재정경제위원 柳原植(유원식) 준장을 포함한 많은 최고위원들에게 전해졌다. 박정희 소장을 중심으로 한 장교단은 정권을 장악하자 바로 경제건설을 서둘렀다. 당시 최고회의 법사위원장 李錫濟(이석제·감사원장 역임)의 회고—.

"혁명 전 우리는 민주당 정부가 구상했다는 경제개발 계획 문건을 한번 구해 보려고 무척 노력했지요. 국방대학원에서 공부할 때 정부 관료들이 경제개발 청사진이 있다고 합디다. 그런데 구체적으로 뭐가 어떻게 되어 있는지를 알아야 추종을 하든지 비판을 하든지 하지요. 한 번만이라도 보면 기본적인 통계가 나와 있을 테니까 우리들도 어떻게 머리를 써 보겠는데 이게 잘 구해지지 않았습니다. 우리 혁명 주체들의 가장 큰 약점은 경제를 모른다는 점이었습니다. 막상 혁명을 성공시키고 나니 초조했습니다."

5·16 거사가 성공했다고 판단이 선 사흘 뒤 박정희 소장은 유원식 당시 대령에게 사람을 찾는 일을 맡기면서 선정 기준을 제시했다. 첫째는 젊고 참신한 인물, 둘째는 실력이 있고 경제개발을 공부했거나 계획 입안의 경험이 있는 인물, 셋째는 학계·금융계 등 광범위한 계층의 인물을 찾을 것.

유원식은 개성이 강하고 고집은 셌지만 혁명정부의 과도기에 重責(중책)을 맡아 열심히 뛰었다. 유원식 대령이 고른 사람들은 宋正範(송정범·당시 37세·뒤에 경제기획원 부원장·도로공사 사장 역임), 白鏞粲(백용찬·당시 32세·뒤에 농협 이사·수협 이사 역임), 金聖範(김성범)과 정소영 등이었다.

송정범은 자유당 시절 復興部(부흥부) 기획국장과 조정국장을 지낸 뒤 공직을 그만두고 쉬고 있던 중 혁명정부로부터 불려 나왔다. 송정범은 다른 세 사람과 달리 경제기획원을 창설하는 역할을 맡게 된다.

김성범은 산업은행에서 근무하던 중, 민간인으로서 5·16 모의에 자금을 댄 南相沃(남상옥·타워호텔 회장)의 추천을 받아 경제개발 계획의 작성에 참가하게 되었고, 2차 산업 분야를 주로 담당하게 되었다. 백용찬은 고려대학교 경제학과를 나와 대학강사로서 1959년에 부흥부 산업개발위원회에 보좌위원으로 참여한 경력을 가졌다. 그는 쿠데타 주체세력의 한 사람인 朴泰俊(박태준·前 자민련 총재) 대령의 추천을 받아 관여하게 되었으며 1차 산업을 담당했다. 정소영은 미국 워싱턴 주립대학교에서 경제학 박사학위를 받고 학교에 머물던 1959년 9월, 宋仁相(송인상) 재무장관이 稅制(세제)개혁을 위해 미국에서 초청한 조세 고문단의 일원으로 귀국하게 된다. 한창 작업을 하던 중 4·19 혁명이 일어나 조세 고문단이 해체되고 모두 돌아가게 되었다. 미국으로 돌아가려던 정소영을 金永善(김영선) 재무장관이 재무부 사세과장으로 일하도록 강권해 근무하던 중 5·16을 맞았다.

혁명 직후 이들은 영문도 모른 채 헌병들에 이끌려 최고회의로 불려들어갔다. 경제기획원을 창설한 뒤 부원장을 역임하게 되는 송정범의 증언—.

"1961년 5월 18일로 기억됩니다. 후암동 집에서 낮잠을 자고 있는데 헌병 두 명이 소환장을 들고 찾아 왔더군요. 가슴이 철렁 내려앉았지만 별 잘못한 일이 없어 남방셔츠 하나만 걸치고 따라 나섰습니다. 처음 간 데가 육군 본부였습니다. 언뜻 보니 어수선해서 도무지 일에 두서가 없어 보였습니다. 영관 장교 한 사람이 나를 찾더니 태평로에 있는 최고회의로 가라고 합디다. 가서 만나는 사람마다 물어 보아도 날 찾은 일이 없다는 겁니다. 나는 멋쩍게 집으로 돌아오고 말았습니다."

정소영은 5월 19일 무장헌병들에 의해 최고회의로 연행됐다. 정소영은 이날 유원식 대령과 만나 처음 인사를 나눈다.

"곧 박 장군을 만나게 될 겁니다만, 여기서 제가 약간 말씀을 드리겠습니다. 박 장군께서 제게 특명을 내리셨습니다. 이 나라의 경제건설을 완전히 새로 해야겠는데, 경제개발 5개년 계획을 작성해 주시오. 그 멤버는 자유당과 민주당 각료를 철저히 배제하고 소장파로 구성하란 말씀이 계셨습니다. 그래서 정 박사와 몇 사람을 모셔 부탁하기로 했습니다."

며칠 뒤 다시 최고회의로 불려나간 정소영은 백용찬과 김성범 두 사람을 만나 서로 인사를 나누었다. 잠시 후 세 사람은 박정희 부의장 집무실로 들어갔다. 30세 전후의 이들이 절반쯤 겁먹은 채 들어서니 박정희소장은 "정말 반갑습니다"라며 의자를 권한 뒤 담배를 한 개비씩 손수 돌리고는 라이터로 불까지 붙여 주었다.

"우리가 혁명을 한 것은 도탄에 빠진 국민들을 잘 살게 하기 위해서입니다. 지금도 보릿고개를 넘지 못해 굶어 죽는 사람이 많습니다. 이 5천년 묵은 가난을 해결하지 않고서는 아무 것도 할 수 없습니다. 그런데 기본 마스터플랜이 있어야 하고, 그것은 경제개발 5개년 계획 정도는 돼야 하는데, 여러분들이 서둘러 국민들에게 희망을 줄 수 있는 실천 가능한 계획을 작성해 주시오. 여러분들이 수고를 좀 해 주셔야겠습니다."

박정희는 이승만 전 대통령에 대한 이야기도 했다.

"나는 이 박사를 존경합니다. 애국자시고, 훌륭한 분입니다. 그런데 두 가지 면에서 마음에 안 드는 것이 있습니다. 첫째로 민주주의를 하는 것은 좋은데 이 분은 미국식 민주주의를 그대로 옮겨 토양도 다른 이곳에 심으려 했던 겁니다. 국민성과 사회 여건이 다른데 외래 정치사상을 그대로 이식하려 한 것이 마음에 안듭니다. 두 번째는, 경제건설에 도무지 신경을 쓰지 않았다는 겁니다. 국민들이 가난에 찌들려 있어도 미국 원조나 받고, 두 발로 일어서려는 정책을 전혀 고려하지 않았다는 겁니다."

박정희는 이런 말로 마무리를 지었다.

"혁명은 우리가 일으켰지만 젊은 여러분들이 뒤를 받쳐 주어야 합니다. 우리가 혁명을 한 목적은 국민을 잘 살게 하려는 것입니다. 경제를 일으키려면 우선 종합적인 계획이 있어야 합니다. 그 계획을 여러분들이 짜주셔야 하겠습니다. 내가 유 대령에게 말해 놓을 테니 어려운 일이 있으면 유 대령이 적극적으로 해결해 줄 겁니다."

종합경제재건계획

정소영, 김성범 백용찬 등 세 사람이 작업을 시작했을 때는 국가재건최고회의 청사가 태평로에서 퇴계로의 원호처 건물로 잠시 옮겼을 때였다. 뒤에 대통령 경제수석, 농림부 장관이 되는 정소영의 회고—.

"우리는 최고회의 건물 안에 있던 큰 방 하나를 사용하게 되었습니다. 문 앞에는 '대외비', '관계자 외 출입엄금' 이란 글을 크게 써 붙여 두었고, 기관단총을 든 헌병이 지키고 서 있었습니다. 실무 작업반들은 50여 명이 되었지만 총괄적인 작업은 이 방에서 우리 세 사람이 시작했습니다."

이들 세 사람이 작업하던 방은 '국가재건최고회의 종합경제기획위원회'란 긴 이름이 붙여졌다. 정소영 박사는 곰곰이 '경제개발 계획'이란 단어부터 생각해 보았다. 세계 최초로 개발 정책을 5개년 단위로 수립·시행한 나라는 소련이었다. 소련은 생산수단을 정부가 완전히 소유한 경우여서 자본주의 체제에서 개발 계획을 세우는 것과는 그 성질이 달랐다. 정소영과 김, 백 세 사람은 우선 과거 정부의 개발 정책 자료들을 참조하기 위해 각 부처의 자료들을 수집했다.

정부에는 당시 두 종류의 경제개발 계획서가 있었다. 하나는 자유당版(판)으로 1959년 12월 31일 부흥부(5·16 직후 건설부로 개칭) 산하 산업개발위원회에서 작성한 '경제 개발 3개년 계획안의 요약'과 '단기 4292년도 가격기준에 의한 경제개발 3개년 계획'으로, 발표된 지 반 년도 안 되어 4·19를 맞아 무산됐다.

다른 하나는 민주당 시절인 1961년 5월 부흥부 산업개발위원회에서 작성한 '제1차 경제개발 5개년 계획(試案)'. 이것은 자유당판 경제개발 계획을 비판적으로 검토한 뒤 새로 작성한 민주당版(판) 경제개발 계획서 시안이었다.

吳緯泳(오위영) 무임소 국무위원은 이 시안을 바탕으로 5·16 군사혁명이 일어나기 4일 전인 5월 12일 오후 4시부터 장면 총리를 방문한 뒤 약 한 시간 반 동안 정부가 1962년부터 시행할 경제개발 5개년 계획을 협의했다. 〈조선일보〉는 다음날 1면을 통해 '민주당 내각―경제 5개년 계획 윤곽 판명/일본의 재산권배상이 아니면 미·영·독 등 차관 依據(의거)/우선 석탄 年産(연산) 2,000만 톤 목표'란 제목으로 그 내용을 보도했다. 5월 14일자 〈조선일보〉 사설은 '민주당 정부의 5개년 경제 계획론은 緣木求魚(연목구어)격' 이란 제목으로 비판했다. 정소영의 회고ㅡ.

"흔히 혁명정부가 제2공화국의 경제개발 5개년 계획을 모방했다고 하는데 사실이 아닙니다. 우리는 이들 계획을 검토는 했지만 이용가치가 없어 새 계획을 짰던 겁니다."

이 밖에도 이들이 참고한 자료들로는 한국은행의 장기종합 경제개발 계획, 최고회의 기획위원회의 장기개발 계획 등이 있었다. 5월 중순부터 약 2주 동안 세 사람은 골방에 갇혀 기본전략판단을 내리는 데 골몰했다. 우선 균형 성장정책을 취할 것인가, 불균형 성장정책을 취할 것인가를 두고 토론이 벌어졌다. 재원을 산업분야별로 고루 분배하는 균형성장정책은 한국 실정에 맞지 않는다는 데는 쉬 합의가 이루어졌다. 정소영은 이렇게 정리했다고 한다.

"거지 옷 꿰매듯 해서는 안 됩니다. 자본회전속도가 빠르고, 작게 투자해서 빨리 이윤을 낼 수 있도록 자본계수가 작은 분야를 먼저 공략해야 합니다. 교육에 투자하면 20년 뒤에나 효과를 봅니다. 농업에 투자하면 종자개량이다, 수리사업이다 해서 최소한 10년은 걸립니다. 공업에 투자하면 공장 짓고 생산하는 데 5년이면 충분합니다. 빨리 富(부)를 늘리려면 1차 산업과 3차 산업에는 좀 미안하지만 2차 산업에 우선 투입하는 방법이 좋을 것 같습니다. 2차 산업에서 부를 늘려 1, 3차 산업에 투입하는 불균형 성장정책으로 결정합시다."

성장전략이 결정되자 성장률과 투자율을 산정했다. 기준연도인 1961년의 1인당 GNP는 83달러, 국내저축률은 3.9%, 투자율 13.1%, 수출 4,087만 8,000달러, 수입 3억 1,600만 달러라는 참담한 경제규모였다. 민주당의 계획은 연 5%의 성장을 목표로 했으나 이들은 연 7.1%로 책정했다. 사회는 경제개발에의 기대가 팽배해 있었고 박정희 소장이 이들 세 사람에게 심어준 의지와 신념이 작용한 결과였다.

이용 가능한 자금 중 투자자금에 활용되는 비율인 '총가용자원에 대한 투자비율'은 21%, 총소득 중 저축을 뺀 '소비율'은 79%, 국내 저축률은 7.2% 등 목표수치를 구체화해 갔다. 이 계획의 가장 두드러진 특징은 정부의 역할을 한층 강조한 부분이었다.

"생산수단을 정부가 장악하고 계획경제를 하던 공산주의와 달리 우리는 정부가 주도하되 자본주의 경제원리를 살리는 정부주도 형태의 시장경제체제를 만들어 본 겁니다. 일종의 혼합 경제체제였지요. 2차 산업의 자본형성에 대한 정부의 역할을 비약적으로 높이 책정했습니다. 종전의 비효율적인 투자의 원인을, 투자재원의 배분과 관리를 전적으로 민간인에게 의탁했다는 점과 가격기구의 매개기능을 자유방임 형태로 놓아 둔 것에서 찾았습니다. 시장경제를 제대로 해 낼 수 없는 나라가 무조건 선진 자본주의 국가의 시장경제를 흉내내니 악순환만 계속됐던 겁니다. 우리는 보고서를 통해 이런 민간주도의 경제운영을 비판하면서 국가주도의 경제운영 필요성을 강조했습니다."

작업이 마무리 단계로 들어갈 무렵 서울 商大(상대)에서 강의하던 朴熹範(박희범·뒤에 문교부 차관 역임) 교수도 참여했다. 7월 중순 확정된 안의 공식명칭은 '종합경제재건계획(안)'이었다. 네 사람은 7월 20일경 최고회의 전체회의에서 보고회를 갖게 됐다. 박정희 의장을 위시해 각 부처 간부급 요원 전체가 참석한 가운데 정소영 박사가 차트를 넘겨 가며 보고·설명을 했다. 박희범 교수는 경제 용어를 설명했다.

"… 불균형성장정책을 통해 우리가 강구해야 할 전술적 목표는 다음

두 가지가 되겠습니다. 첫째, 2차 산업을 제일 먼저 육성하되 수출주도형으로 합니다. 방식은 模倣成長(모방성장) 정책을 통해 고도성장을 목표로 합니다. 세계 시장에서 팔리는 물건을 빨리 모방해 가격을 낮게 책정함으로써 경쟁력을 확보할 수 있습니다. 둘째, 조립방식으로 가는 겁니다. 라디오를 생산하더라도 수백 가지 기초자재를 우리가 다 만들면서 수출할 수는 없습니다. 시간은 많으니 우선 부품을 수입한 뒤 조립해서 수출하는 방식을 택합니다. 처음에는 부가가치가 작게 발생하더라도 고용효과가 크고, 수출량을 늘릴 수 있습니다. 이윤이 축적되면 단계적으로 국산화 비율을 늘리고 그러면 언젠가는 순수 국산 라디오가 나올수 있습니다.”

정소영 박사가 브리핑을 하면서 보니 박정희 의장은 열심히 받아 적으며 연신 고개를 끄덕이고 있었다. 브리핑이 끝나자 장내가 갑자기 조용해졌다. 그때 박 의장이 함박웃음을 머금은 채 자리에서 벌떡 일어나더니 뒤돌아서면서 박수를 힘차게 치기 시작했다. 박정희의 선도에 따라 우레와 같은 갈채가 쏟아졌다. 완성된 '최고회의 종합경제재건계획'은 경제기획원으로 이관되어 '5개년 종합경제기획안'과 '제1차 경제개발 5개년 계획' 등을 수립하는 데 기초가 됐다.

丁哉錫의 브리핑

'한강의 기적'을 이루는 데 견인차 역할을 한 경제기획원(EPB= Economic Planning Board)이 창설된 것은 1961년 7월 22일이었다. 초대 원장(副首班)으로는 재무장관에서 영전한 金裕澤(김유택)이 임명되었다. 宋堯讚(송요찬) 내각수반은 기획원 발족에 즈음한 담화문에서 '과거에는 경제 정책을 수립하여 그 집행을 감독하고 경제부처를 종합 조정하는 기관이 없음으로 해서 각 부처 간에 유기적인 협조가 이루어지지 못하고 가용자원의 효율적인 사용에 많은 저해를 받아왔다'고 지적했다.

그는 '과거의 경제정책이 나열주의에만 그치고 이를 조직화하고 一元化(일원화)하는 기능이 박약했던 결함을 거울삼는 한편 경제의 합리적인 계획수립과 강력한 집행, 지속적인 조정, 계획적인 평가의 네 가지 요소가 실제 운영 면에서 반영되어 경제상황이 실질적으로 성장 발전되기를 크게 기대해 마지 않는다'고 덧붙였다.

이날 최고회의는 유원식 재경위원회 위원을 위원장으로 하고 정소영 등 네 사람의 실무자들이 만들어낸 '종합경제재건계획'을 발표했다. 최고회의는 건설부, 한국은행, 기획위원회에서 각각 작성한 경제개발 계획을 종합한 이 재건 계획을 발표하면서 '각계각층의 기탄없는 비판을 요망하며 그러한 비판을 종합하여 최종안을 작성할 것이다'고 했다.

경제기획원은 신설된 것이 아니고 건설부가 확대·개편된 것이었다. 이 건설부는 지금의 건설교통부와는 관계가 없는 부서이다. 이 건설부는 민주당 시절의 부흥부가 혁명 직후 이름을 바꾼 것이다. 그 사연은 이렇다.

5·16 직후 군사혁명이 성공하고 있는지 미국의 반대로 실패할 것인지 아직 불투명하던 때였다. 부흥부 장관으로 임명된 朴基錫(박기석·2군 사령부 공병참모) 대령은 조사과장 丁哉錫(정재석·뒤에 상공부 장관, 교통부 장관, 부총리 겸 경제기획원 장관 역임)을 불렀다.

"방금 군사혁명위원회로부터 내일 아침 8시에 열리는 회의에 부흥부를 획기적으로 확대·개편하는 방안을 보고하라는 긴급지시를 받았으니 밤새에 어찌 하면 좋겠소?"

정 과장은 내심으로 '이런 중요한 안건을 밤새에 만들어내라니 혁명위원회란 데가 참으로 무지막지하구나' 하고 생각했다. 다행히 部內(부내)에서 이와 비슷한 연구를 해놓은 자료가 있기 때문에 당황할 일은 아니었다.

"대안은 곧 마련할 수 있습니다만 정식 안건으로 만드는 것은 어렵습니다. 더구나 사안이 중요한 만큼 간부회의에서 검토를 해야 하니 보고 일자를 하루만 연기받았으면 좋겠습니다."

"연기는 어려우니 밤샘을 해서라도 소신껏 작성해서 브리핑으로 대신합시다."

정재석은 준비가 되어 있었던 개편안을 가지고 근처 여관에 들어가서 '1안 경제기획원', '2안 개발부'로 정리하여 두 장의 차트로 만들었다. 민주당 정권 하에서도 중앙기획기구를 만들어야 한다는 생각을 하고 재무부 예산국장 李漢彬(이한빈), 부흥부 기획국장 李起鴻(이기홍) 등 네 사람으로 조직된 정부기구개편소위를 가동하고 있었다. 정재석은 이 소위의 간사였다.

다음날 정재석은 옛 국회의사당을 점거하고 있던 최고회의 사무실로 갔다. 들어가 보니 결전을 앞둔 작전지휘본부에 찾아간 느낌이었다. 혁명위원들은 전투복 차림에 권총을 차고 숙연히 앉아 있었고, 정면에는 낯이 익은 장도영 육군참모총장과 함께 낯선 少將(소장)이 앉아 있었다. 사회자가 개회를 선언하자 위원들은 일어서더니 혁명공약 6개항을 함께 외우는 것이었다.

패기만만한 정재석 과장은 생소한 분위기에 압도되지 않고서 부흥부 확대개편안을 열성적으로 설명해갔다.

"6·25전란의 부흥과업은 일단락되었으니 이제는 정부 주도 하의 경제 개발에 착수해야 합니다. 그러자면 중앙에 강력한 개발센터가 필요합니다. 부흥부의 主(주) 기능(기획과 조정)에 재무부의 예산국과 내무부의 통계국을 흡수하여 내각 서열상 으뜸으로 격상시켜야겠습니다. 명칭도 부가 아니라 경제기획원으로 하는 것이 타당하겠습니다. 여러 부에 걸친 이런 대수술은 현 여건 하에서는 당장 시행할 수 없으므로 당분간 부흥부만을 개발부로 확대·개편하여 시급한 제1차 경제개발 계획부터 입안케 하는 것이 좋을 듯합니다."

이때 부흥부에는 기획국, 조정국이 있고, 산업개발위원회, 지역사회 개발위원회, 국토건설본부를 임시기구로 거느리고 있었다. 정재석은 이런 내외 기구들을 통합하여 종합기획국, 물동계획국, 국토건설국, 지역사회국으로 재편할 것을 건의했다. 정 과장의 보고가 끝나자 장도영 의장은 사회봉을 치켜들어 치려다 말고 멈칫 옆 자리를 돌아보면서 "참, 어떻게 처리하지요?"라고 묻는 게 아닌가. 그제야 정재석도 '이 과묵하게 생긴 소장이 바로 혁명을 주도했다는 박정희구나' 하는 생각을 하게 되었다.

박정희는 무뚝뚝한 표정으로 이렇게 말했다.

"귀관의 보고내용은 우리 혁명군의 의욕을 잘 반영한 것 같소. 건의한 대로 우선 제2안을 채택해서 경제 제일주의를 실천토록 하겠고, 앞으로 혁명기반이 어느 정도 잡히는 대로 1안의 경제기획원으로 옮겨가겠소.

한 석 달쯤 걸리겠지. 따라서 내용은 보고안대로 결정하되 2안의 개발부 명칭만은 건설부로 고쳤으면 하오."

정재석 과장은 반론을 폈다.

"그것은 곤란합니다. '개발'이라고 하면 국민경제 전체를 포괄하는데 '건설'이라면 한 부문에 한정되므로 이는 부흥부의 확대·강화가 아니라 오히려 축소요 약화가 됩니다."

"물론 이론적으로는 그렇겠으나 개발이란 말은 나에게도 생소한 데 어찌 일반 국민들이 알아듣겠소. 귀관의 보고도 우리나라를 적극적으로 건설하자는 뜻인 것 같으니 국민이 알아듣기 쉬운 건설부로 합시다."

정재석은 승복하지 않았다. 그는 '개발'이란 말이 국민들 사이에 널리 퍼져가야 한다는 소신을 갖고 있었던 것이다.

"만약에 건설부라고 부르게 되면 主務局(주무국)을 국토건설국으로 바꾸어야 합니다. 정녕 건설부란 명칭을 원하신다면 경제건설부로 하든지 아니면 개편을 일단 보류했다가 경제기획원으로 전환하는 것이 좋겠습니다."

"혁명가는 어디 경제만을 건설하자는 것인가. 정치도, 사회도, 문화도 다 건설해야지."

경제기획원의 産苦

건설부란 명칭을 둘러싼 부흥부 조사과장 정재석과 박정희 소장 사이의 공개적인 논쟁은 여러 최고위원들이 지켜보는 가운데 계속되었다. 정 과장이 또 반론을 폈기 때문이다.

"當部(당부)는 원조 교섭 등 대외 협력상 영어명칭이 중요합니다. 앞으로 원조자금도 늘리고 외자도입도 촉진해야 하는데 部名(부명)을 Ministry of Construction이라 해서는 대외 설득력이 약해집니다."

박정희는 잠시 생각에 잠기더니 이렇게 입을 뗐다.

"좋아, 그러면 우리말로는 건설부라고 하고 英名(영명)은 원안대로 Ministry of Development라고 함세."

박정희는 스스로의 機智(기지)에 놀란 듯 벌떡 자리에서 털고 일어서 버리는 것이었다. 장도영 의장은 들었던 사회봉을 칠 여유도 없었다. 이렇게 하여 탄생한 건설부는 그 뒤 두 달 동안 재무부로부터 예산국, 내무부로부터 통계국을 흡수했다. 건설부 산하의 국토건설국은 내무부의 토목국을 흡수하여 국토관리청이 되었다. 건설부가 경제기획원으로 확대 개편된 후 국토건설청이 성격이 다른 건설부로 승격된다.

5·16 당시 37세였던 송정범(작고·경제기획원 부원장·도로공사 사장 역임)은 자유당 시절 부흥부 기획국장과 조정국장을 지내면서 산업개발위원회에서 경제개발 계획 작성에 참여했다. 1960년 3월 송정범은 미국 워싱턴에 있던 세계은행(IBRD) 산하 경제개발연구원에 파견되어 경제개발과 관련한 교육을 받았다. 인도와 말레이시아 등 각국에서 경제개발에 참여한 여러 관료들이 강사로 나와 경험과 이론을 소개해 주었다. 미국에 머물던 당시 송정범은 예편한 뒤 미국에 와 있던 송요찬 예비역 중장과 인연을 맺었다.

1961년 3월경 귀국한 송정범은 잦은 기구개편으로 보직결정이 미뤄지자 厚岩洞(후암동) 자택에 머물며 미국에서 공부하던 책을 읽고 소일하다가 5·16을 맞았다. 최고회의 재경위원 유원식 대령을 통해 최고회의로 불려나온 송정범은 '두서가 없고 정리도 안 된 그곳에 출근하는 것을 단념하고 집에서 책을 읽으며 한국은행 조사부에 나가 소일하고 있었다'고 한다.

6월 22일, 최고회의는 민간인 출신의 김유택(초대 경제기획원장)을 재무부 장관으로, 서울대 교수 申泰煥(신태환)을 건설부 장관으로 임명했다. 김유택 재무장관은 비서관을 통해 송정범에게 당면한 경제 대책에 대한 기안을 부탁했다. 송정범은 '혁명 뒤에는 해묵은 경제적 숙제를 한꺼번에 풀고자 하는 것보다는 자유로운 분위기가 보장되는 시책이 선행되어야 한다'는 논지로 기안을 작성했다.

김유택 장관은 이 내용을 받아 들여 발표문을 작성하면서 송정범에게 "뒤에 남을 만한 名句(명구)가 없을까"하고 물었다. 송정범은 서독의 경제부흥을 주도한 에르하르트 부총리가 지은 《경쟁을 통한 번영·독일 기적의 경제학》이란 책에서 읽은 '라인강의 기적'이란 말이 떠올랐다.

라인강의 기적을 우리나라에서도 이뤄보자는 생각에 즉석에서 '한강의 기적'을 발표문에 첨가했다.

7월 초가 되자 미국에서 인연을 맺었던 송요찬 예비역 중장이 내각수반으로 부임하면서 송정범을 찾았다. 송정범이 가 보니 송 수반은 "국방연구원에서 두 사람을 차출했으니 함께 기획관청 창설(경제기획원)에 대해 연구해 보라"고 구두로 명령을 내렸다. 송정범은 부흥부 국장시절 국방연구원에서 한국 경제를 특강하기도 했는데 그때 자신의 강의를 들었던 김 모, 박 모 대령이 그를 기다리고 있었다. 세 사람은 중앙청 옆 국립영화연구소 시사실을 빌려 조직구성 작업에 착수했다. 유난히 무더운 날씨 속에서 세 사람은 머리를 짜내기 시작했다. 나라 살림의 틀을 새롭게 짜고 능률을 높이자면 어떤 모양의 기구가 적합한지, 새롭게 등장할 기획 관료들이 틀에 짜인 기존 부처와 원만한 관계를 유지할 수 있을 것인지 등등의 문제가 머리를 복잡하게 만들었다. 송정범의 회고—.

"史實(사실)로 볼 때 1948년 정부수립 당시 국무총리 밑에 기획처가 있어 예산을 편성하는 기능까지 갖추고 있었지만 건국 초기의 혼란 밑에서는 개발 계획을 전제로 한 기능은 상상조차 할 수 없었습니다. 1955년에 등장한 부흥부는 원조 업무에만 편중되어 예산 편성권은 재무부에 속해 있었습니다. 단적으로 말해 재원이 두 곳에서 분리 운영된 2원제였지요. 이런 단점을 해결하자면 재원을 한 곳으로 모아야 했어요. 우리가 얻은 첫 번째 결론은 계획과 예산의 일체화가 필요하다는 것이었습니다. 더욱 큰 문제는 경제기획원장의 기능과 행정상의 지위 문제였어요."

송정범은 계획과 수립, 실행과 조정에 강력한 실천력을 주자면 경제기획원장에 부수반 신분격을 덧붙여주지 않는다면 기구가 발족해도 기능을 제대로 발휘할 수 없다는 점을 강조했다.

"해외의 사례도 참조했습니다. 행정관서의 영역이 오랜 전통으로 굳어진 일본의 경우 경제기획청을 두고 있지만 조정력이 거의 없었습니다. 인도의 '플래닝 커미션(Planning Commission)'도 부처 사이의 요구를 배분만 하고 있어 우리나라 실정에 맞지 않았습니다. 세계은행에서 비교연구된 개발기구에 대한 자료와 미르달 교수의 《경제이론과 저개발 지역》이란 책은 참조할 만했지요."

송정범과 두 대령은 경제기획원 설치안을 만들어 내각에서 세 차례, 국가재건 최고회의에서 한 차례 보고·설명회를 가졌다. 내각에서는 경제기획원의 권한이 지나치게 강하다는 논란이 일어났다. 송정범에게 경제 대책 기안을 의뢰했던 김유택 재무장관조차 재정과 금융의 보완관계를 들어 "예산국의 이전은 전통적인 재무부 기능을 없애려는 것"이라며 반대했다. 意見百出(의견백출)의 전시장 같았다. 내무부의 통계국만 이전이 순조로웠다.

1차 5개년 계획안의 확정

경제기획원장의 부수반 신분 문제는 논란 끝에 법제처장이던 헌법학자 朴一慶(박일경)이 해결의 실마리를 풀었다. 박 처장은 경제기획원장을 장관급으로 두되 내각수반이 직무를 수행할 수 없을 때는 경제기획원장이 그 職務(직무)를 대행할 수 있도록 하는 序列(서열)로 결론지었다. 이 전례는 나중에 副總理(부총리)제도로 확정된다.

이 와중에 송정범이 박정희 의장을 찾아가 "경제기획원 조직문제는 논란이 많아 곤란할 것 같습니다"라고 했더니 박 의장은 이렇게 말했다고 한다.

"목적과 수단이 좋으면 그대로 밀고 나가시오. 정책은 일관성이 있어야지 이리저리 흔들리면 나중에 되는 일이 없습니다."

박정희 의장이 주재하는 최고회의에서도 우여곡절이 많았다. 최고위원들이 저마다 경제기획원안에 대해 비판적으로 질문을 하곤 했다. 송정범의 회고ㅡ.

"그때는 인플레, 실업, 식량부족으로 좌절감에 젖어 있는 국민에게 미래상과 그 수단을 제시해야 할 절박한 처지에 직면해 있었습니다. 경제를 잘 모르던 최고위원들은 이런 초조함 때문에 대안도 없이 신경질적이었던 것 같습니다. 그런데 박정희 의장은 경제기획원의 원안을 전면적으로 지지하고 나섰어요. 그는 정교한 修辭(수사)를 동원하지 않고 이 기구로 5개년 계획을 밀고 나가자고 결론지었습니다. 아무도 반대를 못했지요."

혁명정부는 7월 22일 건설부를 폐지하고 경제기획원을 신설하는 경제기획원 직제 및 국토건설청 직제안을 공포했다. 경제기획원 초대원장은 韓銀(한은) 총재와 재무장관을 지낸 김유택이 기용되고 산파역을 맡은 송정범은 부원장을 맡았다. 이후 경제기획원장이 경제부처를 통솔하고 경제장관회의를 주재하는 제도가 정립되기 시작했다.

박정희 의장으로부터 최고회의판 '종합경제재건계획'을 참고하여 '제1차 경제개발 5개년 계획'을 수립하란 지시를 받은 경제기획원장 김유택과 부원장 송정범은 회의를 열었다.

'시멘트 공장을 만들자', '제철소가 있어야 한다', '정유공장을 건설하자', '발전소가 모자란다', '비료공장을 세우자' 등 많은 의견들이 쏟아졌다. '고속도로를 닦아야 한다'는 의견도 제시됐다. 방법론은 없고 목표만 내세우는 들뜬 분위기였다.

경제기획원이 맨 먼저 봉착한 문제는 성장률이었다. 최고회의를 통해 발표된 '종합경제재건계획'에서 결정한 성장률은 연평균 7.1%였는데 李秉喆(이병철) 삼성물산 사장이 회장으로 있던 한국경제인협회(전경련의 전신)에서는 경제성장률이 최소한 연 10%는 되어야한다고 주장했다. 반면, 학계에서는 "외국에서도 7% 성장의 예가 없다", "돈도 없는데 어떻게 7.1%의 성장을 바라는가"라며 卓上空論(탁상공론)이라고 비판했다.

송정범은 IBRD(세계은행) 산하 경제개발 연구원에 있으면서 배운 지식을 활용했다. 개발정책을 다룬 각국의 경험자들은 성장률을 책정할 때 정치적인 목표치로서의 성장률을 절대로 피해야 한다고 강조했다. 그들은 송정범에게 '실업자를 구제하기 위한 최소치를 기준으로 삼으라'고 충고했다. 송정범은 이 충고에 따라 기준치를 정한 뒤 수출정책을 고려해 연평균 성장치를 책정했다고 한다. 그 결과는 최고회의판 종합경제재건계획에서 제시한 7.1%와 맞아 떨어졌다. 송정범은 "결과적으로는 재계와 학계의 중간치처럼 보이지만 실은 계산에 의한 결과"라고 증언했다.

경제기획원에서 두 번째로 봉착한 문제는 농어촌 발전계획이었다. 박정희 의장은 기회가 있을 때마다 "농촌을 잘 살게 해야 한다"고 강조했지만 고도성장을 위해서는 1차 산업의 '상대적 후퇴'를 감수해야 할 처지였다. 상공부와 농림부 간의 마찰도 컸다. 송정범 부원장이 박정희 의장에게 이런 갈등을 보고하면 박 의장은 "서로 협의를 잘 해서 타결짓도록 하시오"라고만 했다. 결국 대외 발표만은 '農工竝進(농공병진) 정책을 추진하는 것'으로 하되 실제는 種子(종자) 개량과 비료공장 건설을 고려한 선에서 공업화 중심으로 결정을 보았다.

송정범은 외자는 자유롭게 도입할 수 있도록 결정했다. 국내 저축이 모자라고 미국의 원조도 감축되는 상태에서 외환보유고도 부족하여 경제성장 전략은 자연스럽게 외자도입에 의한 수출 주도형으로 초점이 맞춰졌다. 한국에 외자를 주려는 나라가 없다는 게 문제가 되자 경제기획원은 외자도입 촉진위원회를 구성하기로 결정했다.

제1차 경제개발 5개년 계획의 윤곽은 10월 말에 드러났다.

▲농업생산력의 확대에 의한 농업소득의 증대와 국민경제의 구조적

불균형의 시정 ▲전력, 석유, 석탄 등 에너지원의 확보 ▲기간산업의 확충과 사회 간접자본의 충족 ▲유휴자본의 활용, 특히 고용의 증대와 국토 보전 및 개발 ▲수출 증대를 주축으로 하는 국제수지의 개선 ▲기술의 진흥 등이 중점 목표였다.

경제개발 5개년 계획 작업이 마무리 되어 가는 도중에 박정희 의장의 訪美(방미)계획이 확정됐다. 방미목표는 케네디 대통령을 만나 혁명정부의 정통성을 인정받고, 경제건설에 미국의 지원을 구하는 것이었다. 경제기획원은 박 의장에게 필요한 자료를 준비해 올리고 송정범은 세계은행(IBRD) 등과의 협의에 골몰했다.

박 의장의 미국행에 천병규 재무장관과 송정범 경제기획원 부원장이 공식 수행했다. 박정희 의장이 케네디 대통령과 만나는 동안 송정범은 미 국무부 해외개발처(AID) 해밀턴 처장과 실무 협의에 들어갔다. 미국 측은 한국의 경제개발 5개년 계획을 '지나치게 의욕적인 계획'으로 평가했다.

해밀턴 원조처장은 "7.1% 성장률을 목표로 정한 것은 선진국에서도 예가 없다. 제철, 정유, 造船(조선), 비료, 시멘트 공장을 세운다는데, 이것이 한국에 필요하다는 것은 납득하겠지만 그러나 한꺼번에 어떻게 하겠다는 것인가. 적어도 20억 달러 이상의 外資(외자)가 필요한데 한국에 누가 그런 많은 돈을 빌려 주겠는가"라며 난색을 표시했다.

지도받는 자본주의 체제

IBRD(세계은행)도 한국의 경제개발 계획에 난색을 표명했다. 송정범 경제기획원 부원장이 그들을 설득한 끝에 결국 제2차 경제개발 5개년 계획의 입안 때부터 IBRD 측이 적극 개입한다는 조건 하에 외자지원의 언질을 받아 냈다. 박정희 의장이 귀국할 때 IBRD 측은 간부를 동행시켜 한국에 파견했다. 파견된 IBRD 측 간부는 외자도입 체제를 고치고 모든 프로젝트 건설을 정부주도로 할 것을 권고하면서 외자도입 시 정부가 보증하고 수출산업 육성을 최우선 과제로 삼도록 제안했다.

IBRD 측의 권고를 받아들인 경제기획원은 제1차 경제개발 5개년 계획의 기본 골격은 그대로 둔 채 부분적인 수정을 했다.

1962년 1월 1일 〈경향신문〉은 이틀에 걸쳐 〈신춘 경제 좌담회〉란 제목의 對談(대담)기사를 실었다. 財界(재계) 대표로 李秉喆 삼성물산 사장이, 學界(학계)를 대표해서는 陸芝修(육지수) 서울대 경제학 교수가, 정부에서는 송정범 경제기획원 부원장이 대담에 참석했다. 이 자리에서 이병철은 "더 큰 계획을 세워야 합니다. 경제개발에 대한 국민의 기대는 큽니다. 외자는 기업가들이 앞장서서 도입하겠습니다"라고 말했다.

육지수 교수는 정부의 농공병진정책에 우려를 표시하면서 "농업과 공업을 비교할 때 공업이 利潤度(이윤도)가 높으므로 어떤 나라든지 공업을 하려고 합니다만, 우리나라의 현 실정으로는 60%를 점하는 대다수 농민들이 잘 살게 되어야 국내시장도 확보할 수 있으니까 그런 점에서 장기 경제계획의 첫 단계에서는 농업을 위주로 해야 한다는 겁니다"라고 주장했다.

이에 대해 宋 부원장은 다음과 같이 잘라 말했다.

"爲主(위주)니 重點(중점)이니 하는 말을 하시는데 우리가 항구적으로 농업을 위주로 한다는 것이 아닙니다. 솔직히 말해서 공업화를 지향하는 조건의 하나로서 농업을 소중히 여긴다는 뜻입니다. 목표는 어디까지나 공업화에 있습니다."

1962년 1월 5일, 혁명 정부는 제1차 경제개발 5개년 계획을 확정, 발표했다. 정소영 등이 만든 최고회의판 종합경제재건계획을 토대로 경제기획원이 5개월여 작업 끝에 탄생시킨 대한민국 경제발전의 청사진이었다.

제1차 경제개발 5개년 계획서의 서문에서 박정희 의장은 개발 계획의 전략을 이렇게 설명했다.

〈진정한 민주정신에 입각한 개인의 자유와 창의를 존중하는 자유경제 체제의 원칙 하에 정부의 강력한 계획성이 가미되는 새로운 경제체제를 확립함으로써 민족적 숙원인 승공통일을 기약할 수 있을 것이다〉

이 계획서는 기본 전략으로서 다섯 가지를 꼽았다.

〈가. 민간인의 자유와 창의를 존중하는 자유기업의 원칙을 토대로 하되 基幹(기간) 부문에 대하여는 정부가 간여하는 '지도받는 자본주의 체제'로 한다.

나. 정부가 직접적인 정책수단을 보유하는 公的(공적) 부문에 계획의 중점을 둔다.

다. 한국 경제의 궁극적인 진로는 공업화에 있다. 그 준비단계에서 전력, 석탄 등 에너지 공급원의 확보, 농업생산력 증대, 기간산업과 사회간접자본의 확충, 고용증대와 국토개발, 수출증대, 기술진흥에 주력한다.

라. 국내자원과 노동력을 최대한 활용하고 외자도입에 중점을 둔다.

마. 국방비는 불가피한 자연증액만을 인정한다〉

이승만 대통령은 자유당 시절에 부흥부에서 '경제개발 5개년 계획안'을 만들어 보고하자 "5개년 계획이라니? 그건 소련 공산당들이나 할 일이 아닌가"라고 강한 거부감을 나타냈다고 한다. 관료들은 老(노)대통령의 심기를 건드리지 않으려고 2년을 깎아서 '3개년 계획안'으로 바꾸기도 했다.

박정희는 이승만식 시장경제와 민주주의를 우리 실정에 맞게끔 뜯어고쳐야 한다는 확신을 갖고 있었다. 경제는 국가가 적극적으로 시장에 개입, 주도하는 식으로 하고 정치도 국가가 국민들을 教導(교도)하는 식으로 해야 한다고 해서 '교도 민주주의'란 말을 쓰기도 했다. '교도 민주주의'(뒤에 나오는 한국적 민주주의도 마찬가지)나 '지도받는 자본주의'는 동전의 양면이다.

박정희는 자주적인 근대화의 걸음마도 떼지 않은 한국, 더구나 북한과 대결하고 있는 한국은 서구식 시장경제와 민주주의를 감당할 토양이 못 된다는 인식을 갖고 있었다. 국가 엘리트가 장악한 정부가 나서서 국가근대화를 통해 市場(시장)과 民主(민주)가 기능할 수 있는 토양을 만들어야 한다는 것이었다.

역사발전단계와 남북대치상황에 입각하여 한국의 상황을 직시하고 일부 지식인이 아닌 대다수 국민의 입장에 서서 무엇이 국익이고 善(선)인가의 시비를 가려야 한다는 것이 박정희식 實事求是(실사구시), 또는 박정희식 주체성의 핵심이었다. 박정희는 한 번도 시장경제와 민주주의 그 자체를 부정한 적은 없다. 그는 "지금 우리나라의 상황은 英美(영미) 등 일류 국가의 제도를 교과서적으로 그대로 적용할 단계가 아니다"라고 말했을 뿐이다. 이런 그의 주장은 야당, 지식인, 학생들의 눈에는 독재를 위한 자기 합리화로 비쳐지기도 했다.

경제개발 5개년 계획이 국방비를 최소한으로 억제한다는 것을 원칙으로 삼은 것도 주목할 점이다. 그런 사실상의 軍費凍結(군비동결) 결정이 군인혁명가 그룹에 의하여 이루어졌다는 것은 외국에서도 전례를 찾기 힘든 것이다. 박정희는 1960년대를 경제제일주의로 밀고나갔고 김일성은 군사제일주의로 밀고나갔다. 1970년대에 들어서는 박정희는 1960년대에 구축한 자립경제를 기반으로 하여 자주국방정책을 추진한다. 김일성은 과중한 군사비 부담으로 1960년대에 이미 경제가 망가지고 나서야 1970년대에 경제건설을 시도했으나 기초체력이 떨어진 뒤라 효과가 없었다.

1970년대 중반에 가면 연간 국방비 지출에서도 남한이 북한을 앞지르게 된다. 오늘날 남북한의 격차를 가져온 씨앗이 1962년에 뿌려진 것이다. 즉, 이 해부터 시작된 한국의 경제개발 계획과 북한에서 시작된 4대 군사노선이 그것이다. 북한은 1962년 가을에 벌어졌던 쿠바 미사일 사건 때 소련이 핵전쟁을 각오한 미국의 압력에 굴복하여 쿠바에 배치했던 미사일과 핵탄두를 철거하는 것을 보고는 자주군사노선에 더욱 박차를 가하게 되었다. 1962년 남북한은 각각 다른 길을 선택했다. 처음에는 미미하게 보이던 그 차이가 해가 바뀔수록 커지게 되는 것이다.

怪商 아이젠버그의 등장

제1차 경제개발 계획상의 1차 연도인 1962년의 남한 인구는 약 2,500만 명. 당시의 인구증가율은 연 2.9%나 되었다. 1차 5개년 개발 계획이 끝나는 해인 1966년의 인구는 약 2,920만 명으로 예상되었다. 5년간 인구가 420만 명이나 증가되어서는 경제성장을 지속하기가 어렵다는 판단이 섰다. 더구나 당시 실업률은 24%나 되었다. 혁명정부는 代(대) 잇기와 피붙이 의식이 강한 나라에서 가족계획사업에 박차를 가하게 된다. 문제는 投資財源(투자재원)이었다. 1차 5개년 계획기간 중 투자할 액수는 3조 2,145억 환인데 48.8%가 전기, 교통, 통신, 주택 등에 투입되고 광공업에 34%, 농림·수산업에 17.2%가 들어가게 되어 있었다. 투자재원의 약 4분의 1은 외자로 조달하기로 했다. 혁명 정부는 줄고만 있는 미국의 對韓(대한) 원조에만 매달릴 수 없다고 판단하여 독자적으로 外債(외채)를 끌어들이기로 했다.

자유당 정부는 1958년에 호남비료의 나주공장을 짓기로 하고 서독의 루르기社(사)와 건설계약을 맺었다. 착공은 했지만 국내재원을 제대로 조달하지 못해 공사는 지지부진했다. 혁명정부는 金載圭(김재규) 준장을 호남비료 사장으로 임명하고 자금을 과감히 방출하여 공장 건설에 박차를 가하니 서독 정부와 기업인들이 관심을 기울이기 시작했다. 김재규를 사장으로 추천한 이는 정래혁 상공부 장관이었다. 정래혁은 3사단장 이종찬 장군 밑에서 참모장으로 근무한 적이 있었다. 이때 부관참모가 김재규였다. 정래혁은 호남비료 사장이 된 김재규가 순진하고 사심 없이 일을 잘했다고 기억한다.

서독과 혁명정부를 끈끈하게 맺어준 사람은 유태인 사울 아이젠버그였다. 박정희의 근대화 혁명, 그 뒤안길에 등장하는 흥미 있는 인물들 가운데 한 사람인 아이젠버그에 대해서는 약간의 설명이 필요하다.

1997년 사망한 아이젠버그는 독일 출생의 유태인으로서 나치의 박해를 피해 세계를 떠돌아다니다가 일본에서 돈벌이에 성공한 巨商(거상)

이었다. 그는 6·25전쟁이 터지자 한국에 지사를 두고 장사를 시작했다. 주로 수입품의 중계를 통해서 돈을 벌었다. 1959년에 도입된 서독 지멘스社의 전화교환기도 아이젠버그가 중계한 것이었다. 그는 일본, 한국뿐 아니라 중남미, 동남아, 중동 등지에서도 많은 사업에 관여했다. 그는 주로 자금이 달리는 開途國(개도국)에 진출, 정부—기업—은행—건설회사 등을 서로 연결시켜주면서 자금도 마련해주고 사업도 성사시키는 '일괄 거래의 조정자' 역할을 수행했다. 그는 오스트리아와 이스라엘의 2중 국적소지자였다. 오스트리아 출신인 프란체스카 여사와도 친분이 두터웠다고 한다.

아이젠버그가 본격적으로 활동하게 되는 것은 5·16 이후 박정희 정권이 외자 도입에 의한 경제성장정책을 밀고 나갈 때였다. 아이젠버그는 주로 서독 차관을 많이 끌어와서 우리나라의 기간산업 건설에 연결시켜주고 많은 커미션 등 이문을 남겼다. 그가 '일괄거래' 방식으로 엮어준 사업 목록은 한국기간산업총람으로 보일 정도이다.

영월화력 2호기, 부산화력 3·4호기, 영남화력 1·2호기, 인천 화전, 월성 원전 3호기, 동해화력 1·2·3호기, 쌍용시멘트, 고려 시멘트, 동양시멘트, 한일시멘트, 일신제강, 유니온 셀로판, 피아트 자동차, 석탄공사의 채탄시설 현대화, 중앙선 전철화, 포항제철 증설 등등. 미국으로부터의 원조가 줄어들 때라 박정희 정권은 아이젠버그가 주선하는 차관이 이자율이 매우 높다는 것을 잘 알면서도 받지 않을 수 없었다. 아이젠버그가 처음으로 서독 차관 도입을 중계한 것은 1961년 가을이었다.

아이젠버그는 정래혁 상공부 장관이 서독의 관료들과 기업인들을 만날 수 있도록 손을 써놓은 뒤 정 장관과 함께 차관도입 교섭차 1961년 11

월 13일 독일로 출발했다. 아이젠버그는 정래혁 장관을 안내하여 크루프, 지멘스, 하노버 조선소 등 서독의 유수한 회사들을 돌아보게 했다. 에르하르트 경제담당 부총리는 만나지 못했지만 그 아래 차관과 교섭을 성공적으로 마무리 지었다. 서독 정부의 장기차관과 민간투자를 합쳐 3,750만 달러 상당의 마르크화를 1962년에 한국 정부에 제공하기로 한 것이다. 이것은 혁명정부 최초의 공공차관 도입이었다.

미국은 한국이 서독을 새로운 차관도입선으로 뚫는 것을 보고 경계심을 갖게 되었다. 한국으로선 미국 측에 대하여 "당신네들만 있는 것이 아니다. 우리도 마음만 먹으면 돈을 꿔올 수 있다"는 과시를 한 셈이 되었다. 박정희 의장은 서독대사를 초청하여 酒宴(주연)을 베풀어 주면서 미국의 방해로 서독과 더 긴밀한 경제관계를 맺지 못하게 된 것에 대하여 미안한 마음을 전달했다고 한다.

경제개발 계획의 성패를 좌우할 재원 조달에 골머리를 앓고 있던 박정희 의장은 1961년 여름에 엄청난 결심을 하게 된다. 1961년 9월 초였다. 千炳圭(천병규) 재무장관은 오스트리아 빈에서 열리는 IMF 연차총회에 참석하러 가기 며칠 전 최고회의 재경분과위원 유원식 준장으로부터 식사를 같이 하자는 연락을 받았다. 삼선교 부근에 있는 유원식의 집을 찾아가서 談笑(담소)를 하는데 유 준장이 이런 말을 꺼냈다.

"경제개발을 하는 데는 외자동원도 어렵지만 내자가 더 문제입니다. 우리나라에 있는 화교들이 숨겨가지고 있는 돈이 1,000억 환은 된다고 합디다. 그 돈을 끌어낼 수만 있다면 숨통이 트일 터인데….."

천병규는 그때 통화량이 2,830억 환인데 아무리 화교들이 현금을 많이 가지고 있다 한들 그렇게나 될까 하고 반신반의했다. 유원식은 자꾸 통화개혁 쪽으로 화제를 끌고 가는 것이었다. 경제개발에 투자할 내자를 동원하고 돈의 소재를 파악하여 富(부)의 偏在(편재)를 시정하는 목적으로서 통화개혁의 필요성을 이야기하는데 천병규는 너무 엄청난 발상에 찬성도 반대도 하지 않았다. 천 장관은 "이건 유 위원 생각이오, 아니면 박 의장 생각이오?"라고 물었다.

"박 의장께서도 알고 있으니 내일 한번 만나보시오."

통화개혁 발상

다음날 천병규 재무장관은 박정희 의장을 찾아가서 어제 유원식 최고위원과 나눈 이야기를 보고한 뒤 이런 말을 했다고 한다(회고록 《千馬草原(천마초원)에 놀다》).

"통화개혁은 군사혁명보다도 더 가공할 파급효과를 전체 국민들에게 줄 것이니 쉽게 생각해선 안 됩니다."

"통화개혁은 이미 기정사실이오. 박희범 교수에게 화폐개혁에 관한 연구를 하도록 이미 지시를 해두었소. 내년 3월 말에 단행할 계획이오."

천병규는 한국은행 창립 이래 도쿄 지점장, 오사카 지점장, 홍콩 지점장으로만 근무하면서 해외를 떠도느라고 1950년 9월의 긴급통화조치와 1953년 2월 15일에 있었던 통화개혁을 경험하지 못했다.

"저는 통화개혁을 체험해 본 적도 없고 그것에 대한 지식은 기껏해야 학교에서 배운 정도입니다. 자신이 없을 뿐만 아니라 이런 일은 미국 측에도 통보해놓고 해야 하지 않습니까."

박 의장은 "미국 측에 알리면 그들의 반대로 수포로 돌아갈 가능성이 높다"고 했다. 천병규 장관은 "그렇다고 해도 한국은행 총재, 경제기획원장, 최고회의 재정경제분과 위원장은 미리 알고 있어야 한다"고 했다. 박정희는 "그러면 보안이 안 된다"고 반대했다. 박 의장은 자신의 경제고문인 박희범 서울상대 교수의 안이 완성되면 그때 가서 다시 의논해 보자면서 "천 장관도 연구를 해보시오"라고 했다. 천병규가 뒤에 알아보니 통화개혁 발상의 주인공은 유원식이었다. 유원식은 경제개발 5개년 계획안이 발표된 7월 하순 한가한 시간을 이용하여 박정희 의장에게 통화개혁의 발상을 전달했다고 한다.

內資(내자) 동원의 필요성과 함께 새 정부가 출범했으니 새 돈을 쓰도록 해야 한다든지 하는 이야기에 박 의장은 "한번 해 봅시다"라고 너무 쉽게 승낙해 버렸고, 그때부터 통화개혁의 수레바퀴는 구르기 시작했다. 박 의장은 상공위원이던 유원식을 재경위원으로 옮겨주고 이 통화개혁 준비작업을 극비리에 추진하도록 했다. 비슷한 시기에 송요찬 내각수반에게도 이 계획이 알려졌다. 이 시점에서 통화개혁 계획을 알고 있었던 이는 박 의장, 송 수반, 천 장관, 유원식 위원, 그리고 박희범 교수 등 5명이었다. 김종필 정보부장도 모르고 있었다.

문제는 새 화폐를 어디에서 찍느냐는 것이었다. 국내에서 찍으면 비밀이 누설될 가능성이 높고 일본서 인쇄하면 편리하지만 왕래하는 사람이 많아 이 역시 안심할 수 없다. 미국에서 찍으면 박 의장이 걱정하는 대로 미국 측에 알려질 테니 안 될 일이었다. 이래서 유럽에서 인쇄할 곳을 찾아보기로 했다. 천병규 장관은 빈으로 가서 제16차 IMF 총회에 참석한 뒤 서독으로 들어갔다. 인쇄기를 구입하는 척하면서 새 지폐를 인쇄할 공장을 찾아보았으나 통화개혁의 예정일인 1962년 3월까지 지폐 인쇄를 끝낼 만한 곳이 없었다.

천 장관이 귀국한 뒤 10월 중순 최고회의 의장실에서 통화개혁에 대한 회의가 열렸다. 이 비밀을 알고 있는 다섯 사람, 즉 박 의장·송요찬 수반·유원식 최고위원·천병규 장관, 그리고 박희범 서울 상대 교수가 참석했다. 이 자리에서 박희범 교수는 그동안 연구했던 통화개혁안을 보고했다. 천병규 장관이 들어보니 도저히 실행이 불가능한 조잡하고 쓸모가 없는 안이라는 판단이 섰다고 한다. 예컨대 화폐 교환을 은행이 아닌 洞會(동회)에서 하도록 구상하는 등 현실성이 없었다. 박희범 교수가 물러간 뒤 네 사람은 "박 교수 안으로는 안 되겠다"는 결론을 내리고 박 교수에게는 '통화개혁은 안 하기로 했다' 고 알려줌으로써 그를 통화개혁 팀에서 탈락시키기로 했다. 이렇게 하여 통화개혁 계획은 다시 원점으로 돌아가 천 재무장관이 실무준비를 책임지게 되었다.

이때 천병규의 머리에 떠오른 인물이 金正濂(김정렴·뒤에 대통령 비서실장 역임)이었다. 김정렴은 한국은행에 근무하고 있으면서 1953년 2월 15일에 단행되었던 통화개혁에 실무자로 참여한 사람이었다. 그 뒤 그는 재무부에 파견되어 이재국장으로 있던 중 4·19를 맞았다. 민주당 정부 시절엔 한국은행으로 돌아와 있다가 한국은행 뉴욕사무소장으로 발령을 받았다. 까다로운 여권수속과 자녀들의 전학문제를 해결하여 어렵게 뉴욕에 부임했다가 석 달 만에 5·16을 만났다. 혁명으로 불어닥친 인사 숙정태풍에 휩쓸린 김정렴은 뉴욕 사무소장직에서 해임당한 뒤 귀국 명령을 받았다. 자유당과 민주당 시절 요직을 두루 거쳤다는 것이 그에게 불이익으로 작용한 것이다. 한국은행으로 복귀한 그는 '인사부 소속 참사' 란 직함을 가지고 아무 補職(보직)도 없이 소일하고 있었다.

천병규 재무장관은 귀국 인사차 들른 김정렴에게 '정부에서 같이 일해보자'고 했으나 그는 펄쩍 뛰면서 다시는 공직을 맡지 않겠다고 하는 것이었다. 천 장관은 어떻게 하든지 김정렴을 통화개혁에 참여시켜야겠는데 그런 제의를 했다가 거절당하면 기밀만 누설되니 절대로 물러설 수 없는 것이고, 그렇다고 강제로 그런 일에 끌어들이자니 인정상 못할 짓이라 고민을 많이 했다. 千 장관은 柳原植 준장을 찾아가 의논했다.

"통화개혁을 실무적으로 성공시키려면 이 사람을 꼭 잡아야 합니다. 통화개혁뿐 아니라 여러 가지로 유능한 인재이므로 혁명정부에서 기용해 주었으면 합니다. 그런데 본인은 싫다고 하니 나로서는 어떻게 할 수 없습니다."

柳原植은 시원스럽게 대답했다.

"문제 없습니다. 이름과 주소만 가르쳐주세요."

며칠 뒤 유원식은 천 장관에게 연락을 해왔다.

"김정렴 씨를 모셔다놓았으니 만나려면 만나 보십시오."

김정렴은 중앙정보부 구내의 한 사무실에 있었다. 유원식은 그에게 통화개혁에 대해서는 이야기하지 않고 그냥 경제개발에 대해서 연구를 하라고 한 모양이었다. 천병규 장관도 시치미를 떼고 김정렴을 격려했지만 속으로는 '사람 문제는 해결되었으니 이제는 인쇄소를 결정할 때'라고 생각했다고 한다(회고록 《千馬草原(천마초원)에 놀다》).

영국의 造幣공장

金正濂(김정렴)은 천병규 재무장관이 통화개혁 준비작업에 동원하기 위해 최고회의 柳原植 위원에게 부탁하여 한국은행에서 정보부로 데려다 놓은 경우이다. 이것이 계기가 되어 공직을 다시는 맡지 않겠다는 김정렴의 인생행로가 바뀌게 된다. 1969년부터 9년간 대통령 비서실장으로서 박정희를 보좌하면서 경제정책을 비롯한 國政(국정)에 크나큰 영향을 행사한 김정렴. 그는 최근까지도 자신이 왜 정보부로 동원되어 가다시피 하여 그곳에 근무하게 되었는지를 몰랐다고 한다. 천병규는 1988년에 《천마초원에 놀다》란 제목의 회고록을 펴냈는데 김정렴은 거기에 실린 글을 읽고서야 자신의 정보부行(행)이 결정된 배경을 알았다는 것이다.

유원식의 지시를 받은 정보부 간부 康誠元(강성원·공화당 국회의원 역임)은 한국은행으로 연 3일간 출근하다시피 하여 김정렴에게 "정보부에 와서 우리를 도와달라"고 부탁했다. 김정렴은 한국은행에서 재무부 이재국장으로 파견된 뒤 官界(관계)에서 고생한 것이 잊혀지지가 않아 매정하게 거절했다. 나흘째 되는 날 한국은행 총재가 부르더니 "정보부에서 귀하를 지명하여 파견근무를 시키라는 지시가 내려왔다"고 하는 것이었다.

정식 인사명령에 불복하는 것은 자진 퇴직을 의미하는 것이다. 김정렴은 내키지 않았지만 정보부 정책연구실에 자문위원으로 출근하기 시작했다. 나가보니 崔圭夏(최규하·전 대통령), 李鍾極(이종극), 金成熺(김성희), 金雲泰(김운태), 朴觀淑(박관숙), 劉鎭舜(유진순) 등 각계 전문가들이 일하고 있었고 金鶴烈(김학렬·뒤에 경제기획원장 역임)은 이곳에서 일하다가 정부 쪽으로 떠났다는 것이었다. 김정렴은 이곳에서 현안 경제문제에 대한 의견을 써내면서 시간을 보냈다.

그러던 어느 날 천병규 장관이 오더니 김정렴을 데리고 유원식 위원을 소개시켜주고 돌아갔다. 유원식은 "김 선생 이야기는 많이 들었습니다. 1953년 2월의 긴급 통화금융조치를 기안했다면서요"라고 하더니 이렇게 말하는 것이었다.

"통화개혁에 대한 연구를 좀 해주세요. 각국의 통화개혁의 실례, 우리나라 통화개혁 시의 준비사항, 통화개혁의 구체적인 내용, 사후대책 등에 관련하여 연구를 하셔서 보고서를 써 주십시오. 통화개혁을 하겠다는 것은 아니고 다만 통화개혁에 대한 조사를 하는 것이니 쓸데없는 오해를 받지 않기 위해서라도 보안이 유지되어야겠습니다."

유 위원은 비밀작업에 적당한 장소라면서 서울시청 뒤의 한 건물 2층으로 김정렴을 데리고 갔다. 여자직원이 근무하는 부속실, 그 옆에 잘 차려진 집무실, 그리고 그 뒤쪽에 벽 전체에 검정융단의 커튼이 쳐져 있는 방이 있었다. 김정렴은 혼자서 이 방을 쓰면서 통화개혁에 대한 보고서를 써 올렸다. 유원식은 "수고했다"면서 "지금 駐美(주미) 대사관 경제참사관 자리가 비어 있는데 가지 않겠는가"라고 물었다. 김정렴은 즉석에서 "좋다"고 했다.

한편 비밀 통화개혁의 실무책임자가 된 천병규 재무장관은 새 지폐의 인쇄 장소를 생각하다가 영국에서 연수 중 가본 적이 있는 토머스 데라루(Thomas De La Rue) 조폐회사가 생각났다. 식민지를 많이 가졌던 영국에는 여러 나라들의 화폐를 인쇄해주는 업종이 발달해 있었다. 유원식과 천병규가 배석한 가운데 송요찬 수반은 駐韓(주한) 영국대사를 내각수반실로 불렀다. 송요찬이 입을 뗐다.

"당신 나라에 화폐제조를 발주할 생각이다. 비밀 유지를 책임질 수 있는가. 우리의 화폐개혁 계획을 본국 정부에 꼭 보고해야만 하는 가."

"보고는 해야 한다. 기밀유지는 책임진다. 인쇄 가능 여부는 본국에 조회하여 이틀 후에 알려주겠다."

이틀 뒤 영국대사는 "작업은 가능, 비밀유지를 책임진다"는 답을 해왔다.

새 화폐를 발주하자니 券種別(권종별) 인쇄 수량을 계산하는 문제가 남았다. 천 장관은 누구에게 물어볼 수도 없어 자신이 직접 한국은행의 통계자료를 갖다놓고 어림짐작으로 계산해냈다. 그리고는 서독으로 차관교섭을 위해서 떠나던 정래혁 상공장관에게 부탁하여 토머스 데라루 社(사)와 인쇄계약을 미리 맺어두도록 했다. 천병규는 박정희 의장이 케네디 대통령을 만나러 가는 일행에 끼었다가 미국에서 바로 영국으로 가기로 했다. 기자들의 추적을 따돌리기 위해서였다. 기자들 앞에서 박정희 의장은 미리 짠 각본에 따라 쇼를 벌였다. 미국행 비행기 안에서 박 의장은 기자들이 들으라고 소리쳤다.

"어이, 천 장관. 영국에서 초청을 받았다지?"

"예, 각하. 이번 각하의 방미에 제가 수행한다는 것을 알고 영국 경제단체에서 저를 초청했습니다. 4~5일간 영국에서 시찰을 하도록 되어 있습니다."

박정희 의장이 미국으로 떠나기 전에 유원식은 통화개혁에 대해서 비로소 김종필 정보부장에게 이야기해 주었다고 한다. 워싱턴에서 박 의장 일행과 헤어져 영국에 도착한 천병규는 토머스 데라루社(사)에 들렀다. 천 장관은 먼저 다녀간 정래혁 장관과 이 회사가 화폐 인쇄비를 646만 달러로 책정해놓은 것을 발견했다. 1961년도의 우리나라 수출액은

3,800만 달러였다.

토머스 데라루社가 디자인한 소액권의 크기도 너무 작았다. 거의 우표만 했다. 그런데 이 크기를 늘리면 인쇄비가 더 먹히게 되어 있었다. 고액권의 장수를 늘리고 소액권의 장수를 줄이면서 크게 키우는 수밖에 없었다. 천병규 장관은 이렇게 하여 인쇄비를 450만 달러로 깎았다. 이때 발주한 지폐는 최고액권이 500원으로 그 아래로 100원 권, 50원 권, 10원 권, 5원 권, 1원 권이었다. 위조방지를 위해서 500원 권에는 金屬線入(금속선입) 특제지, 100원 권 이하는 色絲入(색사입) 특제지를 썼다.

울산공업센터 起工

박정희 대장이 이끄는 혁명정부는 산업자본을 동원하려는 통화개혁을 극비리에 추진하는 동시에 울산공업센터 건설계획도 밀고 나가고 있었다. 정래혁 당시 상공부 장관은 "처음부터 자연스럽게 울산이 工團(공단) 건설의 適地(적지)로 떠올랐다고 했다.

"철강, 석탄, 석유 등 중량물들은 바다로 운송되어야 하고 공업용수가 있어야 합니다. 울산은 바다와 태화강을 함께 끼고 있고 일제시대에 이미 이곳에 정유공장을 옮기는 등 공단으로 조성할 계획을 세웠던 곳입니다. 박정희 의장은 일본의 콤비나트 같은 개념을 생각한 것 같습니다. 종합제철, 정유공장, 비료공장 등 큰 시설들을 한 군데 모아서 연관효과를 높이려는 구상을 갖고 있었습니다. 미국의 對韓(대한) 원조기구 유솜의 책임자인 킬렌 처장은 한국 측이 너무 서둔다고 불평하기도 했습니다."

1940년대에 일본은 조선축항주식회사를 통해서 울산을 인구 50만 명 규모의 공업도시로 건설하기로 하고 築港(축항) 공사를 시작했다. 경제기획원 산하의 국토건설청은 이 조선축항주식회사의 계획서를 입수하였다. 이 문서를 토대로 자체 조사팀을 편성, 울산이 대규모 공단으로 적합한지를 검증했다. 조사팀장은 뒤에 울산공업센터 건설본부장이 되는 安京模(안경모)였다. 조사팀은 울산이 적지란 판단을 내리고 보고했다.

1944년 일제는 원산에 있던 정유공장의 일부를 뜯어 울산으로 옮기던 중 패전을 맞았다. 6·25 전쟁 때는 유엔군의 유류보급기지가 울산에 자리를 잡았다. 1954년엔 三養社(삼양사)가 製糖(제당) 공장을 이곳에 건설했다. 조선축항주식회사 사장 이케다(池田佑忠)는 일제 시대에 조선총독부 철도국 海陸(해륙)연락시설 담당이던 안경모를 자주 찾아와서 울산공업도시 건설계획을 털어놓고 한 사이였다. 6·25 전쟁 중에도 안경모는 유엔군의 유류보급기지 공사를 지휘했고 철도 부설을 해준 인연이 있었다.

안경모의 증언에 따르면 이병철 삼성물산 사장이 회장으로 있던 한국경제인협회(전경련의 전신)도 울산을 공단 적지로 추천했다고 한다. 1962년 1월 2일 박정희 의장은 부산 해운대에서 이병철, 李庭林(이정림), 鄭載護(정재호), 南宮鍊(남궁련), 金周仁(김주인) 등 기업인들과 만나 대규모 공업단지 건설계획을 토의했다. 이 자리에서 울산이 團地(단지)로 확정되었다. 당시 정보부 경제담당 고문이던 金龍泰(김용태·뒤에 공화당 원내총무 역임)도 기업인들을 만나고 다니면서 울산공단 건설에 관계한 인물이다.

무엇인가 가시적인 성과를 빨리 국민들에게 보여주어야 한다는 강박감을 갖고 있던 박정희 의장을 비롯한 혁명주체들은 울산공업지구 건설을 그런 상징적 사건으로 삼았다. 1962년 2월 3일 경남 울산군 대현면 고사리. 동해의 푸른 파도가 내려다보이는 야트막한 언덕, 나중에 油公(유공)의 정유공장이 들어서는 자리에서 '울산공업센터 기공식'이 열렸다. 박 의장, 송요찬 내각수반, 최고위원, 이 공단조성 계획에 반대했던 새뮤얼 버거 주한 미국대사를 비롯한 주한 외국인 사절들, 그리고 국내 기업인들이 참석했다. 이들은 서울에서 울산까지 특별열차를 타고 왔다. 구경거리로 알고 몰려드는 주민들을 위해서 장생포-울산 사이에 놓인 녹슨 철로에도 임시열차가 쉬지 않고 군중을 나르고 있었다. 겨울인데도 포근한 날씨였다.

오후 1시 15분부터 시작된 기공식에서 박 의장은 울산공업지구 설정을 선포했다. '대한민국 정부는 제1차 경제개발 5개년 계획을 실천함에 있어서 종합제철공장, 비료공장, 정유공장 및 기타 연관 산업을 건설하기 위하여 울산읍, 방어진읍 등지를 공업지구로 설정한다'는 내용이었다. 아직 들어설 공장들의 건설주체나 부지도 결정되지 않은 상태에서 서둘러 기공식을 올린 것이다. 박정희 의장의 이날 축사는 그 내용이나 열정에서 그가 한 여러 번의 역사적 연설 가운데 하나로 꼽힐 만하다.

"4,000년 빈곤의 역사를 씻고 민족숙원의 부귀를 마련하기 위하여 우리는 이곳 울산을 찾아 여기에 신공업도시를 건설하기로 하였습니다. 이는 루르의 기적을 초월하는 신라의 榮盛(영성)을 재현하는 것이며, 이것은 민족 再興(재흥)의 터전을 닦는 것이고 국가 백년대계의 寶庫(보고)를 마련하는 것이니 자손만대의 번영을 약속하는 민족적 궐기인 것입니다. 제2차 산업의 우렁찬 건설의 수레 소리가 동해를 진동하고 공업

생산의 검은 연기가 대기 속에 뻗어나가는 그날엔 국가민족의 희망과 발전이 눈앞에 도래하였음을 알 수 있을 것입니다.

빈곤에 허덕이는 겨레 여러분! 5·16혁명의 眞意(진의)는 어떤 정권에 대한 야욕이나 政體(정체)의 변조에 그 목적이 있었던 것은 아니었으며 오로지 이 겨레로부터 빈곤을 驅逐(구축)하고 자손만대를 위한 영구한 민족적 번영과 복지를 마련할 경제재건을 성취하여야겠다는 숭고한 사명감에서 궐기했던 것입니다. 이 울산공업도시의 재건이야말로 혁명정부의 총력을 다할 상징적 雄圖(웅도)이며 그 성패는 민족 빈부의 판가름이 될 것이니 온 국민은 새로운 각성과 분발, 그리고 협동으로써 이 세기적 과업의 성공적 완수를 위하여 奮起(분기) 노력해주시기 바라마지 않습니다."

이날 기공식이 끝난 뒤 참석자들은 경주 불국사호텔에서 연회를 가졌다. 同席(동석)했던 김용태에 따르면 이 자리에서 미국의 유솜(USOM·미국의 對韓 원조기관) 처장 킬렌은 "자본, 기술, 자원이 모두 부족한 한국이 이런 대규모 공단을 조성한다는 것은 시기상조다"라며 축하 분위기에 찬물을 끼얹는 발언을 했다고 한다. 울산공업단지 건설을 추진하는 데 있어서 핵심적 역할을 해왔던 김용태는 '평소에도 반대하더니 이런 자리에 와서도…'라는 생각에서 순간적으로 울분이 치솟아 킬렌의 멱살을 잡고 흔들었다고 한다.

그 3년 뒤 김용태가 국회의원들을 이끌고 월남을 방문하니 킬렌은 그곳의 원조기관에서 근무 중이었다. 킬렌은 반갑게 손을 내밀면서 말하더란 것이다.

"울산공업단지에는 많은 공장들이 들어섰다면서요? 그날 기공식 때는 내가 失言(실언)을 했습니다. 사과합니다."

김용태는 미국이 울산공업단지 건설에 반대한 것은 개발도상국을 시장으로 삼고 있는 그들이 혁명정부의 의욕적인 자립경제건설을 탐탁지 않게 생각하고 있었기 때문이라고 해석했다.

경제 家庭교사 李秉喆

박정희는 혁명정부가 부정축재혐의로 구속했던 기업인들을 풀어주었고, 이들 13명은 한국경제인협회를 창립하여 경제인들의 對(대)정부 창구로 활동하면서 정부의 경제정책에 큰 영향을 끼치기 시작했다. 이 협회의 회장이 된 이병철 삼성물산 사장은 '갈피를 못 잡고 있는 군사정부의 경제정책 방향과 전략에 우리가 돌파구를 마련해주고 실천해 보여주자'고 결심했다고 한다(前 전경련 상근부회장 《金立三(김입삼) 회고록》).

이때 기업인들은 쫓기는 기분이었다. 최고회의는 이들 기업인에게 부정축재에 따른 벌과금을 부과해놓고 있었다. 1961년 12월 31일까지 이 벌과금을 내지 않으면 다시 구속하겠다고 했다. 이병철은 박정희 의장에게 호소하여 '국가가 필요로 하는 공장을 건설하여 그 주식을 벌과금으로 代納(대납)할 수 있도록 해줄 것'을 건의했다.

"이렇게 해주시면 우리 기업인들은 시간의 여유를 갖게 되고 정부 측에서도 기업인들이 과연 국가에 해를 끼쳤는가 이바지를 했는가 다시 평가할 수 있을 것입니다."

박정희는 "그렇게 하면 국민들이 납득하지 않을 것입니다"라고 難色

(난색)을 보였다. 이병철도 지지 않고 "필요하다면 국민들을 납득시키는 것도 정치라고 생각합니다. 경제인들을 활용해야만 경제건설도 가능하지 않습니까"라고 말했다고 한다(《湖巖自傳(호암자전)》).

결국 박정희는 이병철의 건의를 받아들였다. 이병철은 〈한국일보〉에 기고한 글에서도 '부정축재자 처벌로써 제일 많은 피해를 입은 사람은 처벌통고를 받은 기업인이 아니고 국가와 국민대중이다. 1958년과 1959년에 GNP(국민총생산) 성장률이 평균 6.1%였던 것이 1960년과 1961년엔 2.3%, 2.8%로 내려갔다. 다시는 소급법을 제정하여 경제사회의 발전을 저해하는 일이 없어야 할 것이다' 고 주장하기도 했다.

기업인들은 기간산업을 맡아서 건설하되 그 재원으로서 외자를 도입하는 길도 스스로 뚫기로 했다. 이들이 건설할 기간산업으로 정한 것은 시멘트, 비료, 전기, 제철, 화학섬유, 정유산업이었다. 洋灰(양회)공장은 雙龍(쌍용)의 전신인 금성방직이 맡기로 했다. 비료공장은 삼성과 삼호 및 조선 견직이, 전기는 대한제분이, 제철은 대한양회·극동해운·대한산업·동양 시멘트에서, 화섬공장 건설은 화신과 조선견직 및 한국유리가 단독 또는 합작으로 추진하기로 했다.

이병철과 극동해운의 남궁련 사장은 거의 매일 박정희 의장을 찾아가서 경제인협회에서 만든 기간산업건설계획안을 설명하고 이를 건설하는 데 필요한 여건조성에 대해서 대화를 나누었다고 한다. 박정희는 "제철 공장 하나만 해도 이를 건설하는 데 1억 3,000만 달러나 든다지 않습니까. 정부보유弗(불)을 전부 투입해도 모자라는데"하면서 난색을 보였다. 이병철은 그럴 때마다 외자도입으로 재원을 마련할 수 있다고 박 의장을 설득했다. 달리 대안이 없던 박 의장은 기업인들의 설득에 귀를 기울이지 않을 수 없었다.

이병철과 남궁련은 박 의장의 허락을 받고 1961년 9월 4일 미국 샌프란시스코에서 열린 국제산업회의에 참석하여 외자유치 가능성을 탐색했다. 9월 13일 한국경제인협회는 5개년 계획에 소요되는 민간외자도입 추진계획서를 마련해 최고회의에 제출했다. 9월 18일엔 박 의장과 경제인협회 회장단이 '당면 경제문제에 대한 의견교환'이란 회의를 가지고 외자 조달 방안을 논의했다. 이런 회의를 거쳐 협회가 마련한 것이 외자도입 촉진책이었다. 그 골자는 다음과 같았다.

1. 개별기업의 교섭으로는 외자도입이 어려우므로 미국, 일본, 유럽 등 세 지역에 외자유치단을 파견한다(당시는 외국여행이 엄격한 허가사항이었다).

2. 민간차관 도입 시 정부가 지불보증을 해줄 것.

3. 민간경제외교를 지원하기 위하여 해외공관에 상무관을 주재시켜 줄 것.

4. 민간기업이 외국의 기술자와 기업가들을 자유롭게 초청하여 공장건설 등을 협의할 수 있도록 허가해줄 것.

5. 외자에 의한 공장건설 시 내자를 최대한 융자해주는 동시에 後取(후취) 담보제도를 마련해줄 것.

6. 외자도입에 의한 기계반입 시 가동에 필요한 원자재 수입을 허용하고 그 판매 代錢(대전)으로 소요 내자를 충당하는 방안을 강구해줄 것.

7. 외국의 장기금융기관을 유치토록 할 것.

8. 외자도입촉진법, 외환관리법, 이중과세방지조약 등을 추진해줄 것.

박 의장은 외자도입을 하는 기업에게 파격적인 혜택을 주는 이 제안을 받아들여 순차적으로 법제화해 갔다. 외자도입에 의한 공업화 · 수출입국 전략의 기초가 된 이 정부의 뒷받침은 한강의 기적을 가능하게 한 제도가 되었지만 동시에 政經(정경)유착을 胚胎(배태)하는 제도적 장치가 되었다.

이병철 같은 기업인들은 혁명정부가 농업 우선의 균형성장 정책을 버리고 공업과 수출중심의 불균형성장정책을 택하도록 하는 데도 적지 않은 영향을 끼쳤다. 이병철은 박정희와 혁명정부 요인들에게 '후진성 탈피의 지름길은 공업화뿐이오. 지금 이 시기를 놓치면 경제개발은 더욱 늦어지고 빈곤과 혼란의 악순환에서 벗어날 수 없게 됩니다'라고 강조했다. 이병철은 1962년 초 〈한국일보〉에 기고한 글에서 이런 요지의 주장을 했다.

〈우리는 영국 산업혁명 이전으로 돌아가서 경제발전의 고전적 코스를 밟아 내려올 시간이 없다. 우리는 과감하게 그 순서를 바꾸어 공업화를 먼저하고 대기업에서부터 출발하여 중소기업으로 내려가는 방식을 취해야 한다. 농촌을 구제하는 것은 과감한 외자도입에 의한 공업화를 통해서 가능하다. 외자도입은 미국을 주력으로 하고 배상금 문제를 주안점으로 하는 일본, 그리고 독일, 이탈리아, 프랑스, 네덜란드 순으로 중점을 두어야 할 것이다〉

重工政策

한국경제인협회 회장으로서 혁명정부 초기의 경제발전 전략 수립에 큰 영향을 끼쳤던 李秉喆 삼성물산 사장은 1963년 초 〈한국일보〉에 기고한 글에서 重農(중농)정책이 아닌 重工(중공)정책을 추진해야 할 이유를 예언적으로 설명했다.

〈나는 1인당 국민소득을 앞으로 178달러 수준으로 끌어올리는 것이 되어야 한다고 생각한다. 이는 필리핀, 터키와 비슷한 수준이고 정부의 계획보다는 많다. 앞으로 10년간 21억~23억 달러의 외자도입이 성공하면 3년만 지나도 이미 건설한 공장에서는 수익이 나오게 된다. 그 수익을 매년 2억 달러로 본다면 이 자금을 민간사업에 재투자할 경우 10년간 15억~20억 달러에 해당하는 공장건설자금을 새로 확보하는 셈이 된다. 총 40억 달러의 투자로써 400만 달러 규모의 공장 1,000개를 지을 수 있다는 계산이 선다. 투자총액의 약 70%에 해당하는 28억 달러의 연간 생산증가가 가능할 것이고 따라서 1인당 100달러의 국민소득 증가는 무난히 달성될 것이다.

이들 공장이 평균 500명씩 고용한다면 고용증가는 50만 명, 부양가족을 계산하면 250만 명, 하청 중소기업과 유통단계에서의 고용을 계산하면 약 500만 명의 고용 증대를 기대할 수 있다. 이 숫자만큼 농촌인구를 공업에 흡수할 수 있게 된다. 즉, 1,500만 농민의 3분의 1을 공업부문으로 흡수하면 1인당 경지면적 420평은 630평으로 늘어날 것이고 공업화에 따라 비료와 농기구를 싸게 공급할 수 있을 것이다. 공장에 부과하는 세금도 늘어나 공무원의 봉급도 배로 늘릴 수 있어 부정부패도 일소할 수 있게 되고 사회도 명랑하고 건전하게 될 것이다. 전 국민이 빈곤을 추방하여야만 반공체제를 확립할 수 있다〉

우리나라가 1인당 국민소득 178달러 선을 넘게 되는 것은 이병철의 희망보다도 3년이 빠른 1969년이었다.

이병철과 박정희는 출신배경이나 성격, 그리고 취향이 대조적이었다. 이병철은 富農(부농) 출신에 성격은 깔끔하고 엘리트주의에 기울어 있었다. 두 사람은 경제발전을 통한 부국강병과 反共(반공) 태세 확립이란 大綱(대강)에는 같은 생각을 갖고 있었거나 갖게 된다. 박정희로 대표되는 군부엘리트와 이병철로 대표되는 기업인들이 서로 호흡이 맞았던 이유에 대해서 김주인 당시 한국경제인연합회 사무국장은 "군인들의 조바심과 기업인들의 명예심이 맞아떨어진 때문이다"라고 회고했다.

박정희 측은 국민들에게 보여줄 공장건설 등 可視的(가시적)인 실적을 원했고 기업인들은 '부정축재자'란 불명예를 벗어던지기 위해서 하루빨리 기간산업을 건설해야겠다고 생각했다는 것이다.

이 무렵 박정희는 뒷날 외무장관이 되는 李東元(이동원·당시 대통령 권한대행 비서실장)에게 이런 푸념을 했다고 한다.

"이 실장, 아무래도 내가 쿠데타를 잘못한 것 같소. (정권을 잡고 나서야) 우리나라가 도둑맞은 초가집 꼴이란 것을 알았소. 광복 후 벌써 15년이나 흘렀소. 그간 뭐 제대로 해놓은 게 있소. 다들 썩어빠진 정치인 때문이오. 정권욕에 눈 멀고 입만 살아 벙긋하는 그 못난 놈들 때문이오. 내 무식하잖소. 그래서 유명하다는 우리나라 경제학자들에게 물어봤소. 어떻게 해야 우리도 잘 살 수 있냐고. 그들이 그럽디다. 우리나라는 기본적으로 농업국가란 것이오. 자원도, 기술도 없는…. 결국 경제발전의 조건을 못 갖추었다는 거였소. 이 실장, 정말 우리나라는 가망이 없는 것이오?"

박정희의 이런 답답한 심경이 아래로 전해질 때는 더 증폭되었을 것이다. 李秉喆의 회고에 의하면 혁명정부는 기업인들이 약속한 공장을 빨리 짓지 않는다고 '별도 조치를 취하겠다' 고 위협까지 하는 실정이었다고 한다. 한 기업인이 볏짚 펄프 공장을 짓겠다고 했는데 진척이 잘 되지 않자 혁명정부에서 '가만두지 않겠다' 고 엄포를 놓는 바람에 이 기업인이 겁에 질려 한국경제인협회 이병철 회장을 다급하게 찾아왔다. 이 기업인은 '자금과 기술 문제가 아직 해결되지 않았는데도 공장을 안 짓는다고 야단이다' 고 호소했다. 李秉喆은 최고회의로 들어가서 차근차근하게 설명하여 납득을 시켜 이 기업인의 안전을 지켜줄 수 있었다는 것이다.

金立三(김입삼) 전 전경련 부회장은 '기업인들이 외자도입을 통해서 공장을 건설키로 하면서도 세워질 공장이 자기 것이라고 생각한 이는 없었다' 고 기억한다. 부정축재자로 낙인찍힌 기업인들 가운데는 物慾(물욕)보다는 후손들에게 그런 汚名(오명)을 남기지 않기 위해서 더 절박한 기분으로 외자도입, 기간산업 공장 건설에 뛰어다녔다는 것이다. 김입삼은 "사람이란 묘한 것이 절체절명의 순간에 몰리면 재물보다는 명예를 택하는 모양이다"라고 했다.

李庭林(이정림) 대한양회 사장은 延安(연안) 李 씨 가문 출신이었다. 그의 6代祖(대조)는 士禍(사화)에 휘말려 고생을 했는데 유언이 "벼슬길은 단념하고 가게를 꾸미도록 하라"는 것이었다. 이정림은 개성에서 초등학교를 졸업한 뒤 자수성가한 사람이었다. 그는 자유당이 기업체마다 강제로 배당한 정치헌금을 냈다고 해서 '부정축재자' 로 몰려 '조상을 욕되게 했다' 면서 울분을 참지 못하고 눈물을 짓기도 했다.

이병철은 기업인들이 혁명정부의 경제정책을 리드하게 되었다는 자신감에서 한걸음 더 나아가 민간외자유치 교섭단을 결성했다. 1961년 11

월 초순에 이병철을 단장으로 하는 美洲(미주) 교섭단과 이정림을 단장으로 하는 歐洲(구주)지역 교섭단이 출국했다.

이병철은 미국의 기업인들에게 "앞으로 10년 동안 20억 달러가 필요하다. 그 가운데 13억 달러는 외자로 조달해야 한다"고 설명했다. 미국 기업인들은 "臨海(임해)지역에 특별공업지역을 설치해야 투자를 논의할 수 있을 것이다"라고 조언했다. 비료공장 건설을 宿願(숙원)사업으로 생각하고 있었던 이병철과 정유공장건설을 추진해왔던 극동해운의 남궁련은 이때 이미 울산을 공업지구로 점찍어 놓고 있었다. 미국 기업인들은 이병철 일행을 인도하여 피츠버그와 디트로이트 공업지구를 구경하도록 했다.

대한양회 사장 이정림이 이끄는 구미지역 교섭단은 서독에서 크루프, 지멘스 등 대기업을 상대로 차관교섭을 벌였다. 그 뒤 여섯 달 이내에 금성사, 한일시멘트, 쌍용 시멘트 등이 2,500만 달러 규모의 서독차관을 들여오는 데 성공한다. 본격적인 외자도입 시대가 열린 것이다.

分派主義와 國家主義

1961년 12월 4일 딘 러스크 미 국무장관은 새뮤얼 버거 주한 미국대사에게 보낸 전문에서 박정희의 방미에 대해 높은 평점을 주었다.

〈박 의장은 그와 만난 미국 고관들에게 매우 좋은 인상을 주었다. 그는 헌신적이고 총명하며 자신감이 있고 정부를 확실히 장악하고 있으면서 한국이 직면한 문제의 심각성을 잘 알고 있는 것으로 비쳐졌다. 미국이 자유세계의 지도자이며 지원자란 사실도 잘 이해하고 있는 듯했다.

그도 미국의 계속적인 지원 약속에 만족했을 것으로 믿는다〉

버거 대사는 12월 15일 러스크 장관에게 보낸 〈한국의 상황에 대한 평가 보고서〉에서 '한국은 이제 정치적으로 안정되었으며 적어도 앞으로 여섯 달 동안은 이런 상태가 계속될 것으로 본다'고 했다. 버거 대사는 '지난 5월 그들이 정권을 잡았을 때는 아무도 이 장교단이 누구이고 무엇을 할지 몰랐는데 이제 그들은 진정한 개혁을 추진하고 정직하고 능률적인 정부를 건설하는 데 있어서 능력 있고, 열성적이며 헌신적인 집단임을 증명해보였다'고 극찬했다.

〈그들은 정부, 군, 민간 부문에서 부패, 부정, 뇌물, 밀수, 탈세, 정경유착을 근절할 각오가 되어 있음을 설득력 있게 보여주었다. 그들은 농업, 산업, 금융권, 교육, 복지 분야를 개혁하고 있다. 그들은 모든 부문에서 행정을 재편하고 있다.

그들로부터 피해를 당한 사람들을 중심으로 하여 군부에 대해서 비판적이고 비관적이며 너무 서둔다고 불평하는 목소리가 들려오는 것도 사실이지만, 정직한 사람들이라면 그들의 동기에 대해서 의문을 가질 수 없게 되었다. 많은 국민들이 그들의 私心(사심) 없는 헌신에 감명을 받고 있으며 그들이 만들어낸 실적을 확인하고서 지지로 돌아선 사람들이 늘고 있다〉

버거 대사는 이런 정치적 안정은 박정희의 지도력에 기인하는 바가 크다고 했다.

〈박정희 의장은 강력하면서도 공정하고 총명하여 권력을 잡고도 국민들을 안도시킬 수 있고, 이 혁명을 신중하고 온건한 방향으로 끌고 갈 수 있는 인물로 그 위치를 확고히 했다. 박정희 의장은 정부와 국민들

사이에서 가장 중요한 연결고리 역할을 하고 있으며 한국정세를 안정시키는 데 있어서 가장 중요한 요소이기도 하다. 더구나 박 의장이 최고회의 내의 분파주의자들에 대해 강력하게 손을 쓴 관계로 이 고질병은 어느 정도 통제되고 있다.

분파주의는 수백 년 동안 이 나라의 정부를 혼란에 빠뜨려 왔다. 박 의장의 강력한 의지력으로 해서 지금은 분파주의가 잠잠하지만 영구히 그렇게 될지는 두고 볼 일이다. 최고회의의 대다수 군인들은 지위고하를 막론하고 부정을 저지른 인물에 대해서는 가혹한 처벌을 해야 한다는 생각을 갖고 있지만 공무원들과 하위직 주체세력 사이에 부정부패가 침투할 가능성이 있다〉

버거 대사는 '혁명정부가 너무 많은 것을 너무 서둘다 보니 1962년도 예산을 적자팽창 예산으로 편성한 것이 걱정스럽다'고 지적했다. 버거 대사는 '한국 측에서는 적자를 미국이 메워줄 것이라 생각하고 있다'고 했다.

1962년 4월 4일 미국 CIA가 주관하여 각 정보기관이 합동으로 작성한 〈남한의 장기 전망〉이란 특별정보판단서가 있다. 1970년까지의 정치정세 예측이다. CIA 이외에 국무부·국방부의 정보부서 및 육·해·공군의 정보부대, 그리고 합참이 참여했다. 이 보고서는 '한국의 정치정세는 군부, 민간 부문이 격렬한 갈등과 분파주의에 휩쓸릴 것이다. 군부는 국정에서 주도적인 역할을 할 것이다. 형식상으로는 민간정부일지라도 군부의 영향력은 압도적일 것이다. 쿠데타에 의한 정권 교체의 가능성도 있다'고 했다.

〈경제전망은 심각하지만 희망이 없지는 않다. 미국 원조를 효과적으로 사용하면 경제성장률을 다소 높일 수는 있겠지만 그 성과는 잘 해 봐야 지지부진할 것이다. 공산권에서 미국이 한국을 방어할 것이라고 믿는 한 그들이 남한을 정면공격할 가능성은 낮다. 따라서 남한의 병력수준에서 3분의 1을 감축하더라도 북한의 남침 가능성이 높아지지는 않을 것이다〉

이 보고서는 실제보다도 남한의 미래를 어둡게 보았다. 박정희는 이 기간(1970년까지)에 한국사회의 분파주의를 누르고 고도 경제성장을 달성했기 때문이다.

이 무렵 미국 정보기관의 한국정세 분석에서 가장 중요한 常數(상수)로 삼고 있는 것은 역사적 전통에 뿌리를 박고 사회 전반에 걸쳐 있는 血緣·地緣·學緣(혈연·지연·학연)에 따른 분파주의였다. 주목할 만한 것은 미국 측은 박정희가 이런 분파주의를 억누르는 긍정적 역할을 하고 있다고 好評(호평)하고 있다는 점이다.

미국 측이 박정희 세력에 대해서 호감을 갖게 된 것도 자유당·민주당 정부 때의 분파주의가 가져온 비효율과 부패에 비교되는 군사정부의 國益(국익)우선 정책 때문이었던 것으로 보인다. 군인들이 아마추어 정신으로 너무 서둘기는 하지만 사심 없이 문제를 직시하니까 여러 가지 신선한 발상과 해결책이 나오고, 일단 방향만 결정되면 무섭게 밀어붙이는 군대식이 한국사회를 바꾸고 있었다. 대한주택영단에 의한 마포 아파트 건립이 대표적인 사례이다.

주인공은 2군 사령부 직속 공병대대장으로서 혁명주체 중 한 사람이 된 육사 8기 張東雲(장동운) 중령. 그는 혁명 직후 大韓住宅營團(대한주택영단) 이사장으로 임명되어 부임하자마자 직원들을 모아놓고 '소문이 나쁜 사람'을 찍어내는 記名(기명)투표를 하게 했다. 다섯 번이나 되풀이한 투표를 집계하여 물러날 사람을 정한 데 이어 무기명투표로써 '존경할 수 있는 사람'과 '존경할 수 없는 사람'을 고르게 했다고 한다.

이런 식으로 사람을 내보내는데 하루평균 5~7명씩 의원면직되었다고 한다. 이런 식으로 구조개혁을 한 다음 장동운은 1961년 10월 16일 마포아파트 착공식을 가졌다. 10층짜리 11개 棟(동)에 1,158호가 들어가는 대규모 아파트를 50억 환의 예산을 들여 건설한다는 당시로서는 엄청난 계획이었다.

장동운이 이런 발상을 한 계기는 단순했다. 1953년에 미국에서 공병교육을 받고 있을 때 잡지에서 본 유럽의 아파트 단지 사진이 생각났던 것이다.

"그때 이탈리아와 프랑스에서는 마셜 플랜에 의한 미국 원조로 고층아파트를 많이 짓고 있었습니다. 땅이 좁은 우리나라에도 옆으로만 퍼지는 연립 주택만 지을 게 아니라 높이 올라가는 아파트를 세워야겠다고 생각한 것이죠."

아파트와 연탄가스와 電氣

대한주택영단 이사장 장동운 중령은 외국 잡지에서 본 단지화한 아파트 사진을 서울 한복판에서 현실로 옮기려 했다. 마포아파트를 짓기 전에도 서울에는 아파트가 몇 군데 흩어져 있었다. 입주자들의 낮은 소득수준과 관리소홀로 '아파트' 하면 빈민굴이란 인상까지 줄 정도였다.

"저는 단지화한 아파트를 지어 중산층을 입주시킴으로써 아파트에 대한 인상을 획기적으로 개선할 생각이었습니다. 김종필 정보부장과 최고 위원들을 만나 저의 발상을 설명했더니 모두 찬성했습니다. 건설자금은 유솜이 관리하던 대충 자금(미국의 원조물자를 판매한 대금)을 지원받을 생각이었습니다. 그런데 유솜의 주택국장인가 하는 사람이 반대를 합디다. '1인당 국민소득이 80달러인 나라가 엘리베이터를 수입할 돈을 어떻게 쓸 수 있느냐'는 거였습니다.

결국 전액을 국고로 짓게 되었는데 10층으로 계획했던 것이 엘리베이터를 설치할 수 없게 되자 6층으로 낮춘 것입니다. 중앙난방시스템도 구상했지만 호화판이란 여론에 밀려 호실별 연탄보일러로 바꾸었습니다. 수세식 화장실은 '먹을 물도 부족한데 그럴 수 있느냐'는 반대론에 직면했지만 관철시켰습니다. 국내엔 양변기 제조업체가 없어 일본에서 수입했지요.

우리나라를 대표하는 건축전문가, 학자들을 모아서 설계 자문위원으로 삼았지요. 외국에 가서 아파트 단지를 구경하고 설계한 것이 아니고 우리끼리 머리를 맞대어 순 한국식으로 만든 단지입니다. 9평형, 12평형, 15평형으로 만들었는데 임대 아파트로 운영하기로 했습니다. 될 수 있는 대로 많은 사람들이 아파트에서 생활하는 경험을 가지도록 하고자 했기 때문입니다."

마포아파트가 들어선 자리는 안양으로 옮긴 마포 형무소 안 야채밭이었다. 법무장관은 이 부지를 서울시에 매각하려고 했다. 장동운은 尹泰日(윤태일) 서울시장을 설득하여 매입을 포기하게 하고 주택영단이 헐값에 구입했다. 1962년 12월 1일에 1차 연도분인 6개 동 450호가 준공되었지만 의외로 입주자가 적었다. 10분의 1정도만 입주해 놓으니 겨울에 파이프는 凍破(동파)되고 연탄가스가 잘 빠져나가지 않았다.

주택공사(이때 대한주택영단은 주택공사로 명칭이 변경되었다)에서
는 입주자들을 안심시키려고 모르모트 여섯 마리를 구해서 여러 방에
가두어놓고 실험을 했는데 다행히 가스에 중독되지는 않았다. 현장소장
은 입주자들의 항의에 시달리다가 하루는 술을 잔뜩 마신 뒤 가스가 가
장 많이 샌다는 방에 들어가 잠을 자는 일종의 인체실험을 감행하기도
했다. 장동운 이사장은 직접 아파트 내의 생활상태를 시찰했다.

"신문지를 휴지처럼 쓰고 생리대를 변기통에 처넣고 하다 보니까 양
변기가 막히는 등 첫경험인 아파트 생활에 희비극도 많았습니다."

마포아파트를 배경으로 한 영화가 제작되는 등 차츰 인상이 달라지면
서 여름부터는 프리미엄이 붙어서 임대되기 시작했다. 이 마포아파트는
1992년에 재건축을 위해서 철거되었다. 장동운은 1968년에 다시 대한
주택공사 총재로 돌아와서 동부이촌동에 한강맨션 아파트를 짓게 된다.
그는 "27~55평의 큰 아파트를 지어 팔기 시작한 이 사업이 대성공함으
로써 본격적인 아파트 시대가 열린 것이죠. 지금은 철거된 남산 외인아
파트도 이때 지었습니다"라고 했다.

"외국 잡지에 난 아파트 단지 사진만 참고로 하여 마포아파트를 짓고
있던 1962년에 로마로 여행을 갔다가 택시를 탔는데 운전사가 아파트에
산다는 것이었습니다. 아파트 생활이 어떤 것인지 알고 싶어서 운전사
의 집을 구경해보았습니다. 겉에서 보기보다는 내부가 근사하고 편리한
것을 확인하고는 아파트 단지 건설의 타당성에 대한 확신을 가졌습니
다. 그렇지만 이 정도로 확산될 줄은 꿈에도 몰랐습니다."

1961년 12월 10일 박정희 의장은 서울시의 공영주택 입주식에 참석하

여 致辭(치사)를 하는 가운데 원고 없이 이런 말을 했다.

"저녁을 먹으려고 밥상 앞에 앉으면 전깃불이 왔다가 갔다가 하고 촛불을 켜면 전기가 들어왔다가 (촛불을) 끄면 또 갔다가 왔다가, 이렇게 갔다가 왔다가 했는데 금년 들어서는 가정에서도 철야로 전깃불을 켤 수 있게 되었습니다. 우리가 電源(전원)을 많이 개발한 것은 없습니다. 출력도 마찬가지입니다. 그러면 어떻게 해서 이런 일이 일어났는가. 이것은 관리하는 사람, 취급하는 사람, 공무원, 담당관들이 부정하지 않고 정직하게 하니 그렇게 된 것입니다.

첫째, 정부가 양심적이고 능률적이어야 합니다. 둘째, 국민들이 그런 정부를 신뢰하고 지지해야 합니다. 봉사하는 정부와 협력하는 국민들이 서로 단합할 때 여기서 기적이 나타날 것입니다. 우리는 기필코 당대에 대한민국의 기적을 이룩해내야 합니다."

이즈음 박정희 의장은 대소 행사에 자주 참석하여 연설을 많이 했다. 그 내용도 개탄, 분노, 호소, 훈계, 경고의 의미가 뒤섞인 激情的(격정적)인 것이다.

〈종전의 대학이 최고학부로서의 구실을 못 하고 대학졸업자로서 응당 지녀야 할 지적 수준에 이르지 못한 자들을 부당한 諸(제) 방법으로 대량 사회에 배출하여 일종의 사회문제까지 배태시킨 과거를 반성하고…〉 (담화문 〈전국 대학교직자에게 고함〉)

〈작금 본인은 비행기로 일선 순시차 경기도와 강원도 지방을 날던 도중 전답들을 살펴보았으나 응당 되어 있어야 할 秋耕(추경·가을갈이)이 아직도 되지 못한 채 내버려둔 것이 허다히 눈에 띄었습니다. 농민들 자신도 스스로 각성하고 근면하여야 하겠습니다. (중략) 추경성적이 나

쁜 농가에 대해서도 앞으로 비료보상의 혜택을 再考(재고)할 것입니다〉
〈담화문 〈가을갈이를 하자〉〉

〈병역을 필하지 못한 과오를 속죄하는 이 갸륵한 정신으로 이 위대한
건설사업을 추진해나간다면…〉 (〈국토건설단 창단식 치사〉)

〈1. 집 앞에 습관적으로 버려둔 쓰레기나 오물은 깨끗이 치워야 할 것
이다.

2. 짚이나 나뭇가지로 아무렇게나 만들어진 울타리와 담은 흙과 돌로
써 아담하게 새로 쌓아야 할 것이며,

3. 마을 앞을 흐르는 개천은 양쪽 제방을 돌로 쌓고 잔디를 입히고 나
무를 심고 하는 등 손질이 되어 있어야 하며,

4. 길을 깨끗이 손질하고 양 옆에 나무를 심어 풍치를 돕게 하고…〉 (〈
농민에게 드리는 부탁의 말〉)

정유공장 계획안

일부 혁명주체 장교들은 對美(대미)자주노선을 추구하려는 경향이 강
했다. 그런 성향이 경제정책으로 나타날 땐 통화개혁에 의해 민족자본
의 動員(동원) 시도, 또는 수입代替(대체)산업 건설의 형태를 보이곤 했
다. 자립경제의 상징은 精油(정유) 공장이었다. 우리나라가 전략물질인
석유의 공급을 미국과 미군에 의존하고 있었기 때문에 겪어야 했던 수
모에 대해서 박정희 의장을 비롯한 군인들은 아주 예민한 의식을 갖고
있었다.

1954년에 이승만 대통령은 주한미군과 환─달러 환율문제로 분쟁을

일으킨 적이 있었다. 환율을 현상대로 유지하고자 하는 이승만 대통령에 대하여 환율인상을 요구하던 미군은 한국 측에 대한 석유공급을 중단했다. 우리나라에 대한 석유공급은 민수용을 포함해서 전량을 미군이 맡고 있었다. 약 60일간 석유공급이 중단되어 경제가 마비되자 고집 센 이승만도 환율 인상 요구를 받아들이지 않을 수 없었다.

박정희 등 일본 육사 출신 장교들은 1941년 여름 미국이 메이저 석유회사에 對日(대일) 석유수출 금지령을 내린 것이 일제를 몰아붙여 태평양 전쟁으로 가게 한 요인이 된 것을 잘 알고 있었다. 미국은 일본이 인도차이나 반도를 침략한 데 대한 보복조치로 석유 금수령을 내린 것이다. 그때 일본은 석유수입의 대부분을 미국계 석유회사에 의존하고 있었다. 일본은 약 5,000만 배럴의 석유를 비축하고 있었으나 약 80%는 해군용이었다. 일본은 비축용 석유가 바닥나기 전에 開戰(개전)해야 한다는 판단을 했고 주된 進攻(진공) 목표도 유전지대인 인도네시아로 잡았던 것이다.

이처럼 석유가 가진 고도의 전략적, 정치적 가치를 체험한 혁명주체들은 울산공업센터의 상징으로서 정유공장 건설을 부각시켰으며 국내 자본에 의해 설립되는 國營(국영)으로 계획하였다. 민족주의적 발상이 물씬 풍기는 정유공장 건설 계획을 짠 것은 동국대 경제학 교수 俞仁浩(유인호·뒤에 중앙대 교수)였다. 30대의 유인호 교수는 5·16 직후 최고회의 기획위원회 산하의 중화학공업소위원회 전문위원으로 일하고 있었다. 그는 처음엔 미국의 원조자금으로 운영되는 기업들의 경영실태를 조사하는 일을 했다.

"이 조사에서 한심한 꼴을 많이 보았습니다. 어느 비료공장에 갔더니 빗자루와 사다리까지 美製(미제)를 수입하여 쓰더군요. 그 까닭을 물었더니 원조계약에 그렇게 적혀 있다는 겁니다. 영등포의 해남硝子(초자) 공장에 갔더니 공장은 2년 동안 문을 닫고 있고 웬 미국인 할아버지와 할머니가 사무실을 지키고 있지 않겠어요. 그 노인은 기술고문이고 할머니는 노인의 아내 겸 비서라는 거예요. 월급은 얼마나 주느냐고 공장주에게 물었더니 노인에겐 월 1,200달러, 할머니에겐 월 800달러가 나간다는 거예요. 이것도 원조계약에 따른 것이랍디다.

부산 영도의 어느 조선소에도 갔습니다. 한 영감이 미국에서 들여온 17만 5,000달러짜리 기계를 쌓아놓고 지키고만 있었습니다. 이유인 즉 4년 전에 들어온 기계인데 일부만 도입되고 後續(후속)공급이 되지 않아 그렇게 방치하고 있다는 거였습니다. 일부 기계라도 돌려야 될 것 아니냐고 했더니 그런 부분 운전은 금지되어 있다나요."

미국원조의 효용성에 대한 회의를 갖게 된 俞仁浩에게 1961년 8월 정유공장 설립의 기본안을 만들어 보고하라는 지시가 떨어졌다. 유인호는 정유공장만큼은 외자를 쓰지 않고 순수한 민족자본으로 지어야 한다는 생각을 품고서 작업에 착수했다.

유인호는 석유 공부를 많이 했다. 석유 전문가는 고사하고 석유에 대해서 상식적인 지식을 가진 사람을 찾기도 어려운 때였다. 그는 민주당 때 만든 정유공장 건설계획과 관계부처에서 제출한 자료들을 참고하여 기본계획안을 만들었다. 그 요지는 이러했다.

〈경영형태: 국영.

규모: 日産(일산) 3만 5,000배럴.

자금: 정부 보유외화 1,600만 달러 및 한화 35억 환.

원유도입(국가): 이란 또는 사우디아라비아.

원유수입(회사): 독립계 석유회사.

원유수송: 그리스 유조선(3만 톤급).

국내판매: 코스코 조직 이용〉

이 안은 민족주의적인 냄새를 강하게 풍기고 있다. 메이저 석유회사를 원유공급선에서 배제한 것이라든지 국영으로 운영함으로써 가격결정에 있어서는 영리만을 내세우지 않도록 한 것 등이 그것이다. 유인호는 "그때는 이상하게도 나 혼자에게 정유공장 건설계획안을 기초할 수 있는 권한이 주어져 있었기 때문에 미국이 기름을 정치무기로 사용한 교훈을 되새기면서 소신껏 안을 짤 수 있었다"고 했다.

1961년 10월 유인호는 정유공장안을 기획위원회 전체회의에 넘겨 원안대로 통과시켰다.

"민간 정유공장 설립을 은근히 꿈꾸던 실업인들과 가까운 기획위원들이 있었습니다. 그들이 국영에 반대했습니다. 저는 석유의 역사에서부터 이야기를 꺼내 기름은 피와 같다고 역설하고 이 핏줄을 누가 잡느냐에 따라 경제자립이냐, 예속이냐의 문제가 결정된다고 열을 올렸습니다."

유인호의 정유공장 계획안은 최고회의의 승인을 받아 건설 예산이 1962년도 투·융자 예산에 반영되었다. 건설 기간은 3년. 첫해에 46억 환(외화 277만 달러 포함)을 투자하도록 했다. 유인호는 뿌듯한 성취감을 느끼면서 대학으로 돌아갔다.

1962년 1월 20일 유인호는 〈조선일보〉 1면에 3단으로 난 기사를 읽고 깜짝 놀랐다. '경제기획원 당무자들과 실업인들이 정유공장 문제로 간담회를 가졌는데 민간인들이 외자를 도입하여 건설하는 쪽으로 의견이 기울었다'는 내용이었다. 1월 29일자 〈조선일보〉에 유인호 교수는 반론을 투고했다. 그는 석유는 '혈액적 존재'라고 표현한 다음 국영론을 옹호해 갔다.

〈…이렇게 중요한 정유공업이 우리나라의 행정력이 미치지 못하는 위치에 있다든가 또는 완전히 사기업의 자유재량 아래에 있다면 정부의 정책은 그 효과를 기대하기 어려울 것이다. 대자본이 아닌 봉급생활자의 저축 같은 소액자본을 동원할 수 있도록 하려면 국영으로 발족 시 일정기간 뒤에 이들(소액봉급자)에게 불하해야 할 것이다〉

혁명가와 기업인

1962년 초 박정희의 경제노선에는 자력갱생과 對外(대외)개방이란 엇갈린 방향성이 공존하고 있었다. 민족자본을 동원하기 위한 통화개혁의 비밀 추진, 민족자본에 의한 국영 정유공장 건설의 추진이 대표적인 자력갱생 노선의 표현이라면 외자도입 추진과 공업화 및 수출산업 육성은 개방정책의 표현이었다. 1962년에 큰 소동을 겪으면서 박정희는 자력갱생 노선을 버리고 대외개방적 공업화─수출입국 정책을 선택하게 된다.

그 소용돌이 속에서 통화개혁은 실패하고 민족자본에 의한 정유공장 건설계획은 메이저(걸프)를 불러들이는 방향으로 수정된다. 이런 박정희의 궤도수정에 따라 유원식 최고위원과 박희범 서울대 교수로 대표되는 급진적 성향의 인물들이 퇴장한다. 반면에 이병철같은 기업인들과 박충훈─김정렴 같은 실무관료들이 박정희 의장을 중심으로 한 혁명주체들의 實事求是(실사구시) 노선과 호흡을 함께 하게 된다. 5·16 이후 약 1년에 걸쳐 이루어진 박정희 의장의 시행착오와 방황은 이 혁명가가 경제를 배워간 과정이기도 했다.

박정희만큼 경제와 먼 성격의 인물도 달리 없을 것이다. 그는 군 생활 중 理財(이재)엔 관심이 없었다. 돈을 돌처럼 보았는지 될수록 멀리하려 했다. 장군으로 진급한 다음에도 돈에 대한 결벽증을 버리지 않아 아내 육영수는 생계를 겨우 꾸려갈 정도였다. 박정희는 그러나 돈엔 무관심 했지만 국정에서 경제가 차지하는 중요성을 정확하게 잡아내는 안목이 있었다.

1951년 박정희 대령이 육군 정보학교장으로서 대구 삼덕동 셋집에서 살고 있을 때 金龍泰(뒤에 공화당 원내총무 역임)는 공짜로 방 하나를 얻어 쓰고 있었다. 박 대령은 김용태와 함께 소금을 안주삼아 술을 마시면서 이런 울분을 토하더라고 한다.

"전쟁이 빨리 끝나야 할 텐데. 동족상잔의 전쟁을 무모하게 끌고 간다는 것은 참으로 비극이야. 전쟁을 막으려면 나라가 힘이 있어야 해. 특히 공산주의의 침투를 막으려면 빈곤을 없애는 길밖에 없어. 빈곤퇴치, 이것이 우리의 당면과제야."

박정희는 잘 살아보자는 뜻에서만 경제개발을 추진한 것이 아니라 공산주의의 침투를 막는 전략으로써 공업화와 새마을 운동을 추진한 측면이 강하다. 수천 년의 가난을 벗어던진다는 한풀이 의식과 함께 북한 공산주의와 대결하기 위한 방편으로써 경제건설을 이루어야 한다는 강박감이 그를 몰아세웠기 때문에 박정희의 근대화 혁명은 그토록 절박한 기분으로 추진되었던 것이다.

박정희는 혁명 이전에 경제서적은 거의 읽지 않고 주로 역사서적을 많이 읽었다. 인문—사회과학의 종합학문인 역사에 그가 밝았다는 것은 경제정책과 근대화전략을 판단하고 결단하는 데 있어서 큰 도움이 되었을 것이다. 박정희는 정치와 경제에 접근할 때 역사적인 관점, 즉 한국의 역사, 전통, 문화, 민족성, 그리고 현실을 소중하게 여기는 방식을 택하곤 했다. 이런 관점은 사물을 주체적이고 현실적으로 판단하게 해주기 때문에 명분론이나 이념에 사로잡혀 큰 오판을 하는 것을 막아준다.

박정희의 유연한 정신세계와 겸손한 자세, 그리고 사심이 적은 태도가 그로 하여금 단기간에 경제의 본질을 배우게 했다. 실천력을 중시하는 박정희는 이론에 치우치는 학자나 신중한 관료들보다는 무엇인가를 만들어내는 기업인들과 더 잘 호흡이 맞게 된다. 전경련 상근부회장을 지낸 적이 있는 김입삼은 1961년 6월 하순에 있었던 박 의장과 기업인들의 만남을 이렇게 소개하고 있다(한국경제신문 연재 《김입삼 회고록》).

〈박정희 부의장은 유원식 최고위원을 통해서 金容完(김용완) 경성방직 사장(뒤에 전경련 회장), 全澤珤(전택보) 천우사 사장, 鄭寅旭(정인욱) 강원산업 사장을 최고회의로 불렀다.

"경제를 어떻게 하면 살릴 수 있을 것인가에 대해서 고견을 듣기 위해서 뵙자고 한 것입니다. 순서 없이 평소의 생각을 자연스럽게 말씀 해주시지요."

정중하고 공손한 말투였다. 전택보 사장이 먼저 입을 열었다.

"1947년에 홍콩에 갔을 때 목격한 일입니다. 모택동 군에 쫓겨 홍수처럼 밀려온 피란민들이 우글거리고 있었습니다. 물까지 수입해서 마시는 홍콩에서 수백 만의 피란민들이 직장을 갖고서 활기차게 살아가는 것을 보고 그 비결이 궁금했습니다. 바로 '보세가공'을 해서 먹고살고 있더군요. 홍콩에 비교해서 우리 여건은 유리하다고 봅니다."〉

전택보가 실감 있게 설명해가도 박정희는 확실한 감을 잡지 못했다고 한다. '보세가공'이 무엇을 의미하는지 모르는 것 같았다. 박정희는 "미안하지만 내일 또 시간을 낼 테니 다시 오셔서 설명해주실 수 있습니까"라고 했다. 이튿날에도 경제 강의 같은 기업인들의 설명이 계속 되었다고 한다.

김용완 사장은 "대학이 너무 많다. 4년제 대학의 반은 기술 전문대학으로 개편하여 인력을 양성해야 한다"고 건의했다. 김 사장은 또 "부정축재혐의로 구속된 기업인들을 풀어주십시오. 기업인이란 개미처럼 죽을 때까지 일할 운명을 지닌 사람들입니다. 일할 수 있는 기업인을 양성하는 데는 20~30년이 걸립니다"라고 했다.

정인욱 사장은 "우리나라에선 지하 30m 이하의 심층에는 어떤 광물이 있는지 탐사해 본 적이 없습니다. 이를 탐사하여 실업자에게 일터를 만들어주어야 합니다"라고 했다. 경제정책에 목말라하고 있던 박정희는 이런 충고를 너무나 진지한 자세로 경청하여 기업인들은 오히려 긴장감을 느낄 정도였다는 것이다.

李承晩 귀국 저지

1962년 2월 27일 駐(주)호놀룰루 총영사 金世源(김세원)은 崔德新(최덕신) 외무장관에게 李承晩(이승만·당시 87세) 전 대통령의 귀국 건에 대하여 보고했다. 하와이에 3년째 체류 중인 이승만의 측근인사 최병렬

이 이틀 전 공관을 찾아와서 "이 박사의 고혈압이 악화되어 말도 제대로 못 하게 되었고 聽力(청력)도 현저히 떨어졌다. 귀국을 조급히 원하고 있다. 귀국하면 조선호텔에 머물다가 이화장의 수리가 끝나면 거기로 옮길 생각이다. 정부의 의향을 알고 싶다"고 문의하더란 것이다. 김 총영사는 "교포들의 대다수는 이 박사의 귀국을 바라고 있다"고 덧붙였다.

3월 7일 외무장관은 "현재의 국민감정을 고려할 때 정부에서 찬성할 시기가 아닌 것으로 생각하니 이 취지에 따라 조치하라"고 지시했다. 이승만은 그러나 귀국 준비를 중단하지 않았다. 그만큼 병세가 급했을 뿐 아니라 이승만과 프란체스카 부부는 자신들이 하와이로 온 것은 망명이 아니고 잠시 휴양하러 온 것이기 때문에 귀국도 마음대로 할 수 있다는 생각을 하고 있었다.

1960년 5월 29일 이승만 부부가 하와이로 출국할 때 언론은 망명이라고 보도했으나 이승만은 '한 달 정도 정양하고 오리라' 생각했다고 한다. 가져간 짐도 가방 네 개뿐이었다. 이승만은 이화장을 떠나기 앞서 마당에 모인 사람들에게 "늦어도 한 달 후에는 돌아올 테니 집을 봐줘"라고 당부했다.

이승만이 고국을 떠난 후 한국에서 벌어진 사태는 그의 귀국을 허용하지 않았다. 민주당 정권 시절과 군사정권 시절에 계속된 자유당 치하의 정치사건에 대한 혁명재판은 3·15 부정선거의 지휘자인 崔仁圭(최인규) 당시 내무장관을 교수대로 보내는 등 이승만의 많은 부하들을 단죄하고 있었다. 이승만은 건강이 쇠약해질수록 조국을 그리워하는 마음이 더욱 깊어 갔다. 이승만은 양아들 李仁秀(이인수)에게 "지금 우리나라에서 누가 남북통일하려는 이가 있나?"하고 묻곤 했다.

"우리 국민의 소원이니 모두가 생각하고 있습니다."

"그까짓 생각만 해서 뭘 해? 아― 이승만이가 한바탕 했으면 또 누가 나서서 해야 할 게 아닌가. 내 소원은 백두산까지 걸어가는 게야."

이승만은 "그럼 日人(일인)들은 어떡허구 있누?"라고 묻는다. 이승만은 여러 번 "어서 가야겠다"면서 짐을 챙기곤 했다.

1961년 12월 어느 날에도 이승만은 귀국해야겠다고 서둘렀다. 이인수가 "지금은 한국은 눈이 많이 쌓이고 춥습니다"라고 했다. 이승만은 "추우면 오버를 입으면 돼. 괜찮아 …"라고 했다. 총영사관에서 빌려온 공보 영화를 상영하는데 국토건설 사업이 소개되었다. 이 박사는 갑자기 박수를 치면서 "한인들 잘 허네! 아, 왜들 이렇게 안 해?"하며 기쁜 얼굴로 주위를 돌아보면서 박수를 유도했다.

이승만을 후원하던 교포인사들은 귀국에 앞서 '사과 성명'을 발표하면 국내의 반대여론을 완화할 수 있을 것이라고 생각했다. 1962년 봄, 이승만 일행은 3월 17일자 비행기표를 예약해 두고 귀국준비를 서둘렀다. 이승만은 이 무렵 휠체어에 앉아서 어린아이처럼 들떠 있었다. 주위 사람들에게 "우리 모두 서울 가서 만나세"라고 말하곤 했다. UPI통신은 이승만 박사가 귀국할 것이라고 보도했다. 3월 16일 李源京(이원경) 외무차관은 김세원 총영사를 전화로 불러 강경한 내용의 지시를 내렸다.

"한국민의 이 박사에 대한 현재의 감정에 비추어 보아 이 박사의 귀국은 절대로 허용할 수 없으니 귀국하지 못하도록 조치할 것을 지시함. 만약 이 박사가 귀국을 강행하면 그를 입국시키지 않을 것임."

이원경 차관의 이런 지시는 물론 박정희 의장을 비롯한 최고회의의 意思(의사)를 충실히 반영한 것이었다. 이 차관은 전화 지시로는 마음이 안 놓였던지 다시 하와이 총영사에게 전문을 보낸다.

〈이 박사 건에 관하여는 이미 지시한 대로 조치하고 있을 줄 사료하나 만일 이 박사가 불응하면 이 박사 및 그 부인이 가진 여권을 회수하거나 무효화 조치를 시급히 취하시고 보고하시기 바람〉

이런 반대의사를 확인한 이승만 측근인사들은 16일 이 박사 명의로 '사과성명'을 발표했다. 박정희 의장은 17일 특별지시를 내린다.

〈AP보도에 의하면 이승만 박사가 귀국에 앞서 사과문을 발표하였다 하는데 사과문을 발표하였건 아니하였건 정부의 허가가 없는 한 귀국하여서는 안 된다고 총영사에게 지시하라. 사과문을 발표하더라도 거기에 대하여 국민의 감정이 풀릴 시간적 여유가 필요하다〉

이원경 외무차관은 이에 따라 김세원 총영사에게 '절대로 호놀룰루를 출발하는 일이 없도록 조치하라'고 지시했다. 한국시간 3월 18일 김세원 총영사는 다음과 같은 전문을 외무부로 보낸다.

〈이 박사 출발 취소함. 양자 이인수 군만이 출발 예정임. 오늘 오전 10시 총영사가 이 박사를 방문하고 사정을 설명 납득시켰음. 정부에서 하는 일에 복종하여야 한다는 것을 말하면서 자신의 희망만을 주장할 수 없으며 나라가 잘 되어간다니 죽기 전에 한번 보고 죽으면 한다고 말하였음. 이 박사 건강상태가 지극히 쇠약해져 있으며 그의 발언을 이해하기 곤란한 상태였음〉

이 순간의 목격자인 이인수에 따르면 이승만은 김세원 총영사의 통보를 다 듣고 난 뒤 떨리는 목소리를 진정시키면서 아주 작게 말문을 열었다고 한다.

"내가 가는 것이 나라를 위해 나쁘다면 내가 가고 싶어 못 견디는 이 마음을 참아야지. 누가 정부 일을 하든지 잘 하기 바라오."

그리고는 가냘프게 "나라… 나라…"라고 하면서 말을 잇지 못했다고 한다. 이 박사는 휠체어로 옮겨 앉더니 침실로 사라졌다. 이후 李 박사 의 병세는 더 악화되었고 휠체어에서 다시는 일어나지 못하게 된다.

尹潽善 사임

이승만 전 대통령의 귀국이 박정희 의장의 엄명으로 좌절되고 있을 무 렵 청와대를 지키던 尹潽善(윤보선) 대통령도 심기가 불편해지고 있었 다. 박정희 소장의 쿠데타軍에 대한 진압명령을 내려달라는 미군 측의 요청을 거부함으로써 혁명의 성공에 결정적인 기여를 했던 그였다. 그 런 윤보선은 이즈음 박정희로부터 소외되고 있다는 생각을 자주 하고 있었다. 박정희의 어깨에 대장 계급장을 달아줄 때는 '들러리를 섰다는 쓸쓸한 심경을 되씹어야 했다.'

박정희는 미국으로 케네디를 만나러 갈 때와 돌아와서 대통령에게 보 고를 했다. '그의 귀국보고는 어디까지나 형식적이었지 나에게 진심으로 방미성과를 설명하고 국정을 의논하려는 태도가 아니었다'고 한다(회고 록《외로운 선택의 나날》). 김종필 정보부장이 대통령 특사 자격으로 자 유중국을 방문하게 되었다는 사실도 신문을 읽고 알 정도였다.

1962년 3·1절 기념사에서 윤보선 대통령은 "3·1정신을 이어받아 민 주주의의 기초를 확립하자"고 했다. 이어서 登壇(등단)한 박정희는 전혀 다른 관점의 연설을 했다.

박정희는 외세와 일제를 불러들인 것은 '이조의 봉건제도와 쇄국정책, 四色黨派(사색당파), 토색질 등 폭정으로 인해 민생을 도탄에 빠지게 한 것이다'고 지적하고는 '남을 탓하지 말라'는 속담을 인용했다. 그는 이어서 광복 뒤 자유당, 민주당 정치세력의 암투를 조선조 당쟁에 비교했다.

"이조 당쟁 哀史(애사)를 방불케 한 정파의 알력과 위정자들의 갈등은 나라 운명을 암흑의 구렁으로 몰아넣게 한 바 있습니다."

이른바 舊(구)정치인들을, 조선조의 정치전통을 이어받은 봉건적 잔재로 보는 박정희의 역사관은 이때부터 그의 연설과 저서에서 틀을 잡기 시작하여 그가 죽을 때까지 변하지 않았다. 그의 역사관을 반영한 조치가 구정치인 3,000여 명의 정치활동을 규제한 법의 제정이었다.

3월16일 박정희는 정치활동정화법을 최고회의에서 통과시킨 뒤 박일경 법제처장을 대통령에게 보냈다. 결재를 받기 위해서였다. 윤보선은 정치정화법 제정에 반대한다는 뜻을 기자회견을 통해서 밝힌 적이 있었기 때문에 짜증을 냈다.

"이 법안에 대해서 반대한다는 내 의사를 분명히 밝히지 않았소?"

"알고 있습니다만 최고회의에서 이미 의결된 법안입니다."

"내가 반대하는데 어떻게 결재를 할 수 있겠소?"

"그것은 각하의 私見(사견)입니다. 최고회의의 의결을 거친 이상 각하께서는 결재를 하셔야 합니다."

"결재하지 않으면 그것도 헌법에 위배된다는 말인가?"

윤보선은 "좀 검토해보아야겠으니 두고 가시오"라고 했다. 그런 뒤 尹世昌(윤세창) 교수 등 전문가들의 의견을 들어보았다. 그들의 의견은 한결 같았다. 대통령이 국회에 해당하는 최고회의에서 통과된 법률에 서명하지 않으면 헌법위반이 된다는 것이었다. 윤보선은 정치정화법에 서명한 뒤 박정희 의장을 불렀다. 그는 이렇게 말했다고 한다(회고록).

"나는 더 이상 대통령 자리에 머물고 싶은 마음이 없어졌소. 이유나 명분을 내세우기보다 홀가분하게 자연인으로 돌아가고 싶소."

朴 의장은 간곡하게 만류했다.

"지금은 그만두실 때가 아니라고 생각합니다. 내년 여름 민정이양 때까지만이라도 도와주십시오."

윤보선은 정치정화법의 문제점을 지적했다. 박정희도 지지 않고 당위성 세 가지를 설명했다. 구정치인들이 아직 반성하지 않고 있으며 벌써 국회의원 출마운동을 하고 있고 국민들은 건망증이 심하여 이들을 당선시킬 가능성이 있기 때문이란 것이었다. 윤보선은 마지막 당부라고 생각하고 이런 말을 했다고 한다.

"폭력과 권력을 이용해서 정치를 하겠다는 사람들이 인류 역사상 길게 유지된 적이 없었소. 반공 또한 마찬가지요. 국민에게 민주주의의 힘을 길러주어서 그 힘으로 공산주의를 막고 민주적인 방법으로 그들을 설득시키고 감화시켜주기 바라오."

다음날(3월 22일) 윤보선 대통령은 청와대에서 내외신 기자회견을 갖고 사임성명을 발표했다. 이 성명에서도 윤보선은 정치정화법을 비판했다. 그는 '이런 苦言(고언)은 5·16 군사혁명의 책임이 오직 군사정부에만 있는 것이 아니라 나에게도 무거운 책임이 있다고 믿기 때문이다'라고 덧붙였다. 민주당 정권 시절 국회에서 대통령으로 선출된 뒤 19개월 열흘 만의 퇴임이었다.

3월 24일 박정희 의장은 '윤보선 대통령 사임 허가에 관한 담화'를 통해서 최고회의가 윤보선의 의사를 존중하여 사임을 허가하기로 의결했다고 밝히고, 자신이 대통령 권한대행직을 겸하게 되었다고 말했다.

박정희는 전직 대통령 두 사람과 인정상 좋지 않은 인연을 만들었지만 일본에 살고 있던 영친왕 李垠(이은·고종의 셋째 아들)에 대해서는 각별한 관심을 가져 주었다. 박정희는 그 전해에 일본을 방문했을 때 이은의 일본인 부인 方子(방자) 여사가 간곡히 부탁한 것을 실천에 옮기기 시작했다. 일본에 살고 있던 고종의 막내딸 德惠翁主(덕혜옹주)를 귀국케 하여 국내에 정착하게 한 데 이어 1962년 2월 5일엔 외무장관에게 특명을 내렸다.

〈목하 滯日(체일) 중인 이은 씨 및 금번에 귀국한 덕혜옹주에 대하여 본인들이 열망하고 있으니 국적을 다시 회복할 수 있도록 관계부처와 협조하시와 조처하여 주시기 바랍니다. 수속절차상 다소 애로가 있더라도 특별한 조처로써 취급해주시기 바랍니다〉

법무부에서는 '귀국한 덕혜옹주의 국적취득은 문제가 없으나 일본에 있는 이은에 대해서는 국내에 주소가 없어 현재의 국적법 하에서는 일본국적에서 한국국적으로 바꾸어줄 수 있는 방법이 없고 그렇다고 한 사람을 위한 법령개정도 무리'란 견해를 보였다. 李垠이 귀국한 것은 1년 뒤인 1963년 11월 22일이었다. 그때는 병세가 악화되어 失語症(실어증)을 보이고 있었다.

우동

박정희는 '대통령권한대행 비서실장직'에는 뒤에 외무장관으로서

한·일 국교정상화회담을 타결짓게 한 이동원을 임명했다. 영국 옥스퍼드 대학에서 정치학 박사학위를 받고 귀국한 이동원은 국방연구원과 여러 대학에서 강의를 하고 있던 중 5·16 혁명 한 달 전에 박정희 소장을 만났다. 당시 예비역 해병 장군의 신분으로서 쿠데타 모의에 가담하고 있던 金東河(김동하)는 국방연구원에서 공부할 때 이동원의 현실비판을 들은 적이 있어 그를 박 소장에게 소개했다.

서울 무교동 일본음식점 二鶴(이학)에서 처음 대면한 박정희는 한동안 말도 없이 술만 마시다가 한마디 했다.

"이 박사, 나 이 박사한테 물어볼 말이 있소. 대답해주시오."

이동원이 대답도 하기 전에 박정희가 말했다.

"나 쿠데타 할 거요. 그런데 미국이 어떻게 나올 것 같소?"

이동원은 농담하는 줄 알았는데 박정희의 눈에서는 어느새 불꽃이 일고 있었다. 이동원은 "反美(반미)쿠데타만 아니면, 그리고 국민의 지지를 받으면 별 문제가 없을 겁니다"라고 했다. 쿠데타가 성공한 직후 〈경향신문〉 정치부 金景來(김경래) 기자가 와서 "군사혁명을 어떻게 보는가"하고 물었을 때 이동원은 "좀 빠른 느낌입니다. 장면 정권은 출범한 지 9개월밖에 안 되는데…"라고 했다. 이런 논평이 보도되자 이동원은 중앙정보부에 불려가 사흘간 조사를 받고 풀려났다. 박정희는 이 사건 직후 정보부로부터 보고를 받고 이동원의 이름을 기억해냈다. 그는 이동원을 불러 "외교관이 되어 날 도와줄 수 없겠소?"하고 부탁했다. 이동원은 장기간 유학하고 돌아온 지 얼마 되지 않는다는 이유를 대고 사양했다.

박정희는 윤보선이 대통령직에서 사임한 뒤 대통령 권한대행을 겸하게 되자 다시 이동원을 불러 비서실장을 맡아달라고 했다. 박정희는 권한대행이 되고 나서도 최고회의 사무실과 장충동 공관을 계속해서 썼다. 이동원 실장이 청와대로 옮길 것을 권유했다.

"각하, 청와대로 들어오십시오. 각하는 대통령 권한대행이시고 청와대의 주인이십니다. 그런데 왜 장충동과 미국의 구호금으로 지은 하꼬방 같은 건물(최고회의)에 미련을 두십니까. 경호도 그렇고 살림도 그렇지만 무엇보다 체통이 문제입니다."

"난 쿠데타로 권좌에 오른 사람이오. 그러니 청와대로 갈 수는 없소. 이담에 혹시 내가 民選(민선)대통령이 된다면 그때는 들어가겠소."

그때 나이 서른여섯이던 이동원은 아홉 살이 많은 박정희가 형님처럼 느껴졌다고 한다. 공적으로는 철저한 박정희였지만 사적으로는 다정다감하고 소박했다. 소탈한 것이 지나쳐 술자리에서 가끔은 자신이 국가원수라는 것을 잊어버린 듯 행동했다. 이동원도 윗사람에게 비위를 맞추는 것을 싫어하고 솔직하게 대하는 사람이라 박정희는 그런 비서실장이 오히려 편하게 느껴졌는지 모른다.

육영수는 박정희가 過飮(과음)하고 온 다음날엔 이동원에게 질책의 전화를 걸어 따지곤 했다. 육 여사가 '비서실장이 바람둥이인데 애 아빠까지 물든다'고 불평한다는 이야기가 들려오곤 했다. 이동원은 육 여사가 박정희 의장의 술 상대까지 귀신같이 알고 있는 것을 보고는 경호원 중에 누군가가 비밀보고를 하고 있다고 생각했다(회고록 《대통령을 그리며》).

박정희는 정권을 잡자 대구사범 동기생들을 주변에 많이 데려다놓았다. 서정귀(호남정유 사장 역임), 조증출(문화방송 사장 역임), 왕학수(부산일보 사장 역임), 황용주(문화방송 사장 역임), 권상하(대통령 정무비서관 역임)는 많이 알려진 경우이고 金昞熙(김병희 · 한양대 문리대학장 역임)는 바깥으로 드러나지 않고서 박정희를 도운 사람이다. 박정희 의장은 대구사범 때부터 단짝이던 김병희를 은사 김영기 선생 회갑연에서 만나자마자 학창시절에 했던 장난대로 김병희의 귀를 잡아 비틀고는 식장까지 끌고 갔다.

반도호텔에서 최고회의 주최로 파티가 열렸을 때 당시 한양대학교 문리대학장이던 김병희도 초청을 받아 갔다. 박 의장이 부하들을 거느리고 들어왔다. 박정희는 김병희를 발견하자 곧장 다가왔다. 참석자들은 무슨 일인가 하고 주목하고 있는데 박정희는 김병희와 악수를 나눈 뒤 수행원들을 둘러보고 말했다.

"나의 대구사범 동기인데 한양대학교 문리대학장이시다. 한 사람씩 인사드려!… 병희야, 나를 좀 도와줘."

"수학을 하는 내가 도울 일이 있나."

김 교수는 사양했지만 다음날 金容珣(김용순·중앙정보부장 역임) 최고위원이 찾아와 학생문제담당 상임자문위원 자리를 권했다. 그렇게 하여 김병희는 최고회의로 나가게 되었는데 어느 날 박정희가 불렀다. 박의장은 김병희가 집무실로 들어오자 대뜸 한다는 말이 "이 자식아, 한 건물 안에 있으면서 왜 안 왔지?"였다. 김병희는 "야, 지금 여기 들어오는 데 두 시간이나 걸렸어. 별로 할 말도 없는데 시간이 아까워서도 자주 올 수야 없지"라고 했다. 박 의장은 부관을 부르더니 "김병희 교수만은 무상출입시켜라"고 지시하는 것이었다. 김병희는 자신의 회고록에서 친구 박정희를 이렇게 묘사했다.

〈내가 의장실에 처음 들어갔을 때의 첫인상은 그 방이 어쩌면 그렇게
도 초라할 수 있을까 하는 것이었다. 마치 야전사령관이 있는 천막 속을
방불케 하였다. 특히 그가 앉은 의자는 길가에서 구두 닦는 아이들 앞에
놓인 나무의자와 조금도 다를 바가 없었다. 게다가 그가 피우는 담배는
국산 '아리랑'이었다. 당시에 내가 피우던 담배는 국산으로는 최고급품
인 '청자'였고 때로는 선물로 받은 양담배였다.

하루는 그 방에 들어갔더니 마침 점심을 먹고 있는데 10원짜리 냄비
우동 한 사발과 노랑무 서너 조각이 전부였다. 나는 친구들과 어울려 10
원짜리 우동을 50그릇이나 살 수 있는 500원짜리 고급식사를 마치고
온 터라 몹시 양심의 가책을 받았다〉

金正濂의 반론

1962년에 접어들면서 박정희는 全方位(전방위)로 바빠지기 시작했다.
경제개발 5개년 계획의 착수, 외자도입 추진, 울산공업센터 건설, 민정
이양 준비, 제3공화국 헌법제정 준비, 공화당 事前(사전)조직, 한·일 회
담, 월남파병 검토, 그리고 무엇보다도 비밀리에 추진하던 통화개혁 준
비작업에 신경을 써야 했다.

1962년에 접어들면서 연도표시가 檀紀(단기)에서 西紀(서기)로 바뀌
고 미터법이 공식 단위로 쓰이게 되었다. 전해의 대풍작의 영향도 있고
해서 나라의 분위기는 밝았고 사회는 무언가를 향해서 꿈틀거리고 있었
다. '노란 샤쓰 입은 사나이'란 경쾌한 유행가가 이 시대의 분위기를 반
영하고 있었다. 한·미 관계도 안정을 되찾았다. 그런 두 나라의 관계뿐

아니라 한국사회의 분위기를 뒤흔들어 위기로 몰아넣게 되는 화폐개혁 준비가 극비리에 진행되고 있었다.

계획의 실무자인 천병규 재무장관은 1961년 말 영국의 데라루社(사)와 새 화폐인쇄계약을 체결하고 귀국한 뒤, 정보부 연구실 요원의 신분으로 통화개혁에 대한 연구를 하고 있던 김정렴에게 비로소 진실을 털어놓았다. 한국전쟁 중의 통화개혁에 참여한 적이 있고 재무부 이재국장을 지낸 금융전문가 김정렴은 펄쩍 뛰었다.

"천 선배! 어쩔려고 통화개혁을 하십니까? 이건 안 됩니다."

김정렴이 반대한다고 통화개혁이 멈추어지기엔 일이 너무 멀리 나가 있었다. 천병규 장관은 1953년 통화개혁 관련 문서를 한국은행에서 소문내지 않고 빼내오는 문제로 고민하고 있었다. 김정렴은 "그것은 걱정할 것이 없습니다. 그 당시 자료 한 벌을 제가 소장하고 있습니다"라고 하여 쉽게 해결되었다. 김 씨는 '통화개혁에는 찬성할 수 없지만 어차피 해야 한다면 최선을 다하겠으니 사람을 보충해 달라'고 했다.

1953년 통화개혁 때 김정렴은 한국은행 조사부 기획조사과장이었다. 그때 과장대리로 함께 일했던 裵秀坤(배수곤·뒤에 상업은행장, 은행감독원장 역임)은 한국은행 조사부 차장으로 일하고 있었다. 천병규 장관은 한국은행 총재에게 전화를 걸어 배 차장을 정보부에 파견시켜줄 것을 요청했다. 김, 배 두 사람은 1953년 개혁 때 한국은행 발권국장으로서 새 화폐의 수송, 배정 등의 업무를 맡았던 金井玉(김병옥·뒤에 조흥은행 전무)을 찾았다. 그는 한국은행을 퇴직하여 조흥은행 감사역으로 일하고 있었다. 그도 불러들였다. 몇 달 뒤 한국은행 인사과장 대리 安鍾起(안종기·뒤에 신한은행 감사 역임)가 합류하여 한 팀을 이루게 되었다.

이들은 정보부 소유 사무실에서 일하다가 보안을 위해 옮겨 다녔다. 자유당 시절 이승만 대통령의 별장으로 쓰였던 마포장에서 일하기도 했다. 네 사람은 왕년에 통화개혁에 관계했던 자신들이 같이 다니면 눈치를 챌 것 같아 차를 탈 때도 시간차를 뒀고 말조심을 한다고 술을 끊기도 했다. 통화개혁의 지휘자인 최고회의 유원식 재경위원이 김정렴을 주미참사관으로 임명하여 신문에 인사발령이 보도되도록 한 것도 보안을 위한 위장이었다.

김정렴 팀은 산업자금을 동원하기 위한 통화개혁에는 반대하는 입장이었으나 그런 의견을 강력히 상신하되 계획안은 만들어가기로 했다(김정렴 회고록 《한국경제정책 30년사》).

1962년 5월 17일 장충동 박정희 의장 공관에서 대책회의가 열렸다. 박 의장을 비롯, 송요찬 내각수반, 유원식 위원, 천병규 장관 등이 참석했다. 이 자리에서 김정렴은 계획안을 보고하면서 불가론을 건의했다.

"산업자금의 조달을 위해서는 통화개혁이란 비상수단보다는 전통적인 재정금융수단을 쓰는 것이 합당하다고 생각합니다. 꼭 해야 한다면 충분한 사전준비가 필수적입니다."

김정렴은 계획안을 보고한 뒤에도 다시 불가론을 개진했다고 한다. 다른 참석자들은 국가적 견지에서 전통적인 방법으로는 안 된다고 결론 내렸다. 박정희 의장 앞에서 김정렴은 미국과의 협조가 필수적임을 역설했다.

"비록 우리나라가 자주독립국가이지만 미국의 원조를 받고 있는 이상 사전협의를 통해서 원조물자의 사전비축과 사후의 원활한 도입을 기해야 합니다."

모든 참석자들이 그 점에 대해서는 동감했고 통화개혁 작전의 지휘자 유원식 위원도 "염려말고 나한테 맡겨라"고 했다. 김정렴의 보고에 대해서는 모두가 "잘 되었다"고 칭찬했다. 이때만 해도 김정렴은 언제 통화개혁을 하는지 알지 못하고 있었다. 그런데 보고가 끝나고 참석자들이 말하는데 영국에서 찍은 신화폐가 내일 부산항에 들어오고 6월 10일을 기해서 화폐개혁을 단행한다는 것이었다. 김정렴은 경악했다. 자신의 팀에 發券(발권)전문가가 있었기 때문에 신화폐 인쇄에 대해서는 당연히 자신들에게 검토명령이 떨어질 것이라고 생각하고 있었다. 그는 혁명정부가 외국에서 신화폐를 찍고 서둘러 날짜를 잡아 놓은 줄은 꿈에도 생각하지 못했던 것이다.

다음날(5월 18일) 김종필 정보부장, 이영근 차장, 그리고 김정렴은 용산 미군 비행장으로 가서 쌍발 소형 비행기를 타고 부산으로 향했다. 1시간 남짓 비행한 뒤에 水營(수영)비행장에 착륙했다. 그들은 부산항 제2 부두로 달렸다. 부두 끝에 있는 창고지역은 통행금지였다. 그곳에는 네덜란드 선적의 큰 화물선 한 척이 접안해 있고 차지철 대위 등 공수부대원들이 대기하고 있었다.

신은행권의 하역은 이영근 차장의 지휘하에 군인들에 의해서 진행되었다. 군인들은 사과상자 네 개를 합쳐놓은 크기의 상자를 내리면서도 속에 새 화폐가 들어 있다는 것을 알 수 없었다. 그들은 무기가 들어 있다는 말만 들었기 때문에 조심조심하면서 상자를 옮겨 '소화기', '경기관총', '중기관총', '곡사포', '통신장비', '화공약품'이라고 표시된 장소에 쌓기 시작했다. 한번은 크레인으로 옮겨지던 상자가 떨어졌다. 김정렴은 신화폐가 튀어나오면 어쩌나 하고 걱정했으나 상자 속에 또 두꺼운 포장지가 들어 있었다.

이틀간의 하역 작업을 끝내고 네덜란드 선박이 출항하게 되었다. 이 배는 일본으로 간다는 것이었다. 김정렴은 이 선원들이 기밀을 누설하면 어쩌나 하고 걱정했다. 화물을 싣고 온 영국 인쇄소 데라루社(사)의 대표는 화물의 비밀을 알고 있는 사람은 자신과 선장, 그리고 사무장이며 명예를 걸고 보안을 책임진다고 약속했다.

화폐개혁 충격

화폐개혁을 이틀 앞둔 6월 7일 재무부는 은행감독원에서 검사역 13명을 뽑아 부산 부두로 보냈다. 이들은 장교로 위장했다. 그들은 정보부 요원들과 함께 군인들을 지휘하여 새 화폐를 교환 장소로 인도하는 책임을 졌다. 군인들에겐 "이 안에 폭발물이 들어 있으니 잘못 다루면 큰일 난다"고 이야기를 해두었다. 군인들은 상자를 들다가 코를 벌름거리며 "이상한 냄새가 난다. 화공약품이 터진 것이 아닌지 모르겠다"면서 뛰어오곤 했다.

화폐 교환은 한국은행이 책임지고 교환소까지의 운반은 정보부와 군대가 맡았다. 보안은 완벽했다. 천병규 재무장관은 閔丙燾(민병도) 한국은행 총재에게까지 비밀을 유지했을 정도였다. 천병규의 생전 회고록에 따르면 박정희 의장은 새뮤얼 버거 주한 미국대사에게는 48시간 전에 통보했다고 한다.

최고회의 의장실에 불려온 버거 대사에게 통화개혁의 지휘자인 유원식 위원은 "선물을 하나 주겠는데 맞추어보시오"라고 농담을 했다고 한다. 버거 대사는 "내각 총사퇴인가?"라고 했다. 박정희 의장이 "통화개혁을 한다"고 했을 때 버거 대사는 놀란 표정을 지었으나 '잘하는 일'이란 반응을 보였다고 한다. 순진한 유원식은 이런 말을 액면대로 받아들여 나중에 기자들에게 "통화개혁에 미국 대사도 찬성했다"고 말했다.

버거 대사는 이때 속으로는 '어디 두고 보자'라고 벼르고 있었을 것이다. 5·16이란 군사 쿠데타도 미리 탐지하지 못했던 미국 대사관으로서는 통화개혁이란 경제 쿠데타도 모르고 있었다는 점에서 자존심이 심히 상했을 것이다. 더구나 거액의 원조를 제공해 온 미국으로서는 受援國(수원국)의 '멋대로'에 배신감까지 느낄 만했다. 천병규 장관도 같은 시간에 멜로이 유엔군 사령관을 방문하여 통화개혁을 통보했다.

1962년 6월 9일 저녁 7시가 지나자 조용하던 최고회의 청사가 술렁이기 시작했다. 최고회의 전 의원, 전 각료, 그리고 영문을 모르는 한은 총재가 불려왔다. 회의실의 문이 닫히고 박 의장이 짤막하게 비상소집의 이유를 설명했다. 이어서 유원식이 전문 29조와 부칙으로 된 '긴급통화조치법'의 제안 설명을 했다. 극비작업팀의 책임자 김정렴은 세부사항을 보고했다. 법안은 오후 8시 35분 만장일치로 최고회의에서 통과되었다. 즉석에서 소집된 閣議(각의)는 이 법에 따른 시행령과 세칙을 의결했다.

박정희 의장은 "극히 제한된 몇 사람들 외에는 사전에 협의하지 못한 것을 미안하게 생각하며 각료와 최고위원 전원은 밤 10시 10분 전까지는 일절 외부와 연락을 끊고 연금 상태에 있어 달라"고 지시했다. 이 순간 이 장소를 빠져나가야 할 사람이 있었다. 민병도 한국은행 총재였다. 회의실

출입문을 지키던 경비병이 민 총재를 제지했다. 이 모습이 기자들의 눈에 띄였다. 어느 기자가 "통화개혁이다"라고 소리를 질렀다.

오후 8시 40분쯤 최고회의 기자실에 뛰어 들어온 李厚洛 공보실장은 흥분된 표정이었다. 기자들에게 각서를 쓰라고 요구했다. '이 자료는 밤 10시 정각까지 일절 외부에 누설하거나 발표하지 않는다' 는 내용이었다.

한편 한국은행에 당도한 민병도는 금융통화위원회를 소집하고 임직원들에게 비상을 걸었다. 통화개혁에 관한 비밀계획을 수립해온 김정렴은 문서 보따리를 총재에게 넘겨주었다. 긴급통화조치에 관한 법령, 해설, 기구 편성, 지시사항들이 들어 있는 보따리였다.

"李相德(이상덕) 이사를 통화조치대책위원장에 임명하고 이 보따리를 주면 제1차 통화개혁 때의 경험이 있으니 알아서 처리할 것입니다."

박정희 의장은 1962년 6월 9일 밤 10시에 공표된 통화개혁(10일 0시부터 발효)에 즈음한 담화에서 '부정부패 등 음성적으로 축적된 자금이 상당히 온존해 있으나 이는 산업자금화나 장기저축으로 되어 있지 않다' 면서 '누증된 통화량은 언제든지 투기화할 위험성을 내포하고 있어 악성 인플레의 요인이 되고 있다' 고 했다. 박 의장은 이어서 '음성자금과 과잉구매력을 진정한 장기 저축으로 유도하여 이를 투자재원으로 활용하는 동시에 인플레를 방지하는 조치가 불가피했다' 고 말했다.

이 통화개혁은 화폐단위인 '환' 을 '원' 으로 바꾸면서 화폐가치만 10 대 1로 평가절하한 것이 아니었다. 박 의장의 담화는 이 화폐개혁의 진정한 목적이 화폐교환 때 노출되는 음성자금을 은행에 장기저축 형식으로 붙들어둔 뒤 이를 투자재원으로 동원한다는 것임을 드러내고 있었다. 국가에 의한 사유재산의 침해인 것은 물론이고 보는 이들에 따라선 국가자본주의적인 발상이란 비난을 들을 만 했다.

박정희 의장은 6월 10일 아침 李秉喆 삼성 사장을 불렀다.

"어젯밤 방송 들었지요?"

"들었습니다."

"어떻게 생각하십니까?"

"큰 혼란에 빠질 겁니다."

"경제건설을 위한 자금조달에는 이 길밖에 없다고 하여 단행한 것입니다. 극비리에 진행한 것이기 때문에 최고회의 안에서도 모르는 사람들이 많았습니다. 새 지폐는 천병규 장관이 영국에서 인쇄했습니다."

"신화폐의 교환을 위해서 날마다 수백만 명이 은행창구에 줄을 서야 하므로 그 원성이 모두 정부에 돌아갈 것이고 국민 경제적인 측면에서도 에너지의 낭비일 뿐 아니라 세계적으로 통화개혁은 해만 남겼지 성공한 예가 거의 없습니다. 제2차 세계대전 후 서독은 워낙 인플레가 심해 그 수습책으로 통화개혁을 단행했었지만 한국의 사정은 다릅니다. 큰 돈 가진 사람도 많지 않습니다."

"경제인의 의견도 사전에 들을 걸 그랬군요."

대화 중에도 여러 차례 전화가 걸려왔다. 통화개혁에 대한 각계의 반응들인데 기대에 미치지 못한 것들뿐이었다. 박정희 의장은 난감한 표정을 지으면서 말했다.

"어떻게 하면 좋겠습니까."

"해제하는 것이 좋겠습니다."

"그렇게 하면 정치가 국민들에게 신뢰를 잃게 되는데 무슨 다른 방도가 없을까요."

이병철은 "전면 해제가 어려우면 기술적으로 풀어가는 도리밖에 없다고 생각합니다"라고 말한 뒤 물러 나왔다.

미국의 저지 工作

최근 비밀등급에서 해제된 미국 외교문서를 보면 새뮤얼 버거 미국대사는 1962년 6월 7일 박정희 의장으로부터 통화개혁에 대한 통보를 받은 바로 그날 아주 부정적인 보고를 국무부에 올렸음을 알 수 있다.

'통화개혁은 부정축재에 대한 징벌적 처리의 성격을 갖고 있고 정부에 대한 기업의 신뢰를 떨어뜨릴 것이기 때문에 경제개발 5개년 계획에도 지장을 줄 것이다' 는 분석이었다. 미 국무부의 인식도 같았다. 생산공장에서 사업자금을 상당 기간 빼내 동결시키는 것은 위험하고 기업인들에게 무거운 자본과세를 하는 것으로 비쳐져 외자 도입에도 이로울 것이 없다는 시각이었다. 이미 때가 늦어 통화개혁을 중단시킬 수는 없으니 통화개혁의 규모를 축소시키고 동결예금을 빨리 해제시키도록 하라는 것이 버거 대사에게 떨어진 워싱턴의 지침이었다.

6월 10일을 기해 단행된 통화개혁은 과격한 조치들을 담고 있었다. 당장 첫날부터 100환 이상의 구화폐 유통을 금지시켰다. 50환 이하의 소액 화폐는 7월 10일까지 신화폐와 병용하도록 했다. 경제생활에 큰 영향을 끼친 것은 금융기관의 예금 등 금전채무의 지불을 6월 17일까지 전면 금지시키고 구권을 예입한 세대에 한해서 1인당 500원씩만 신권으로 바꾸어 주고 나머지는 강제 저축시킨 조치였다. 돈은 돌아야 하는데 그 유통을 일시적으로 정지시켰기 때문에 사회가 대혼란에 빠졌고 경제활동이 마비될 지경이었다.

6월 10일 한국은행에서는 한·미 간 대책회의가 열렸다. 새뮤얼 버거 주한 미국대사는 하비브 정치참사관, 파파노 경제참사관, 킬렌 유솜(USOM·對韓 원조기관) 처장, 유솜의 호이저 박사를 데리고 왔다. 한국 측에선 유원식 최고회의 재경위원, 천병규 재무장관, 민병도 한은 총재, 통화개혁 준비팀의 실무책임자 김정렴이 참석했다.

버거 대사는 "사전에 우리 쪽에 아무런 통보나 협의가 없었던 점은 유감이다. 그러나 통화개혁 조치의 비밀이 누설되지 않고 질서정연하게 조직적으로 진행되고 있는 점을 평가한다"고 했다. 유원식 위원은 "보안을 위해서 그렇게 된 것이지 딴 뜻은 없었다"면서 "6월 16일부터 실시하게 될 긴급 통화조치에 대해서는 미국 측과 충분히 협의하겠다"고 약속했다. 버거 대사의 표정도 많이 풀어졌다.

이 자리에 있었던 김정렴은 1953년 통화개혁을 할 때 참여한 경험에서 미국 원조당국과의 사전협의가 성공의 한 요인이었음을 잘 알고 있었다. 그래서 박정희 의장에게 통화개혁계획을 보고할 때도 이 점을 강조했고 유원식 위원도 "알았다"고 긍정했는데 사태가 이렇게 된 데 대해 놀랐다고 한다(회고록《한국경제정책30년사》).

6월 16일 오후 최고회의는 본회의를 열고 화폐교환 때 은행에 예입된 동결자금의 처리기준을 담은 '긴급통화조치법'을 통과시켰다. 법은 통과되었지만 최고위원들은 사전에 아무 협의를 받지 못한 데 대해서 유원식에게 불만을 털어놓았다. 재경위원장 김동하조차도 소외되었다는 것이다. 더구나 유원식은 미국 측과도 미리 약속해둔 사전 협의를 하지 않았다고 한다. 유원식은 생전에 펴낸 회고록에서 '미국 대사관에서 나에게 수없이 면담을 요청해왔으나 거절했다'고 했다.

이날의 긴급통화조치법에 따라 화폐교환 때 은행에 예탁된 돈과 그 이전의 예금에 대하여 일부를 봉쇄계정으로 돌려 정부가 강제로 산업자금으로 동원하게 되었다. 봉쇄율은 6개월 이상 1년 미만의 저축성 예·적금일 경우 예입금의 100분의 35, 기타 예금일 경우 1,000만 원 이상은 전액을 봉쇄계정으로 돌려 동결하는 식으로 예금의 성격과 기간에 따라 일정한 비율을 정해놓았다.

동결된 봉쇄계정의 자금은 6개월 이내에 설립될 산업개발공사의 주식으로 대체된다. 이 돈은 또 한국은행의 특별지불준비금으로 예치되고 예금주에게 연 15%의 이자를 지급하기로 했다. 문제는 봉쇄대상이 된 자금이 약 970억 환으로서 예상보다도 적었다는 점이다. 유원식이 이런 식의 통화개혁을 발상하여 박정희 의장을 설득시킬 때 그는 "통화량의 약 3분의 1은 화교들이 가지고 있고 그 규모는 1,000억 환에 이를 것이다"고 했으나 뚜껑을 열어보니 음성자금도 화교 자금도 얼마 되지 않는다는 것만 확인한 셈이 되었다.

정부는 봉쇄금액의 50%까지는 예금주에게 융자해주기로 하는 등 보완책을 마련했으나 이 강제조치의 충격은 너무 컸다. 자금의 흐름이 막힌 관계로 가장 빨리 타격을 받은 것은 중소기업이었다. 약 1만 7,000개의 업체를 거느린 중소기업협동조합중앙회가 집계한 가동률에 따르면 통화개혁이 실시된 6월 10일의 가동률을 100으로 했을 때 6월 20일의 그것은 42.5%에 불과했다. '한두 달 내 완전휴업위기', '작을수록 큰 타격… 원료마저 고갈'이란 제목의 기사가 〈조선일보〉 6월 22일자 경제

면에 등장했다. 6월 21일 대한상공회의소와 서울상공회의소는 '통화개혁 이전의 예금에 대해서는 전액을 동결조치에서 해제해 줄 것'을 정부에 건의하고 나왔다.

미국은 단호하게 나왔다. 한 번도 통화개혁을 해본 적이 없고 사유재산권을 신성시하는 미국인에겐 국가에 의한 민간 자금의 강제동원이란 발상은 기본적으로 사회주의에 가깝다는 생각이 박히게 되어 있었다. 먼저 미국정부는 버거 대사를 통해서 기한 1년 미만짜리 예금의 일부를 동결한 것은 부당하다는 견해를 박정희 의장에게 전달했다.

김정렴은 서독 통화개혁의 비슷한 사례를 정리하여 미국 측에 설명했으나 미국 측은 "서독의 경우는 국제금융기관과의 긴밀한 협조를 바탕으로 이루어진 것이다"면서 납득하지 않았다. 박정희 의장은 김정렴에게 "전체 봉쇄계정의 15%를 차지하는 1년 미만 예금에 대한 봉쇄는 해제해주도록 하라"고 지시했다. 미국의 압력은 이것으로 그치지 않았다. 그들은 다시 모든 봉쇄계정의 해제를 요구해왔다.

킬렌 유솜 처장은 온건파인 상공부 정래혁 장관을 만나 이념적인 관점에서 통화개혁을 비판했다.

〈이번 통화개혁은 한국경제를 국유화, 통제경제의 방향으로 이끌려고 하는 것이다. 미국 정부는 자본주의 체제의 신뢰를 떨어뜨리는 데 미국의 원조가 쓰이는 것을 좌시하지 않을 것이다. 기업의 생산 활동은 위축될 것이다〉

우리 민족의 나갈 길

6월 21일 미 국무부의 에드워드 라이스 차관보는 丁一權(정일권) 주미 한국 대사를 불러 "미국은 한국의 주권을 존중해왔다"면서 "같은 맥락에서 미국도 자신의 주권을 행사하는 데 있어서 스스로 판단할 권리가 있다"고 전제한 다음 "만약 (한국을 돕고자 하는) 미국의 노력이 무효화로 판단된다면 우리는 對韓(대한) 원조정책을 재고할 것이다"고 경고했다. 통화개혁을 통해 강제 동결시킨 예금을 풀지 않으면 원조를 끊겠다는 뜻이었다. 정부예산의 반을 미국 원조자금에 의존하고 있던 혁명정부로서는 손을 드는 수밖에 없었다.

김정렴은 모든 봉쇄예금액의 3분의 1을 자유계정으로 풀고 나머지 3분의 2는 기한 1년의 정기예금계정으로 전환한다는 특별조치법안을 기안하여 최고회의에 올렸다. 7월 13일 이 법안이 통과되었다. 이로써 강제 동결된 자금을 기반으로 하여 산업개발공사를 설립해 경제개발 5개년 계획에 매진한다는 통화개혁의 목적은 사라졌고, 화폐단위를 '환'에서 '원'으로 바꾸고 화폐가치를 10분의 1로 바꾸는 데 그치게 되었다.

최고회의는 통화개혁 실패의 책임을 물어 김동하 재경위원장을 외무국방위원장으로 돌리고 통화개혁의 발상자인 유원식 위원을 사임시켰다. 그 전에 송요찬 내각수반과 천병규 재무장관은 증권파동의 책임을 지고 물러났었다. 이로써 통화개혁에 관계했던 요인들이 모두 거세된 것이다. 그러나 통화개혁에 반대했던 김정렴은 그 뒤 중용된다.

통화개혁의 실패는 박정희가 집권한 뒤 처음으로 겪은 위기였다. 많은 위기가 그렇듯 그 속에는 호기가 숨어 있었다. 박정희는 이 실패의 교훈을 오랫동안 기억했기 때문이다. 통화개혁 실패를 통해서 박정희는 내자동원에 의한 민족주의적 경제개발 전략을 단념해야 했다. 동원할 만한 자본축적이 아예 되어 있지 않다는 것을 통화개혁은 확인시켜주었던 것이다. 민족자본에 의한 기간산업 건설과 수입대체산업 건설 같은 발상은 힘을 잃게 되었다. 이후부터 외자도입, 보세 가공무역, 수출입국 같은 對外(대외)개방 노선이 대세를 이루게 된다.

혁명정부가 통화개혁의 명분으로 삼은 것은 구정권 시절의 부정축재 자금 등 음성자금을 양성화한다는 것이었다. 도덕적 명분을 앞세운 박정희의 통화개혁 실패는 김영삼 전 대통령이 금융실명제를 사정 차원에서 추진하다가 실패한 것과 비슷하다. 경제를 섣불리 도덕적으로 다룰 경우 결과가 좋지 않다는 체험을 한 박정희는 그 뒤로는 경제에 대해서 매우 실용적인 접근을 하게 된다.

이즈음 박정희 의장은 상공부 차관·장관을 지낸 박충훈과 지방 시찰 중 토론을 벌인 적이 있었다. 봉건적인 직업관인 士農工商(사농공상) 의식에 대해서 박충훈은 工(공), 즉 제조업을 가장 우선시해야 한다고 주장했다. 이에 대해서 박정희는 商工農士(상공농사)를 주장했다.

"아무리 좋은 물건을 만들어도 수출하지 못하면 의미가 없다"는 것이었다. 박정희는 기업인들을 앞세우고 士(사)로 상징되는 지식인들을 뒤로 밀어버리는 정책을 추진한다. 오랜 文民(문민)정치 전통을 가진 우리나라에서 이것은 이단이었고 학생, 언론인, 학자 등 지식인들의 거센 반발을 예약한 것이나 마찬가지였다.

박정희는 자신의 첫 저서를 펴냈다. 1962년 3월 1일에 동아출판사에서 나온 《우리 민족의 나갈 길》. 277쪽에 이르는 이 책은 몇 사람의 학자들이 代筆(대필)한 것으로 보인다. 다만 그 머리말은 박정희의 글이다. 이 글은 박정희의 근대화 혁명 전략과 철학을 정확하게 보여주는 역사적 문헌이다.

〈고달픈 몸이 한밤중 눈을 감고 우리 민족이 걸어온 다난한 歷程(역정)을 생각해 본다. 우리가 짊어진 유산들은 몹시 무겁고 우리의 앞길을 가로막는 것만 같이 느껴진다. 더욱이 8·15 해방 후의 민족수난사는 뼈 아픈 바가 있었다. 과거 17년史(사)는 두 정권의 부패, 부정으로 '빈곤의 악순환'에 허덕이는 오늘의 危局(위국)을 결과하고야 말았다.

그렇다면 우리 민족에게는 更生(갱생)의 길이 없을까. 이지러진 민족성을 고치고 건전한 복지 민주국가를 세우는 길은 없을까. 한마디로 말하면 거짓말하지 않고 無事主義(무사주의), 安逸主意(안일주의)의 생활 태도를 청산하여 근면한 생활인으로 '인간혁명'을 기하고 사회개혁 통해서 '굶주리는 사람이 없는 나라', '잘 사는 나라'로 만드는 길이 없을까 하고 여러모로 생각해 보았다.

반드시 길이 있을 것이다. 설움과 슬픔과 괴로움에 시달리던 이 민족의 앞길에는 반드시 갱생의 길이 있을 것이다. 두드리면 열린다고 하지 않았는가. 혁명이라는 수술만으로 환자가 元氣(원기)를 회복하는 것이 아니며 病因(병인)을 도려내는 것만으로 건강이 오는 것은 아니라는 것을 알았다. 병이 다시 오지 않도록 恒久的(항구적)인 方略(방략)과 기초공사를 해놓아야 한다.

이 길이 어디 있을까. 꼭 있을 것이다. 이 민족의 걸어온 길과 걸어 나갈 길을 생각하며 잠 못 이루는 밤에 내키는 대로 몇 줄씩 메모하여 정리한 것이 이 책으로 되어 나왔다. 敍述(서술)은 무디고 서투르나 내가 말하고자 하는 뜻은 단편적이나마 나타났다고 생각한다.

지금 우리가 당면한 문제는 대체로 세 가지로 요약할 수 있을 것이다. 첫째로 지난날 우리 民族史上(민족사상)의 惡遺産(악유산)을 반성하고 李朝(이조) 당쟁사, 일제식민지 노예근성 등을 깨끗이 청산하여 건전한 國民道(국민도)를 확립하는 일이다. 인간이 혁명되지 않고는 社會再建(사회재건)은 불가능하다.

둘째로 '가난에서 해방' 되어야 한다. 특히 우리 농민들의 기나긴 빈곤의 역사를 종식시키고 덴마크와 같은 복지농촌 재건을 위해 있는 힘을 경주해야 한다. 우리는 이해부터 제1차 경제개발 5개년 계획에 착수했다. 누적된 빈곤을 하나씩 추방하고 공업화된 근대국가의 토대를 구축해야 한다. 자유사회의 존립을 위해서는 국민의 생존권을 옹호할 수 있는 經濟自立(경제자립) 없이는 불가능하다. '최대한의 자유, 최소한의 계획'을 원칙으로 경제계획을 완수하여 '한강변의 기적'을 이룩해 놓는 것이 바로 勝共(승공)의 길이다.

북한집단은 무리한 경제발전을 강요하여 '천리마' 운동을 전개하고 있으나, 이는 국민의 자유권을 침해하여 민주주의와 자유를 말살하는 악독한 처사가 아닐 수 없다. 우리는 진정한 경제발전이 민주주의적인 자유와 創發性(창발성) 가운데서만이 가능하다고 생각한다. 中道而廢(중도이폐)하는 '토끼' 보다 꾸준히 밀고 나가는 '거북이의 길'을 택한다〉

5 "문제는 경제야"

朴正熙 5 – "문제는 경제야"

지은이 | 趙甲濟
펴낸이 | 趙甲濟
펴낸곳 | 조갑제닷컴

초판 1쇄 | 2007년 4월16일
개정판 2쇄 | 2018년 5월23일
개정판 3쇄 | 2022년 1월22일

주소 | 서울 종로구 새문안로3길 36
전화 | 02-722-9411~3
팩스 | 02-722-9414
이메일 | webmaster@chogabje.com
홈페이지 | chogabje.com

등록번호 | 2005년 12월2일(제300-2005-202호)

ISBN 979-11-85701-17-2

값 12,000원

*파손된 책은 교환해 드립니다.